读懂新课程 丛书

丛书主编 张广斌 陈忠玲

STEM 教育的
实施要点与策略创新

STEM JIAOYU DE SHISHI YAODIAN
YU CELÜE CHUANGXIN

主　编

杨明全
范佳午

北京师范大学出版集团
BEIJING NORMAL UNIVERSITY PUBLISHING GROUP
北京师范大学出版社

图书在版编目(CIP)数据

STEM 教育的实施要点与策略创新 / 杨明全，范佳午主编. — 北京：北京师范大学出版社，2025.1 — (读懂新课程丛书 / 张广斌，陈忠玲主编). — ISBN 978-7-303-30075-4

Ⅰ.①G633.72

中国国家版本馆 CIP 数据核字第 2024ZR7318 号

本书系教育部人文社会科学重点研究基地"十四五"重大项目"中国教育经验的国际传播研究"(课题批准号 22JJD880007)的研究成果。

图书意见反馈 gaozhifk@bnupg.com 010-58805079
营销中心电话 010-58802755 58800035
编 辑 部 电 话 010-58807068

出版发行：北京师范大学出版社 www.bnupg.com
　　　　　北京市西城区新街口外大街 12-3 号
　　　　　邮政编码：100088
印　　刷：保定市中画美凯印刷有限公司
经　　销：全国新华书店
开　　本：710 mm×1000 mm　1/16
印　　张：19.25
字　　数：377 千字
版　　次：2025 年 1 月第 1 版
印　　次：2025 年 1 月第 1 次印刷
定　　价：58.00 元

策划编辑：鲍红玉　郭　翔　　责任编辑：葛子森　乔　会
美术编辑：李向昕　　　　　　　装帧设计：李向昕
责任校对：陈　荟　　　　　　　责任印制：马　洁

读懂新课程

丛书编委会

顾　问

顾明远

主　任

田慧生

主　编

张广斌　陈忠玲

编　委（按姓氏笔画排序）

丁明怡　李晓东　杨　利　杨　清　杨明全
吴刚平　吴欣歆　张　悦　张广斌　张志忠
陆志平　陈忠玲　范佳午　胡定荣　桑国元
黄延林　黄晓玲　崔允漷　康世刚　綦春霞

总　序

课程教学是立德树人的关键环节，深化课程教学改革是建设教育强国的重点领域。习近平总书记多次强调课程教学改革的重要性。在 2018 年全国教育大会上，习近平总书记指出，要着眼于"教好"，围绕教师、教材、教法推进改革，探索形式多样、行之有效的教学方式方法，切实在素质教育上取得真正的突破；在 2024 年全国教育大会上，习近平总书记再次强调要全面提升课堂教学水平。新课程承载着党和国家的育人新要求、新使命，深化课程教学改革对于全面落实教育强国建设具有重大战略意义。

我国新修订的义务教育课程方案和语文等 16 门学科课程标准(2022 年版)颁布，标志着具有中国特色、世界水平的义务教育课程新蓝图绘就，并正式进入素养导向的课程实施阶段。深化课程教学改革是一项复杂系统工程，涉及方方面面。在新课程认识理解上，要站在党和国家事业发展全局，坚守为党育人、为国育才使命，整体把握新课程培养目标、课程方案、教学方式、考试评价、专业支撑等的内在逻辑；在新课程落地实施上，强调课程内容的结构化，强化综合学习、学科实践，倡导学习中心课堂，强调时代性、基础性、综合性、实践性等特点，创新探索教育教学新方式，培育课程教学改革新生态。

读懂新课程丛书重点在于推动从政策理念到教学行动的转变，既有从政策理论角度引领新课程教学的导论，又有针对一线教师关切，结合课程教学改革重点难点热点焦点，聚焦大单元教学、项目式学习、跨学科主题学习、STEM 教育、作业设计、中华优秀传统文化教育等重点领域进行的目标引领与实践探索。

为确保政策性、专业性、指导性和实用性，高站位、高品质、高质量，充分发挥不同领域专家在课程教学改革中的专业优势，本丛书邀请高校科研院所专家学者、课标教材修订专家、教研员、骨干教师等共研共创、协商对话，促使新课标理念与教学实践融通，让新课标理念落位课堂，培养教师，滋养学生。

本丛书内容主要包括三部分：一是总论部分，主要论述新课程的政策逻辑、顶层设计，以及课程教学改革新生态三方面的内容。二是学科分论或专题分论部分，分别概述并阐释大单元教学、项目式学习、跨学科主题学习等重点领域的教育理念及实施路径。三是教学实施部分，主要呈现新课程政策理念在课堂教学中的具体实践。课例主要由中国人民大学附属中学、清华大学附属中学、北京市十一学校、北京市第四中学、北京市第二中学、郑州外国语学校、重庆谢家湾学校、北京市中关村第一小学、杭州市春晖小学、贵阳市第一实验小学等全国知名学校的骨干教师参与教学研发。

本丛书将政策、理论、实践相互关联、相互促进。政策提供改革蓝图，理论提供指导思想，实践为新课程落地操作，它们相互依存、相互支撑，共同形成新时代深化课程教学改革的一盘大棋。另外，我们还运用数字技术开发了融媒体资源，打破时空限制，为读者提供了可视化的、鲜活真实的课堂教学案例。

新课程，是召唤性概念，既具有专业引领性，又具有课程教学改革的牵引性。新课程，是发展性概念，只有扎根教学实践土壤才能不断生长。新课程，还是协同性概念，需要政府、学校、家庭、社会共同培育课程实施新生态。读懂新课程，以行动诠释理念，以成果证明价值；读懂新课程，让课堂充满活力，让教学充满激情，让教育充满智慧；读懂新课程，才能最终实现从理念到行动的转换和升华。

感谢参与本丛书撰写的高校科研院所专家学者、课标教材修订专家、教研员、一线教师。他们的辛苦付出、精益求精的敬业精神和研究态度，保证了本丛书正确的方向性和专业的引领性。感谢北京师范大学出版社的大力支持和精心组织，鲍红玉编辑、郭翔编辑、何琳编辑在书稿前期的体例设计和撰写等方面提出了宝贵的意见，各分册图书责任编辑对书稿文字表述等进行了细致的修改，为本丛书的顺利出版提供了质量保证。

本丛书汇聚了专家学者对新课程的发展性思考，展现了一线教师的实践性创新。我们期待以此为支点，汇集更多新课程战线上的有识之士和中坚力量，撬动课程教学改革不断走深走实，为教育强国建设注入强劲动力。如有不足之处，敬请读者批评指正。

张广斌　陈忠玲

2024 年 10 月

前　言

STEM 代表的意思很明确，那就是科学、技术、工程、数学，因此通俗地说，STEM 教育指的就是有关这四个学科领域的教育。作为 20 世纪末才真正成熟并不断得到发展的概念，STEM 教育的价值已经得到世界各国的认可。与 STEM 相关的知识和高阶思维技能实际上被科学家、工程师和其他专业人员应用于现实世界，以便识别、评估和解决复杂问题，从而发现和产出新知识。发达国家首先看到了 STEM 教育的价值，尤其是美国把 STEM 教育投资看作美国全球经济竞争力的关键，这些国家对 STEM 教育的重视引起了其他国家的广泛关注，使得 STEM 教育大为流行并发展成一种重要的教育现象。

STEM 教育出现后很快就被引入我国，目前已经成为我国科技与工程教育的重要教育理念和方式。作为一个"舶来品"，离开西方教育的实践场景和具体语境之后，在我国的中小学教育领域，"STEM 教育"这个术语有着多种既相互关联、又有不同指向的内涵；其育人价值也需要应我国的教育改革需求而做出调整，从而更好地发展学生核心素养、落实立德树人根本任务。在我国面向未来的教育改革中，STEM 教育面临本土化的建构，也就是在国外既有概念的基础上重建其内涵并重构价值，更好地服务于我国教育发展的现实需求。

为更好地揭示新时代我国 STEM 教育的本质，我们结合新一轮基础教育课程修订的基本要求和一系列新理念，对 STEM 教育的内涵、目标、内容、实施和评价等方面进行了深入阐述，并对 STEM 教育与研究性学习、跨学科学习、项目式学习、综合育人的关系进行了全面探讨，分析了 STEM 教育在科技创新人才培养中发挥的重要功能。本书是集体智慧的结晶，全书由杨明全、范佳午主编并统稿。各章分工如下：第一章杨明全(北京师范大学)，第二章范佳午(北京教育科学研究院)，第三章和第五章贺凯强(北京教育学院丰台分院)，第四章崔云鹤(北京市东城区青少年科技馆)，第六章张海燕(北京教育科学研究院丰台实验小学)，第七章鲁小凡(北京市海淀区教育科学研究院)，第八章郭晓丽(北京市海淀区教师进修学校)，第九章王喆、刘新蕊(北京市东城区教育科学研究院)，第十章谢丁(上海市第三女子初级中学)。围绕 STEM 教育，书稿撰写的过程也是一个不断研讨、加深认识的过程，感谢各位作者的辛苦付出！

    本书也得到了教育部课程教材研究所张广斌处长、北京市东城区教育科学研究院陈忠玲老师，以及北京师范大学出版社郭翔老师的大力支持。出版社的编辑老师也付出了大量心血。在此向所有支持本书出版的各位同人一并表示感谢！如有错讹之处也敬请读者批评指正！

杨明全

北京师范大学国际与比较教育研究院教授、博士生导师

2024 年 8 月

目 录 C O N T E N T S

目 录 C O N T E N T S

目录 C O N T E N T S

目 录 C O N T E N T S

▶第十章
STEM 与科技创新人才培养

第一章
STEM 教育导论

科技教育是现代社会学校教育的重要内容，中小学校科技教育的发展在我国一直受到重视。早在 1994 年 12 月 5 日，《中共中央、国务院关于加强科学技术普及工作的若干意见》指出，科学技术普及工作是普及科学知识、提高全民素质的关键措施，是社会主义物质文明和精神文明建设的重要内容，也是培养一代新人的必要措施。此后，我国陆续颁布了多个有关推动科技教育发展的文件，如 2021 年 6 月 25 日国务院印发《全民科学素质行动规划纲要(2021—2035 年)》，2022 年 9 月 4 日中共中央办公厅、国务院办公厅印发《关于新时代进一步加强科学技术普及工作的意见》等。2023 年 5 月 26 日，《教育部等十八部门关于加强新时代中小学科学教育工作的意见》要求经过 3 至 5 年的努力，使科学教育质量明显提高、中小学生科学素质明显提升。为此，在改进学校教学与服务方面，该文件提出了一系列措施，包括健全课程教材体系、完善科学教育标准，深化学校教学改革、提升科学教育质量，创造条件丰富内容、拓展科学实践活动。对中小学校来说，国家对科技教育的重视既是一种鼓励，又是一种鞭策。努力丰富科技教育的内涵、拓展科技教育的形式并提高科技教育的质量，已经成为当代我国中小学教育的必然选择。

放眼整个世界，人类发展已经进入工业 4.0 时代，新的科技浪潮正在席卷全球。在这个信息化时代，世界各国普遍重视科技人才的培养，这是一个国家软实力和竞争力的最根本体现。西方发达国家在科技教育领域有着成熟的经验，其创新性的举措也值得我国借鉴。20 世纪 90 年代以来，起源于美国的 STEM (science、technology、engineering、mathematics 的缩写，即科学、技术、工程、数学) 教育成为全球范围内各国推动科技教育发展的重要形式。我国也积极吸纳国际先进的科技教育理念，在实践中围绕 STEM 教育开展探索，并将其融入国家课程改革和教学创新的理念框架，在新时代的教育条件下推动了 STEM 教育的发展与创新。本章聚焦 STEM 教育的本质内涵，在系统梳理国内外开展 STEM 教育实践探索的基础上，阐述 STEM 教育在我国本土实践中的价值重构，以深刻理解 STEM 的教育价值和育人功能。

一、 STEM 教育溯源及其在我国的发展

STEM 教育是将科学、技术、工程和数学四大学科进行关联和融合，用作指导学生学习科技知识、开展科学探究并培养实践动手能力的一种教育方式。虽然以跨学科的方式开展教育在历史上出现得比较早(如赫尔巴特提出的合科教学的观点)，但是真正意义上的 STEM 教育出现在 20 世纪 80 年代之后。在实践过程中，早期

STEM 教育的内容和形式也在发生一些变化，甚至出现 STEAM(科学、技术、工程、艺术、数学)教育这种更加宽泛的教育形式。STEM 教育出现之后很快就传入我国，成为我国推动科技教育的一种重要形式。

（一）STEM 教育的思想起源

科学技术是推动人类发展的第一生产力，而科学、技术、工程、数学这四大类学科则是人类文化知识宝库的重要内容。尤其是进入 20 世纪以来，随着第二次工业革命的完成和第三次工业革命的兴起，这四大类学科的重要性进一步凸显。发达国家为了保持自身的优势地位加大了对相关领域人才的争夺。例如，在第二次世界大战期间，美国在军事领域取得的优势很大程度上归因于美国笼络了大批科学家、工程师、技术人员和数学家，他们因战事紧迫需要发展大量的军备和武器而被集聚在了一起，在短期内合作，促成了历史上最密集的科技进步，发明并不断改良了大批科技产品。美国和盟军的最终胜利使人类首次强烈地意识到遵从科技发展逻辑，从而提高国家和民族竞争力的必要性。由此，发达国家日益重视科技创新和应用，在学校教育领域也强化数学、自然科学和工程技术教育，逐步形成了以跨学科的视角开展数学和理工科教育的格局。

第二次世界大战之后，另一个对 STEM 教育产生重要影响的事件，就是 1957年 10 月 4 日苏联成功发射了世界上第一颗人造地球卫星。在美苏争霸的背景下，这一事件引发了一系列国际性的科技研发竞争和教育竞争，也成为美国后来大力发展 STEM 教育的原因之一。人类历史上第一颗人造地球卫星上天，不仅标志着航天时代的开始，而且意味着美苏之间的登月竞赛及后来长期空间竞争的悄然展开。在苏联领先的航天技术面前，美国朝野震动，举国反思，最终美国人认识到，美国在从科学到国家竞争的各方面都落后了，尤其是在科学教育和数学教育方面，这种教育的落后使美国没有培养出能够与苏联抗衡的高科技人才。为提振科技教育，1958 年美国颁布《国防教育法》，斥资大规模资助科技教育改革，在布鲁纳(Bruner)的领导下掀起大规模结构主义教育改革运动。在此后相当长的时间内，美国不遗余力地加强理工科教育，并持续推进科学教育、数学教育与工程技术教育的结合，这无疑为 STEM 教育的孵化和诞生准备了温床。

从西方科技教育发展历程来看，STEM 教育还有一个重要的思想源头，那就是STS(science, technology, society, 即科学、技术、社会)。为加深学生对科学、技术和社会相互关系的理解，提高其科学技术素养，西方科技教育界在 20 世纪七八十年代就开始推动 STS 教育的实践，积极探索科技教育不同领域的关联和融合。为了回应新技术革命浪潮对学校教育和人才培养的冲击，西方科技教育界认为，学校中的人才培养需要转向"通用型"人才的培养，发展学生综合解决问题的能力，扩大科学教育的领域并进行广泛的学科融合。STS 教育正是强调了科学教育应该密切联系人类的现实生产和生活，强调应该使学生了解科学技术在生产和生活中的应用，并形成对科学、技术和社会的正确态度。从 20 世纪 70 年代开始，英国的一些大学就加强了科学、技术与社会问题的关联，并提出了 STS 的概念，这对欧美国家大学的通识教育产生了很大影响。随后，STS 教育被引入中小学的改革实践，由此引领了广泛的科技教育改革潮流。英国编写了中学教材《社会中的科学与技术》，有关 STS 教育的思想也渗透到一些教育改革的政策文件中，如美国的《科学素养基准》《国家科学教育标准》，以及英国的《国家科学教育课程标准》、日本的中小学《学习指导要领》等。STS 教育是个复杂的概念，并没有一个清晰、明确、公认的定义，这种现象在一定程度上归咎于西方科学教育界依附在 STS 教育上的复杂动机和目的。[1]现在看来，STS 教育已经在新的时代背景下日趋为 STEM 教育所涵盖和取代，但对 STS 教育的探索为 STEM 教育提供了丰富的思想基础和实践土壤，在此基础上西方科技教育界进一步提出 STEM 教育的理念，丰富了开展科技教育的形式和方法。

（二）STEM 教育的提出和演进

　　STEM 教育起源于美国，是美国为了应对未来社会发展挑战而提出的国家发展战略。[2]在概念上，美国最初提出的科技教育术语是 SME（science, mathematics, engineering，即科学、数学、工程），这是 STEM 的最初称呼，而且当时针对的是高等教育领域的科技教育。在 1986 年，出于美国国内理工科人才的匮乏和对当时理工科教育的不满，美国国家科学基金会（NSF）发布了《本科的科学、数学和工程教育》这一报告，提出在本科层次上加强科学、数学和工程教育，这是美国在文献中第一次明确将这三个学科关联起来，真正拉开了 STEM 教育的序幕。

　　可见，美国提出 STEM 的概念是为了应对高等教育对理工科人才培养的挑战，但在 20 世纪八九十年代，围绕这四个领域的整合而形成的概念并不是 STEM，而是 SMET，即科学、数学、工程和技术教育。例如，1996 年，美国国家科学基金会发表了题为《塑造未来：透视科学、数学、工程和技术的本科教育》的报告，这是继 1986 年的报告十年之后再次发布的报告，其中增加了"技术"这一元素，完整构

---

① 　杨明全：《国际视野下的 STS 课程研究》，16～17 页，北京，教育科学出版社，2013。

② 　郑葳：《中国 STEAM 教育发展报告》，29 页，北京，科学出版社，2017。

建了整合四个领域开展教育的基本框架。但后来，美国国家科学基金会的一名工作人员抱怨 SMET 听起来像"smut"（污垢，下流），于是便用 STEM 取代了 SMET。①STEM 教育这一概念的成熟和流行，大概是在 21 世纪之后了。例如，2007 年，美国国家科学基金会又在《国家行动计划：应对美国科学、技术、工程和数学教育系统的紧急需要》报告中将四门学科统称为 STEM，在报告中正式将四门学科顺序调整过来，进一步凸显了追求应用性教育价值的哲学观。而且，报告指出加强国家层面对基础教育阶段和本科阶段 STEM 教育的主导作用，提高 STEM 教师的水平和相应的研究投入。自此，STEM 教育从本科阶段延伸到中小学教育阶段，进入蓬勃发展的新阶段。

在 2008 年的金融危机之后，美国感受到了经济发展和科技人才培养的巨大压力。2009 年 7 月，美国联邦政府推出了一项名为"力争上游"（race to the top）的全国性的教育计划，提供相应的基金，重点资助的就是 STEM 教育。随后在 9 月，美国联邦政府又推行"为创新而教"（education to innovate）运动，呼吁全社会重视和支持科技教育，促进美国中小学生对 STEM 的兴趣，提升科技教育的质量，从而确保美国在科技领域的竞争力和国际地位。

2010 年，美国联邦政府签署《美国竞争法再授权法案》，把增加财政拨款以支持 STEM 教育写进法案，由此鼓励美国学生加强学习 STEM、从事与 STEM 相关的职业。2015 年 10 月，美国联邦签署的《STEM 教育法（2015 年）》生效，以立法的方式确保 STEM 教育的实施，要求国家科学基金会支持非正式的 STEM 教育研究和开发。STEM 教育一词缘起于美国，是美国政府发起的旨在提高国民科技素养、保持其科技领先优势、增强国家竞争力、增加具有 STEM 胜任力的劳动力数量的一股教育热潮。②

2018 年 12 月，美国发布《绘制成功道路：美国 STEM 教育战略》这一报告。报告指出，STEM 教育提供了一个跨学科的学习方法，其中严格的学术概念与现实世界的应用相结合；STEM 教育不仅传授诸如批判性思维、解决问题、高阶思维、设计和推理等技能，而且传授诸如毅力、适应性、合作、组织和责任等行为能力。为落实《美国竞争法再授权法案》第 101 条的要求，报告提出了美国 STEM 教育的 5 年战略计划。该计划的目标是：为 STEM 素养建立坚实的基础，增加 STEM 的多样

---

① 郑葳：《中国 STEAM 教育发展报告》，31 页，北京，科学出版社，2017。
② 周玉芝：《STEM 教育视野下的课程开发与学科教学改进》，4 页，北京，北京师范大学出版社，2019。

性、公平性和包容性，为未来的科学、技术、工程和数学劳动力做好准备。为此，该计划提出四条路径：一是发展和丰富战略伙伴，以培育新的或加强教育实体与其服务的更广泛社区之间的联系；二是利用 STEM 将学科融合在一起，使 STEM 学习富有意义和鼓舞人心；三是为教与学提供数字化平台，通过计算技能和数字化手段拓展 STEM 教育，培养学生计算能力；四是在执行这一计划的联邦机构内部实行问责制，采用其他 STEM 利益攸关方可以仿效的循证做法并开展评估。这一份报告说明，美国对 STEM 教育的投入不遗余力，并且我们也发现，美国似乎以 STEM 教育统整基础教育阶段的科学教育，政府对 STEM 教育的重视程度不断提升，这折射出美国对 STEM 教育在科技创新人才培养中的价值的认可，这一点值得我们进一步关注。

（三）STEM 教育在我国的发展

我国学者郑葳认为，STEM 教育是在 2007 年进入我国的，2007 年，一篇有关 STEM 教育的文章《全球化时代美国教育的 STEM 战略》，拉开了我国研究 STEM 教育的序幕。[①] 尽管把 STEM 教育的引入精确到某一具体年限比较困难，但是比较容易确定的是我国在教育领域开始引入 STEM 教育大抵是在 21 世纪的早期。这样看来，STEM 教育的引进正好与 21 世纪初的中国科技发展和教育发展相契合，也就是迎合了当时我国社会发展的实际需求。一方面，进入 21 世纪之后，我国的科技发展取得了越来越多的突破，尤其是经过改革开放近三十年的积累，我国的科技领域开始进入勃发期，国际上先进的科技思想很容易被国人所接纳；另一方面，2001 年我国掀起面向 21 世纪的基础教育课程改革运动，一系列新的教育思想和课程理念开始重构旧有的教育传统，教育实践中日益突出情境性、个性化和生活化，尤其强调课程教学与信息技术的整合。这些改革与国外 STEM 教育的做法相契合，为引入 STEM 教育铺平了道路。

2012 年党的十八大以来，我国把"立德树人"作为社会主义教育的根本任务，中小学教育开始致力于促进学生核心素养的发展。与传统的知识与技能不同，核心素养是学生为成功应对未来生活而应该具备的品格和关键能力。学校教育要突出"素养导向"，就必然需要调整课程内容、变革育人方式。中小学的科学教育领域，开始突出课程的跨学科和综合化趋势。例如，《小学科学课程标准(2011 年版)》就增加了"科学、技术、社会与环境"领域的目标，在内容上涵盖了物质科学领域、生命科学领域、地球与宇宙科学领域、技术与工程领域；《义务教育化学课程标准

---

① 　郑葳：《中国 STEAM 教育发展报告》，59 页，北京，科学出版社，2017。

(2011 年版)》也增加了"化学与社会发展"这一领域，涵盖了化学与能源的利用、常见的化学合成材料、化学物质与健康、保护好我们的环境等。在教学实践领域，强化科学探究和项目式学习，突出做中学。显然，这些主张与国际上的 STEM 教育遥相呼应，体现了进入 21 世纪后我国科学教育已经紧跟国际前沿理念，越来越融入国际科技教育的潮流。

2017 年党的十九大之后，我国基础教育改革进一步提速，高质量教育发展成为新时代国家教育发展的基本愿景和目标。在这一背景下，我国有关 STEM 教育的研究和实践开始进入爆发期。根据我国学者范佳午等人的研究，该时期我国学术界有关 STEM 教育的研究成果数量迅速增加。例如，2017 年，中国教育科学研究院发布《中国 STEM 教育白皮书》；同年，教育部教育管理信息中心、北京师范大学、北京国信世教信息研究院联合发布《中国 STEAM 教育发展报告》；2018 年中国教育科学研究院发布《中国 STEM 教育 2029 行动计划》《STEM 教师能力等级标准(试行)》。[①]显然，这些研究对我国 STEM 教育整体发展发挥了重要的推动作用。

2022 年新一轮义务教育课程修订完成，新的课程方案和各科课程标准都对变革育人方式、推动跨学科育人和实践育人提出了要求，跨学科主题学习、项目式学习等成为未来教育实践的重要形式。例如，《义务教育课程方案(2022 年版)》强调，"强化课程综合性和实践性，推动育人方式变革""加强学科间相互关联，带动课程综合化实施""推进综合学习。探索大单元教学，积极开展主题化、项目式学习等综合性教学活动"。

虽然取得了不错的成就，但是我国在科技教育领域仍需要积极借鉴国际先进理念和实践经验，进一步探索符合我国国情的教育现代化发展道路。

二、 STEM 教育的本质内涵

STEM 这四个字母所代表的意思很明确，那就是科学、技术、工程、数学，因此通俗地说，STEM 教育指的就是有关这四个学科领域的教育。在学术界，不同学者对 STEM 教育的属性的认识略有不同，但对这四个学科领域的整合是可以达成共识的。例如，余胜泉等人认为，STEM 教育并不是科学、技术、工程和数学教育

---

① 范佳午、李正福：《STEAM 教育在中国的发展》，载《中国民族教育》，2018 (Z1)。

的简单叠加，而是要将四门学科内容组合形成有机整体，以更好地培养学生的创新精神与实践能力。①何善亮认为，STEM 教育强调科学、技术、工程、数学等学科相互联系，形成有机整体，但并不否定各门具体学科的独特教育价值和学科地位，STEM 教育也不是要取代科学、技术、工程、数学等的分科教育，而是要与学科课程形成互补关系。而且，STEM 教育要重视发挥工程教育活动的价值。②

　　然而，这样的理解有些笼统，并不能精确地说明在具体教育情境中 STEM 教育的本质内涵。尤其是作为一个"舶来品"，离开西方教育的实践场景和具体语境之后，在我国的中小学教育领域，"STEM 教育"这个术语有着多种既相互关联又有不同指向的内涵。总体而言，从不同的角度出发，我们可以把 STEM 理解为一个研究领域、一种育人理念、一种课程形态和一种教学方式。

（一）作为一个研究领域的 STEM 教育

　　STEM 教育的提出是人类进入 20 世纪之后科学技术发展的结果。因此，要理解 STEM 的内涵，必须回到"原点"，考察其诞生的基本社会环境。从 STEM 的源头来看，20 世纪下半叶科技的迅猛发展必然会产生新的研究领域和新兴学科。STEM 之所以诞生在美国，正是因为美国为了保持其经济和科技领先地位，必然要强化其科技人才培养，而 STEM 教育则恰恰有助于培养大批科学家、工程师和高级技工。从研究领域的视角来看，STEM 教育起码体现出如下的基本内涵。

　　其一，突出现代科技发展特征，强调四个学科在促进科技创新和人才培养中的共同价值。

　　尽管经历了两次世界大战，20 世纪仍然是一个科技蓬勃发展的世纪，人类取得的科技成就比以往任何时代都要大得多。代表性的科技成就：一是计算机技术，计算机的发明和应用在很大程度上改变了今天人们的生产和生活；二是创立了相对论和量子论；三是一些重大的科技突破，包括曼哈顿工程、宇宙空间技术和阿波罗登月工程、基因测序工程、脱氧核糖核酸的双螺旋结构模型等。这些科技领域的突出成就都依赖于理工科的突破性发展，促使人们思考在人类文化的宝库中哪些知识更有助于科技创新。显然，科学、技术、工程和数学这四个大的学科领域对科技创新贡献至伟。

---

① 余胜泉、胡翔：《STEM 教育理念与跨学科整合模式》，载《开放教育研究》，2015(4)。

② 何善亮：《基础教育学校 STEM 教育的几个前提性认识》，载《教育理论与实践》，2018(7)。

在人才培养方面，STEM 的四个领域是科技人才培养的基本方面。数学是一切自然科学的基础，一切重大科技进展无不与数学息息相关；数学与我们的生活有着密切的联系，数学在现实生活中有着广泛的应用；学习数学能够提高人的判断能力、分析能力和理解能力，对于培养人缜密的思维有着不可取代的价值。科学让我们掌握了一种正确看待世界和解决问题的方法；科学知识和态度让我们保持对世界的热情而不再盲从，让我们保持强烈的好奇心和求知欲；学习科学使我们通过一种辩证思维能力来面对新事物，让我们更好地理解我们身处的这个世界。技术一般而言是对科学理论和知识的具体应用，是人类改造自然、改造世界的利器，是人类智慧的结晶；在信息化时代，技术让我们学会更好地去获得信息，筛选对我们有用的信息，并对其加以整理利用。工程是运用数学、物理及其他自然科学的原理来设计有用物体的进程及规范；对于工程方面的学习，可以让人们更好地通过建立和运用模型而设计生活、为幸福生活奠定基础；工程学是成为工程师的必由之路，在通往工程师的路上人们可以掌握大量知识，培养较强的自我学习能力和对问题的分析能力。

其二，形成新兴的跨学科领域，强调四个学科之间的关联与整合。

从诞生以来，STEM 的研究致力于寻求四个领域的整合，形成偏向理工科的多学科交叉领域。由于 STEM 涵盖了科学类知识的核心要素，因此它又被称为"元学科"（meta-discipline）。既然被作为一个大的学科来看待，那么这个学科就应该具有自身的显著特征和学科属性。总体而言，STEM 并不是将科学、技术、工程、数学的知识进行简单叠加，而是强调将原来分散的四门学科内容自然形成一个整体。STEM 这门跨领域学科的建立是将原本分散的四门学科集合成一个综合性的学科，以特定的课程形式进而通过学校教育把学生学习的零碎知识变成相互联系的统一整体。在学术界，这种努力在高等教育界已经成为比较成熟的学科建制，国外不少大学都开设跟 STEM 有关的专业供学生修习，涵盖的具体专业内容包括航空航天工程、建筑学、生物科学、化学工程、土木工程、计算机科学、电子电气工程、信息技术、数学、机械工程等。现代技术和创新的兴起增加了对拥有 STEM 学位的毕业生的需求。在 STEM 领域，新行业一直在发展，这不仅需要更多受过 STEM 教育的人，而且出现了安全分析师和数据科学家等新职位。一些全球增长最快的行业，如人工智能、软件开发和数据分析，都是以 STEM 学科为基础的。

（二）作为一种育人理念的 STEM 教育

从学校育人的角度看，STEM 教育被看作一种不同于传统教育观念的育人理念。作为一种育人理念，它聚焦科技创新人才培养，致力于发展学生的 STEM 素养。STEM 素养是一种复合型的素养结构，除了包含相关知识、科学精神、科学思维和方法之外，还包含对如何整合概念、过程和思维方式，并将其应用于解决现实世界问题的整体性理解。在现实世界中，人们遇到的问题通常是"劣构的"(ill-structured)，也就是这些问题有着太多的不确定性因素，需要采取跨学科的方法予以解决。从科学、技术、工程、数学这四个学科领域来看，STEM 素养又需要整合这四个相关学科素养。科学素养包括对科学知识的基本了解、对科学的研究过程和方法的了解，以及理解科学技术对社会和个人所产生的影响；技术素养则是使用、管理、评估和理解技术的能力，是对工程加工的产品或结果及技术与社会关系的理解；工程素养侧重于使用工程设计和应用工程思维习惯，是对创造或设计中的人造物或系统过程的理解；数学素养属于认识论和方法论的综合性思维形式，具有概念化、抽象化、模式化的认识特征。具有数学素养的人善于把数学中的概念结论和处理方法推广应用于认识一切客观事物，具有哲学高度和认识特征。在这四个学科领域中，技术和工程素养是整合另外两个学科素养的核心，也就是说，需要通过技术和工程素养将科学素养、数学素养体现出来，因此技术和工程素养就成为 STEM 素养的内核。

2019 年，美国开始修订其技术素养标准，聚焦 STEM 教育中的"技术"和"工程"两个要素，并于 2020 年 7 月发布了升级后的版本——《技术与工程素养标准：STEM 教育中技术与工程的作用》。该文件为技术与工程素养创设了一个八角形模型，描述了三大类素养要求，在模型中由内到外分别是"核心标准""实践"和"场景"。①

"核心标准"处于素养模型的最内核，主要包括技术与工程的性质与特征、技术与工程的核心概念、概念对技术发展的影响、技术的历史、技术与工程教育中的设计等八项内容。其中第二项"技术与工程的核心概念"非常关键。所谓核心概念指的是对学生的素养发展具有长期影响的重要概念和观点。像其他知识门类一样，技术与工程也有许多核心概念，包括系统、资源、要求、权衡、优化、流程及控制等。这些核心概念将技术与工程同其他研究领域相区分，是技术与工程学习的基石。该文件也阐述了引领核心标准的关键思想，在八大"核心标准"中，每项标准都设置了三个关键思想。例如，第一项标准"技术与工程的性质和特征"的三个关键思想分别是：技术与工程的学习需要掌握自然世界和人工世界的知识；作为人类活动的技术与工程研究是跨学科的；技术与工程研究涉及理解、使用、评估和创造技术产品，系统的能力及思维方式。

---

① 管光海：《美国新一代〈技术与工程素养标准〉：加强 STEM 教育中的 T(技术)
　　 与 E(工程)》，载《上海教育》，2022(24)。

　　在该文件中，技术与工程素养包含了"实践"方面的要求，具体表现为系统思维、创造力、批判性思维、乐观、合作、沟通、注重道德等。从这些具体要求来看，技术与工程素养既包含了对学生认知和思维的要求(如系统思维、创造力等)，也包含了对学生的情感态度方面的要求(如乐观、注重道德等)。

　　文件也阐述了技术与工程素养的"场景"，这意味着素养的培养需要有特定的场景，在具体场景中让学生应用概念、亲身实践，从而提升素养。该文件列出了培养技术与工程素养的八大真实场景(计算、自动化、人工智能和机器人；材料转换和加工；运输和物流；能源与动力；信息与通信；建筑环境；医疗与健康相关技术；农业和生物技术)。

　　从上述技术与工程素养来看，作为一种育人理念，STEM 教育致力于培养综合型人才和应用型人才，培养学生的综合素养和实践创新能力。在当今时代，要解决重大科技问题和开展重大科研项目都需要综合运用各学科知识，综合型人才的需求日益突出。综合型人才意味着拥有深厚的跨学科知识和全面的综合素养，这不同于传统的分科教学培养出的只具有某一领域学科专长的人才。而且，拥有实践操作能力的应用型人才也是科技创新所必需的。这种应用型人才掌握相关的信息技术、工程技术等，有着很强的实践创新能力，拥有计算思维和空间感知能力，能够开展工程设计、制作与动手操作等一系列复杂的技术活动。可以说，完成动手操作活动以解决现实世界的问题是技术和工程教育的基石。作为一种育人理念，STEM 教育所培养的素养是在综合把握科学、技术、工程和数学等理工科知识的基础上具有独立提问、设计、分析、推断和运算的能力，是一种独立分析问题、解决问题的综合素养。显然，这种理念迎合了当今时代科技创新与发展的趋势，是对传统的以分科教学为主导的科技教育的一种超越。

（三）作为一种课程形态的 STEM 教育

　　在科技教育的实践中，STEM 往往又被看作一种课程形态。在形式上，这种课程形态不同于传统的科学类分科课程(如物理、化学、生物等)，而是以综合课程的方式将科学、技术、工程、数学这四个学科有机整合在一起，由此形成具有特定育人价值的 STEM 的课程体系。

　　综合课程起源于德国教育学家赫尔巴特提出的合科教学，是针对学科课程只向学生传授知识，而不能解决实际问题、脱离实际生活、忽视人的情感等种种缺陷而提出的一种课程形式。合科教学主张综合有关联的几门学科，成为跨越更广泛的共同领域的课程，如把物理、化学、生物、天文、生理等学科合并为理科。因此，综合课程是一种整合若干相关联的学科而成为一门更广泛的共同领域的课程。根据综合课程的综合程度及其发展轨迹，可将其分为以下几种：相关课程(correlated curriculum)，就是在保留原来学科的独立性的基础上，寻找两个或多个学科之间的共同点，使这些学科的教学顺序能够相互照应、相互联系、穿插进行；融合课程(fused curriculum)，也称合科课程，就是把部分的科目统合兼并于范围较广的新科目，选择对于学生有意义的论题或概括的问题进行教学；广域课程(broad curriculum)，就是合并数门相邻学科的教学内容而形成的综合性课程；核心课程(core curriculum)，就是围绕一些重大的社会问题组织教学内容，社会问题就像包裹在教学内容里的果核一样，又被称为问题中心课程。前三种课程都是在学科领域的基础上进行的知识综合的课程形式，它们打破了原有的学科界限，是旧的学科课程的改进和扩展；而核心课程则是以解决实际问题的逻辑顺序为主线来组织教学内容的。根据这种分析可以看到，不同类型的综合课程体现了不同的学科性和综合化水平。如果根据"学科性"和"综合性"两个维度建立一个矩阵图，那么这几种综合课程的大致位置如图 1-1 所示。

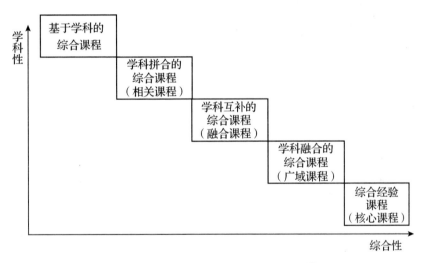

图 1-1　不同类型的综合课程的矩阵图[①]

从育人效果来看，综合课程具有一定的优点，包括打破了学科间的界限，有利于培养学生对事物的整体认识能力；减少了课程的门类，有利于减轻学生的负担；从生活、社会的实际出发，具有较强的实践性，有利于培养学生的动手能力。这些优点在 STEM 课程上有着鲜明的体现。STEM 是一门课程，其思想是通过跨学科和应用的方法对四个特定学科(科学、技术、工程和数学)的学生进行教育。STEM并没有将这四个学科作为单独的主题进行教学，而是将它们整合到一个基于真实应

---

① 杨明全：《课程论》，274 页，北京，中国人民大学出版社，2016。

用的、有凝聚力的学习范式中。STEM 课程重点是加强对学生四个方面的教育：一是科学素养，即运用科学知识理解自然界并参与影响自然界的过程；二是技术素养，也就是使用、管理、理解和评价技术的能力；三是工程素养，即对技术工程设计与开发过程的理解；四是数学素养，也就是学生发现、表达、解释和解决多种情境下的数学问题的能力。

当然，在 STEM 课程中，四个学科有着明确的分工，但又不是简单拼合在一起的。从各学科的功能来看，科学本身就是一种综合课程，涵盖了物理、化学、生物科学和地球空间科学等具体学科，能够发展学生的科学核心素养，如科学知识、科学思维、科学方法和科学精神等；技术是一门基础性和通用性的学科，尽管它不同于传统的有着明确知识边界的普通学科，但是随着当今时代各个领域科学技术的迅猛发展，它承担了越来越重要的学科功能；工程学是一门解决实际问题的应用学科，可以通过问题解决、设计、制作、构建等方式，实现人们的科技构想；数学则是一门研究数量、结构、变化、空间及信息等概念的学科，可以作为技术与工程学科的基础工具。在 STEM 课程中，这些不同的学科将根据主题进行融合，体现STEM 的跨学科育人价值。

（四）作为一种教学方式的 STEM 教育

2016 年，教育部出台《教育信息化"十三五"规划》，明确指出，"要依托信息技术营造信息化教学环境，促进教学理念、教学模式和教学内容改革，推进信息技术在日常教学中的深入、广泛应用，有条件的地区要积极探索信息技术在'众创空间'、跨学科学习（STEAM 教育）、创客教育等新的教育模式中的应用，着力提升学生的信息素养、创新意识和创新能力，养成数字化学习习惯，促进学生的全面发展"。在这一文件中，STEM 教育被看作信息化条件下变革教学方式的一个重要方面，说明教育界也把 STEM 教育作为一种教学方式去理解。

STEM 教育代表着一种现代的理科学科的教学方式，旨在培养学生的批判思维、逻辑思维、创造性解决问题的能力，以及合作沟通能力和动手操作能力。作为一种教学方式，STEM 教育的精髓在于推动了学生的"探究式学习"。教师不再进行单方面的知识输出，简单地告诉学生理论知识，而是带领他们自我探索、提出疑惑、探寻结论。

作为教学方式的 STEM 教育倡导的基本做法是跨学科、重视实践和探究，并注重学生的参与。"5E"教学模式，即参与（engagement）、探究（exploration）、解释（explanation）、评估（evaluation）、延伸（extension），也是一种注重跨学科的教学模式。参与，就是让学生参与讨论，引起学生对学习主题的注意，揭示前概念；探究，就是促进概念化，引导学生共同进行探究，开展实际调查；解释，就是引导学生进行探索的特定方向化，从经验和观察中发展概念和需要理解的知识；评估，就是在进行一系列的活动后，引导学生进行评估，加深理解能力；延伸，就是让学生对知识概念进行更深入的学习，并联系生活扩展科学知识。这种教学方法以学生为中心，学生主动参与学习过程，教师的角色更多的是指导而不是讲授。此外，它有助于学生跨学科应用知识，因此 STEM 教育被认为是最适合开展探究活动的教学方式。

近年来，体现 STEM 教育特色的教学方式就是项目式学习(project based learning，PBL)。项目式学习主要包括如下几种基本类型：一是科学探究类，适用于自然科学领域的学习，理解决定或影响人类社会行为的内外部因素，掌握科学研究的方法；二是社会调查类，适合人文和社会科学领域的学习，理解、预测和改进社会事实、规则或制度等，掌握社会调查的方法；三是设计开发类，适合技术工程领域，如在创客、机器人开发等领域的学习，创新或改进世界，掌握设计思维的方法；四是综合应用类，适合综合探究和学习活动，培养学生复杂问题解决能力和高阶创新思维能力。这几种基本类型的项目式学习都可以运用于 STEM 教育，可以很好地实现发展学生 STEM 素养这一目的。

把 STEM 教育作为一种教学方式，看重的就是 STEM 教育可以改变传统的课堂教学模式，促进学生多样化学习。在 STEM 教育中，学生可以像科学家一样去思考和研究，像工程师一样去设计和创造，学生经历的学习活动更加丰富多彩。学生能够在活动中通过各种角色体验创新带来的魅力和乐趣：你可以是一名玩具工程师，设计万花筒；你可以是一名建筑工程师，设计应急备用桥；你也可以是一名环境工程师，研究再生纸；你还可以是一名产品设计师，设计鸡蛋保护器……相对于传统的以记忆和理解为目的的学习，这些学习活动更能激发学生学习的兴趣，并且可以通过对知识的运用发展学生更高阶的认知能力。

三、 STEM 教育的价值重构

STEM 教育虽然是西方教育改革和实践探索的产物，但是迎合了世界范围内科技人才培养的现实需求，体现了当代理工科教育发展的趋势。20 世纪末以来我国的素质教育改革与发展为 STEM 教育的扎根和蓬勃发展奠定了丰厚的实践基础。尤其是 21 世纪以来，随着新一轮基础教育课程改革的推进，STEM 教育与新课程所倡导的相关理念和举措非常契合，这进一步推动了 STEM 教育在我国的本土化发展。当然，我国的 STEM 教育实践并不是完全"移植"西方的做法，而是在具体情境下根据本土的实际需求进行设计，从而体现对 STEM 教育价值的重构。

（一）强化本土化改造

我国的 STEM 教育有着自己的教育实践土壤，需要根植于本土实践情境。在过去的很长一段时间里，我国的中小学应试教育氛围浓厚，升学竞争激烈，由此带来的学生课业负担非常沉重。在这种情境下，教育教学方式也必然迎合考试竞争的需求，为提高考试成绩，死记硬背、机械训练、刷题练习等大行其道，学生难以获得全面发展。为破除"应试主义"带来的积弊，21 世纪的基础教育课程改革围绕"如何变革教育"这一重大问题采取了一系列措施。

2001 年，我国启动了全国第八次基础教育课程改革，提出"为了每位学生的发展"这一口号，力图确立学生的主体地位、促进学生个性化发展，让每位学生成为学习的主人。为此，第八次课程改革确立"三级课程"管理体制，鼓励中小学校根据学生的学习需求开发校本课程，突出课程的多样化和可选择性；引入综合实践活动课程，注重学生的自主体验和活动经验；变革学习方式，开展研究性学习，注重自主学习、探究学习、合作学习等。可以说，2001 年的课程改革是我国 21 世纪教育现代化发展的第一次思想启蒙运动，开启了持续的课程变革的序幕。2010 年，我国颁布《国家中长期教育改革和发展规划纲要（2010—2020 年）》，为加快从教育大国向教育强国、从人力资源大国向人力资源强国迈进，提出"到 2020 年，基本实现教育现代化，基本形成学习型社会，进入人力资源强国行列"这一重大战略目标。为了回应这一新的要求，2011 年我国完成了义务教育课程方案和课程标准的修订工作，强化德育实施效果，减轻学生负担，促进学生全面发展。2012 年党的十八大提出，把立德树人作为社会主义教育的根本任务，由此提出了"培养什么人、怎样培养人、为谁培养人"的时代课题。为此，新一轮的高中课程修订工作首先启动，并于 2017 年初步完成，其最大的突破就是总结了高中学科核心素养，由此学生发展核心素养成为课程与教学改革的基本抓手。2019 年新一轮义务教育课程修订工作启动，并于 2022 年完成。这次课程修订进一步强化"课程育人"，突出了课程综合化理念，以及育人方式变革问题，必将引领基础教育走向新的发展。

基础教育课程改革的这一历程说明，我国的学校教育正在发生一场深刻的系统性变革。作为一种外来的教育方式，STEM 教育必须服务于国家教育改革的实际需要，积极进行本土化改造以适应当下教育改革的诉求，融入我国教育改革的时代大潮中。唯有如此，STEM 教育才能在我国获得长久的生命力，发挥可持续的发展潜力，真正成为我国学校教育的重要表征。STEM 教育的本土化改造，重点方向在于将 STEM 教育纳入我国课程改革的总体框架，尤其是纳入理科课程改革的范畴，在达成科学素养培养目标的同时，突出 STEM 综合素养。也就是说，STEM 教育的本土化改造聚焦弥补我国原有科学教育的不足，体现国际科学教育的最新理念，最终要服务于我国面向未来的科技创新人才培养这一根本目的。事实上，在《义务教育课程方案(2022 年版)》中，我国在义务教育阶段新增加了一门理科类课程，即信息科技，并且首次编写《义务教育信息科技课程标准(2022 年版)》。在内容上，该标准指出，"依据核心素养和学段目标，按照学生的认知特征和信息科技学科的知识体系，围绕数据、算法、网络、信息处理、信息安全、人工智能六条逻辑主线，设计义务教育全学段内容模块"。具体如图 1-2 所示。

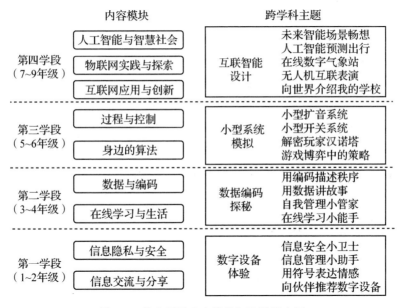

图 1-2 信息科技内容模块与跨学科主题

从图 1-2 可以看出，信息科技这门课程在一定程度上融入了 STEM 教育的一些元素，如小学高年级的"过程与控制"、初中的"人工智能与智慧社会"等，尤其在跨学科主题领域，相关的内容更多。除了这门课程之外，在传统的科学课程中也体现了有关 STEM 教育的元素，如《义务教育科学课程标准(2022 年版)》中也增加了"技术、工程与社会"这一内容模块，具体包括"技术与工程的性质和特点，技术与工程对人们生活、生产和社会的影响，科学、技术、工程的相互影响；还包括体现上述内容且与所学科学内容有关的创意实践活动，以及利用创意作品进行自主探究"。这都说明，我国最新的基础教育课程与教学改革已经对 STEM 教育进行了吸收，尽管没有具体用"STEM 教育"的概念，但其实已经融入了 STEM 教育的元素。

（二）突出育人方式变革

作为一种新的科技教育方式，STEM 教育的引进和推广要有助于推动我国中小学的育人方式变革。过去，受传统应试主义教育的影响，我国中小学校在育人方式上几乎是课堂讲授和死记硬背。在科技发展日新月异、信息技术突飞猛进发展的今天，这种单一的育人方式已经不能满足未来一代人才的培养需求。STEM 教育代表着科技教育方式的重要变革，要在实践中发挥其积极的引领作用。

STEM 教育能够促进育人方式的变革，这是与其自身的特征分不开的。STEM 的核心特征有：跨学科、趣味性、体验性、情境性、协作性、设计性、艺术性、实证性和技术增强性。STEM 课程的设计应采取跨学科整合的模式，将科学、技术、工程和数学等整合在一起，强调关注学科间的密切联系、强调综合应用知识解决真实世界中的问题。①总体而言，STEM 教育具有如下鲜明的特征：一是综合性，在内容上至少涵盖了科学、技术、工程、数学四个具体的学科领域，能够将这几个分散的学科予以整合，淡化了学科分类；二是情境性，为问题解决提供特定的情境，强调将知识应用于生活，解决生活中真实的问题，培养解决问题的能力；三是实践性，强调"做中学"，在实践中应用所学的知识以解决真实的问题，突出动手操作、设计制作、模型建构等，强调学生的体验和问题解决过程；四是合作性，通常以项目的方式开展，学生需要以小组为单位分工合作，在完成学习任务的过程中相互帮助、交流讨论，培养团队意识和合作能力。

STEM 教育的上述特征决定了不能以传统的教与学方式予以实施，必须改变死记硬背和机械训练等僵化的学习方式，代之以更加鲜活、更能够调动学生学习的积极性的新方式。如果通过 STEM 教育的引入而促进中小学育人方式的变革，则能更好地体现其价值。要实现这一目标，需要注意如下方面。

首先，STEM 教育要有助于推动实践育人。实践育人是相对于学生单纯的知识学习而言的。长期以来，学校教育强调知识的习得和认知发展，在一定程度上忽视了对学生动手操作和实践能力的培养。学校教育改革强调通过开展各类主题实践、劳动实践、研学旅行、志愿服务等，增强学生的社会责任感、创新精神和实践能力。在这一背景下，STEM 教育体现了国际科技教育的先进做法，把科学、技术、工程和数学四个领域有机关联，开展的课程形式和各种活动丰富多彩，要求学生通

---

① 余胜泉、胡翔：《STEM 教育理念与跨学科整合模式》，载《开放教育研究》，2015(4)。

过设计制作、实验探究、模型建构等进行学习，促进学生动手能力和实践操作能力的发展。

其次，STEM 教育要有助于推动跨学科育人。中小学主要开展的是分科教学，其主要优点就是学生可以分领域系统学习各科知识，学生对知识的学习比较系统而且深入。但分科教学缺点也是很明显的，那就是各学科知识之间缺乏整合，难以迁移到其他领域，难以培养学生综合运用多学科知识解决现实问题的能力。在这方面，STEM 教育的优势就在于以跨学科的视角整合了多个领域的知识。各种 STEM 学习活动能够很好地培养学生的科学素养和动手能力，体现出跨学科育人的优越性。

最后，STEM 教育要有助于落实项目式学习。"项目"指的就是从问题提出到设计制作、最终到展示成果的完整活动，这个活动过程包含着学生的学习(如对相关概念和原理的应用、对学科知识的建构、利用网络等技术手段搜集并处理信息等)，"项目"也由此成为学习的载体。那么，项目式学习就是一种建构性的教与学方式，教师将学生的学习任务项目化，指导学生基于真实情境提出问题，并利用相关知识与信息资料开展研究、设计和实践操作，最终解决问题并展示、分享项目成果。①

（三）聚焦核心素养发展

学生发展核心素养指的是学生应具备的、能够适应终身发展和社会发展需要的必备品格和关键能力。发展学生核心素养是落实立德树人根本任务的基本要求，也是新时代培养全面发展的人的重要表现。STEM 教育必须聚焦学生核心素养的发展，将 STEM 素养与学生发展的核心素养相契合，从而服务于国家科技人才培养的新需求。

我国发展核心素养以培养"全面发展的人"为核心，分为文化基础、社会参与、自主发展这三个维度。文化基础这一维度重在强调能习得人文、科学等各领域的知识和技能，掌握和运用人类优秀智慧成果，涵养内在精神，追求真善美的统一，发展成有宽厚文化基础、有更高精神追求的人。这一维度包括两大素养：人文底蕴和科学精神。前者主要是学生在学习、理解、运用人文领域知识和技能等方面所形成的基本能力、情感态度和价值取向，具体包括人文积淀、人文情怀和审美情趣等基本要点；后者主要是学生在学习、理解、运用科学知识和技能等方面所形成的价值标准、思维方式和行为表现，具体包括理性思维、批判质疑、勇于探究等基本要

---

① 杨明全：《核心素养时代的项目式学习：内涵重塑与价值重建》，载《课程·教材·教法》，2021(2)。

点。社会参与这一维度重在强调能处理好自我与社会的关系，养成现代公民所必须遵守和履行的道德准则和行为规范，增强社会责任感，提升创新精神和实践能力，促进个人价值实现，推动社会发展进步，发展成有理想信念、敢于担当的人。这一维度包括两大素养：责任担当和实践创新。前者主要是学生在处理与社会、国家、国际等关系方面所形成的情感态度、价值取向和行为方式，具体包括社会责任、国家认同、国际理解等基本要点；后者主要是学生在日常活动、问题解决、适应挑战等方面所形成的实践能力、创新意识和行为表现，具体包括劳动意识、问题解决、技术应用等基本要点。自主发展这一维度重在强调能有效管理自己的学习和生活，认识和发现自我价值，发掘自身潜力，有效应对复杂多变的环境，成就多彩人生，发展成有明确人生方向、有生活品质的人。这一维度包括两大素养：学会学习和健康生活。前者主要是学生在学习意识形成、学习方式方法选择、学习进程评估调控等方面的综合表现，具体包括乐学善学、勤于反思、信息意识等基本要点；后者主要是学生在认识自我、发展身心、规划人生等方面的综合表现，具体包括珍爱生命、健全人格、自我管理等基本要点。

　　STEM 教育要培养的相关素养要与复杂的素养体系相适应，并且需要进一步扩大两者的"交集"，使 STEM 教育更好地服务于国家教育的培养目标。应该说，STEM 素养在文化基础、社会参与、自主发展这三个维度都有体现。在文化基础维度，STEM 素养要与"科学精神"素养相契合，着力培养学生的理性思维、批判精神和探究能力；在社会参与维度，STEM 素养要与"实践创新"素养相契合，着力培养学生的劳动意识、问题解决和技术应用能力；在自主发展维度，STEM 素养要与"学会学习"素养相契合，着力培养学生乐学善学和勤于反思的态度及信息意识。除此之外，针对"人文底蕴""责任担当""健康生活"等素养，STEM 教育也要拓展育人功能，全面体现对学生的核心素养的培养。

（四）培植现代化的教育生态

　　2019 年 2 月，中共中央、国务院印发《中国教育现代化 2035》，提出到 2035年，总体实现教育现代化，迈入教育强国行列，推动我国成为学习大国、人力资源强国和人才强国。文件提出了教育现代化的八大理念：更加注重以德为先、更加注重全面发展、更加注重面向人人、更加注重终身学习、更加注重因材施教、更加注重知行合一、更加注重融合发展、更加注重共建共享。可以说，普遍提高学校教育质量、推动教育现代化发展已经成为必然选择，那么培植现代化教育生态将是教育改革的重要课题。

　　党的二十大指出，要以中国式现代化全面推进中华民族伟大复兴。这意味着，我国的现代化不会复制西方模式，不会走西方现代化的老路，而是要体现出中国特色。那么，在教育上，中国教育的现代化发展主要表现为五个方面。第一，教育现代化要以人的现代化为本质。中国的文化传统以人为中心，把立德树人作为社会主义教育的根本任务，就是要回答培养什么人、怎样培养人和为谁培养人的问题。第二，教育现代化要以共同富裕为基石。以人民为中心实现共同富裕，这是党和国家的庄严承诺，也是教育现代化发展的物质基础。在共同富裕的背景下，教育的工具价值弱化，而本体性价值凸显。第三，教育现代化要以改革与创新为驱动力。21世纪以来的基础教育课程改革就是一个通过持续改革而解放思想、构建教育新生态的过程，改革与创新为教育发展提供最原初的驱动力。第四，教育现代化要以数字化战略为支撑。这是智能环境下教育发展的必然选择。高质量教育发展需要树立数字化意识和思维，培养数字化能力和方法，构建智慧教育发展生态，形成数字治理体系和机制。第五，教育现代化要以治理能力现代化为手段。

关于教育生态的观点则是生态学的原理与方法在教育领域渗透与应用的结果。生态学是研究生命系统和环境系统之间相互作用的规律和机理的一门学问。"生态"一词往往起源于对生态系统和生物多样性的认识。一般而言，生物多样性越丰富，则生态系统越稳定。但这种多样性并不是简单的数量庞大，而是相互关系选择性较多；各生物之间主要是一种依存与合作关系，而不是片面强调竞争与淘汰关系。根据生态学的观点，学校内不同要素之间也存在类似的相互作用，也会形成一种较为稳固的教育生态系统。从这个角度来看，教育生态主要是一种环境和氛围，指的是学校的文化环境和心理氛围。

随着5G、云计算、大数据、人工智能等新技术的发展与应用，学校教育必将迎来新的变革，面临新的挑战。为适应未来教育发展的需要，学校教育应积极构建符合未来发展需求的新的教育生态。这就需要把 STEM 教育蕴含的育人理念渗透到学校的课程、教学、管理和评价各个环节中，实现学校自身的生态变革。这既是未来社会对学校教育的变革要求，也是师生全面健康发展的必然要求。

在学校教育的生态中，"课程—教学—管理—评价"这四个要素构成的链条互联关系是教育生态的主要方面，而由课程与教学构建的育人环境是学校教育生态的集中体现。那么，STEM 教育可以从课程与教学领域的变革出发，带动学校整体的生态性变化。这种新型教育生态的构建，至少包括如下方面：一是改变传统的"死记硬背"和机械练习，在教育方式方面体现调查探究、设计制作、合作学习等更加生动多样的教与学方式；二是通过 STEM 课程的开发，为学生的学习提供多样化的课程形式，满足学生个性化学习需求，丰富科技教育的资源；三是通过 STEM 教育的设计，营造充满科技色彩和现代感的校园氛围，助力学生创造性思维、动手能力和科学精神的培养。

四、 STEM 教育的展望与挑战

作为 20 世纪末才真正成熟并不断得到发展的概念，STEM 教育的价值已经得到全世界范围内各国的认可。与 STEM 相关的知识和高阶思维技能实际上已经被科学家、工程师和其他专业人员应用于现实世界，用来识别、评估和解决复杂问题，从而发现和产出新知识。发达国家首先看到了 STEM 教育的价值，尤其是美国，把 STEM 教育投资看作全球经济竞争力的关键，为了保持这种竞争优势，美国需要更多的学生从事 STEM 职业，以确保有一支 STEM 能力的劳动力队伍。美国有学者认为，STEM 教育给个体学生带来的经济利益，以更高的收入和更好的工作保障的形式，已经明确地建立起来了。在他们对收入中值较高的十个大学专业的分析中，十个专业中有八个专业是工程专业，其余两个专业也在 STEM 领域。[1]

发达国家的学者将科学、技术、工程、数学等多个学科整合起来，将其作为一种新的教育形式推广到中小学校，在很大程度上改变了学生在科技领域的学习状况。STEM 是一种跨学科的学习方法，将现实生活中的事件与科学、技术、工程和数学专业联系起来，帮助人们发展在 21 世纪需要获得的技能。这不仅强调 STEM 专业的概念知识和过程能力，而且强调处理情况或问题的能力。STEM 教育有着独特的优点，譬如基于情境的问题解决、高级认知和思维能力发展、动手操作和设计制作能力发展、奇思妙想和创造力培养等。STEM 教育通过让学生参与工程设计过程来帮助学生获得真实世界的问题解决技能，在这个过程中，学生需要在他们的工程设计过程中获得和应用相关的科学和数学知识。STEM 教育是支持个人获得这些技能并适应当今环境的创新方法之一，通过跨学科的关系提供一个全面的学习和教学环境。STEM 方法在教育中得到广泛支持和实施，以培养学习者的跨学科知识和技能，这可以成为一个国家在科技知识、创新、经济和国际竞争方面发展的重要推动力。因此，许多国家提出以 STEM 为基础的教育来提高科学教育质量。

---

[1] McIntyre L. L. , et al. , "A common measurement system for K-12 STEM education: Adopting an educational evaluation methodology that elevates theoretical foundations and systems thinking," *Studies in Educational Evaluation* , 2014(4).

　　对我们国家来说，STEM 教育的引入和发展为丰富中小学教育形式、推动育人方式变革带来了新的契机。但总体而言，目前这方面的研究和实践也存在一定的问题和挑战。比如，目前的 STEM 教育在实施上仍然强调对 STEM 内容的记忆，忽视更高层次的思维技能，在课堂中低阶技能的教学占主导地位，而且未能以深刻的概念理解为目标；教师的相关认知和实施能力也存在不足，教师本身的 STEM 素养有待提升，在 STEM 的活动设计、课程开发、评价评估等方面的能力表现并不能令人满意。

　　总之，尽管我国中小学校引入 STEM 教育已经有很多年，但 STEM 教育如何体现我国教育的特色则是值得持续探索的课题。尤其在推动教育现代化发展和教育数字化战略行动的大背景下，STEM 教育的研究及其本土化改造与创新必将成为我国面向未来的教育改革的内在组成部分。因此，STEM 教育只有融入我国教育改革的实践中去，才能发挥出持久的生命力。

第二章

STEM 教育对新课程精神的体现

STEM 教育研究涉及宏观、中观、微观多个层面：宏观上涉及国家科技创新人才培养战略研究；中观上关注学校开展 STEM 教育的课程体系、课程群构建；微观上侧重 STEM 教育的实施层面研究，涉及 STEM 教育的实施形式、特点、策略、案例等。

课程是学校开展教育教学活动的依据，没有合适的课程位置、明确的课程目标和内容、完备的课程体系，STEM 教育就很难系统深入开展。实现 STEM 教育本土化，必然要将其合理融入我国基础教育课程体系。为此，需要分析 STEM 教育对落实我国教育政策、深化我国教育改革的意义，以及 STEM 教育融入我国基础教育课程体系的实施途径。本章将结合我国课程文件，分析 STEM 教育对基础教育新课程精神的体现。

一、 基础教育新课程体系中的 STEM 教育元素

我国现行基础教育课程体系以《义务教育课程方案(2022 年版)》和《普通高中课程方案(2017 年版 2020 年修订)》为依据。下面我们将分析 STEM 教育对落实基础教育课程方案与课程标准有哪些价值，从而为 STEM 教育融入我国基础教育课程体系带来启示。

（一）STEM 教育与落实课程方案

学校的学科课程、劳动和综合实践活动、班团会、校本课程，以及各种主题教育、学校活动、社团活动等都要在基础教育课程方案的框架下展开。STEM 教育要融入学校课程体系，首先要回答 STEM 教育对落实基础教育课程方案有什么价值。下面，从落实培养目标、落实基本原则、优化课程实施的角度分析 STEM 教育的价值，并从基础教育课程方案中的课程设置、开设科目角度分析 STEM 教育融入我国学校课程体系的空间。

1. STEM 教育与落实培养目标

《义务教育课程方案(2022 年版)》提出"义务教育要在坚定理想信念、厚植爱国主义情怀、加强品德修养、增长知识见识、培养奋斗精神、增强综合素质上下功夫，使学生有理想、有本领、有担当，培养德智体美劳全面发展的社会主义建设者和接班人"，并从"有理想、有本领、有担当"三方面具体列出培养目标。《普通高中课程方案(2017 年版 2020 年修订)》要求"普通高中课程在义务教育的基础上，进一步提升学生综合素质，着力发展学生核心素养，使学生成为有理想、有本领、有担当的时代新人"，并从"具有理想信念和社会责任感、具有科学文化素

养和终身学习能力、具有自主发展能力和沟通合作能力"三方面具体列出培养目标。STEM 教育对落实"有理想、有本领、有担当"的培养目标具有独特且重要的价值。

STEM 教育能引导学生树立科技强国的远大理想。《义务教育课程方案(2022 年版)》培养目标要求"能够将个人追求融入国家富强、民族复兴、人民幸福的伟大梦想之中"。《普通高中课程方案(2017 年版 2020 年修订)》培养目标要求"树立为中国特色社会主义、人民幸福、民族振兴和社会进步作贡献的远大志向"。当今世界,科技飞速发展对社会、经济产生深远影响,国际竞争日趋激烈,科技创新成为国家的核心竞争力,而科技人才是关键。我国正为实现中华民族伟大复兴而不懈奋斗,科技强国是实现国家富强、民族复兴、人民幸福的必由之路。党的二十大报告中强调"必须坚持科技是第一生产力、人才是第一资源、创新是第一动力,深入实施科教兴国战略、人才强国战略、创新驱动发展战略"。习近平总书记在中国科学院第十九次院士大会、中国工程院第十四次院士大会开幕会上的讲话强调"中国要强盛、要复兴,就一定要大力发展科学技术,努力成为世界主要科学中心和创新高地""当科学家是无数中国孩子的梦想,我们要让科技工作成为富有吸引力的工作、成为孩子们尊崇向往的职业,给孩子们的梦想插上科技的翅膀,让未来祖国的科技天地群英荟萃,让未来科学的浩瀚星空群星闪耀"。落实有理想的培养目标,要引导学生实现个体理想与社会理想的统一、主观需要与客观要求的统一、理想建构与实际行动的统一①。STEM 教育能引导学生关注科技创新,通过"做中学"建立对科技创新的兴趣和志向,了解国家社会发展对科技创新的需求,了解科技领域相关职业,从而树立科技创新和科技强国的远大理想。

STEM 教育能培育学生核心素养,增强科技创新本领。《义务教育课程方案(2022 年版)》培养目标要求"乐学善学,勤于思考,保持好奇心与求知欲,形成良好的学习习惯,初步掌握适应现代化社会所需要的知识与技能,具有学会学习的能力。乐于提问,敢于质疑,学会在真实情境中发现问题、解决问题,具有探究能力和创新精神……具有抗挫折能力与自我保护能力""学会交往,善于沟通,具有基本的合作能力、团队精神"。《普通高中课程方案(2017 年版 2020 年修订)》培养目标要求"发展理性思维,不断提升人文素养和科学素养。敢于批判质疑,探索解决问题,勤于动手,善于反思,具有一定的创新精神和实践能力""具有强烈的好奇心、积极

---

① 李广霄:《新时代好青年"有理想"的科学内涵、鲜明特质与培育路径》,载《学校党建与思想教育》,2023(14)。

的学习态度和浓厚的学习兴趣。能够自主学习，独立思考，形成良好的学习习惯和适合自身的学习方法。学会获取、判断和处理信息，具备信息化时代的学习与发展能力""学会交流与合作，具有团队精神和一定的组织活动能力，具备全球化时代所需要的交往能力"。STEM 教育注重通过真实情境，让学生综合科学、技术、工程和数学等不同学科内容解决实际问题，从而更好地培养学生实践创新、科学精神、学会学习等方面的核心素养。

STEM 教育能引导学生在实践中落实责任担当。STEM 教育关注社会生活中的真实问题，引导学生经历类似科学家、工程师经历的问题解决过程，并在实际问题解决过程中，培养学生社会责任感、生态文明观念等方面的责任担当。尤其在培养学生"坚毅勇敢，自信自强，勤劳节俭，保持奋斗进取的精神状态""具有集体主义精神，积极为社会作力所能及的贡献""热爱自然，保护环境，爱护动物，珍爱生命，树立公共卫生意识与生态文明观念""热心公益、志愿服务，具有奉献精神。尊重自然，保护环境，具有生态文明意识"等的责任担当方面具有独特价值。

2. STEM 教育与落实基本原则

《义务教育课程方案(2022 年版)》要求义务教育课程应遵循以下基本原则"坚持全面发展，育人为本；面向全体学生，因材施教；聚焦核心素养，面向未来；加强课程综合，注重关联；变革育人方式，突出实践"。《普通高中课程方案(2017 年版2020 年修订)》要求确定课程内容应遵循"思想性、时代性、基础性、选择性、关联性"的基本原则。

STEM 教育体现学科关联和课程综合。STEM 教育注重让学生在真实情境中综合运用科学、技术、工程、数学等学科知识解决实际问题，体现了相关学科与学生经验、社会生活的联系，强调相关学科知识内容整合，强调相关学科课程实现协同育人。

STEM 教育突出实践性，实现育人方式变革。STEM 教育常常采用"做中学""用中学""创中学"的方式，注重科学探究、工程与技术实践，注重与生产劳动、社会实践结合，注重信息技术运用，充分突出实践性和育人方式变革。

STEM 教育对发展创新精神、实践能力、科学精神、社会责任感、学会学习等核心素养有独特价值，有利于培养面向未来的人才。

STEM 教育融入我国课程体系，还需要进一步面向全体学生。目前，STEM 教育多在校本课程或选修性质的学生活动中开展。面向全体学生，将 STEM 教育融入国家必修课程，让所有学生都能受益于 STEM 教育，是未来 STEM 教育改进的方向。

3. STEM 教育与优化课程实施

从学校和教师实施课程角度看,《义务教育课程方案(2022 年版)》要求课程实施中的教学和评价应"坚持素养导向、强化学科实践、推进综合学习、落实因材施教""更新教育评价观念、创新评价方式方法、提升考试评价质量"。《普通高中课程方案(2017 年版 2020 年修订)》要求课程实施中的教学和评价应"关注学生学习过程,创设与生活关联的、任务导向的真实情境,促进学生自主、合作、探究地学习,注重对学生学习过程的评价""统筹各方力量,创设课程实施条件和环境,开发课程实施所需的资源,为学生提供丰富、便利的实践体验机会"。STEM 教育符合课程方案倡导的课程实施方式,能够与传统的分科教学形成很好的互补。开展 STEM 教育,有利于实践学习、综合学习、自主合作探究学习、表现性评价、个性化学习等教与学方式变革的落实,从而优化课程实施方式。

4. 课程设置、开设科目与 STEM 教育的空间

《义务教育课程方案(2022 年版)》规定"义务教育课程包括国家课程、地方课程和校本课程三类。以国家课程为主体,奠定共同基础;以地方课程和校本课程为拓展补充,兼顾差异""国家课程设置道德与法治、语文、数学、外语(英语、日语、俄语)、历史、地理、科学、物理、化学、生物学、信息科技、体育与健康、艺术、劳动、综合实践活动等""原则上,各门课程用不少于 10% 的课时设计跨学科主题学习""合理规划和科学设计实践活动,注重让学生经历活动过程,强化情感价值体验"。《普通高中课程方案(2017 年版 2020 年修订)》规定"普通高中课程由必修、选择性必修、选修三类课程构成。其中,必修、选择性必修为国家课程,选修为校本课程"。其中,"必修课程,由国家根据学生全面发展需要设置,所有学生必须全部修习",需修满 88 学分;"选择性必修课程,由国家根据学生个性发展和升学考试需要设置。参加普通高等学校招生全国统一考试的学生,必须在本类课程规定范围内选择相关科目修习;其他学生结合兴趣爱好,也必须选择部分科目内容修习,以满足毕业学分的要求",需修习不少于 42 学分;"选修课程,由学校根据学生的多样化需求,当地社会、经济、文化发展的需要,学科课程标准的建议以及学校办学特色等开发设置,学生自主选择修习",需修习不少于 14 学分。"普通高中开设语文、数学、外语、思想政治、历史、地理、物理、化学、生物学、技术(含信息技术和通用技术)、艺术(或音乐、美术)、体育与健康科目和综合实践活动、劳动等国家课程,以及校本课程。"

可见,国家必修课程是基础教育课程体系的主体,在学生修习的学分上占主要部分。STEM 教育要面向全体学生,就必须融入国家必修课程。从融入科目看,

STEM 教育可融入科学、物理、化学、生物学、信息科技、信息技术、通用技术、数学、劳动、综合实践活动等国家课程。从融入途径看，STEM 教育可与跨学科主题学习、实践活动等结合融入国家课程。STEM 教育也可融入校本课程，体现学校育人特色。

（二）STEM 教育与落实新课程标准

当前实施的科学、技术、数学等学科课程标准都提出重视学科关联、开展跨学科主题学习等要求，这些要求不仅可以作为在学科课程实施中融入 STEM 教育的依据，还指明了 STEM 教育与学科教育的融合方向。其中，有些课程标准在课程目标、理念及实施建议中提出对跨学科整合的要求，这需要教师在教学中进一步找到可结合的具体知识点，再进行设计开发；有些课程标准在课程内容中直接体现跨学科整合，这些要求则更具体化、更便于教师在课程实施中开展 STEM 教育。

1. 科学领域课程标准中的 STEM 教育元素

科学领域的所有学科均重视 STS(科学、技术、社会教育)或 STSE(科学、技术、社会、环境教育)。STS、STSE 是 STEM 教育的基础，与 STEM 教育有很多共性[1]，但又不完全相同[2]。其中，高中生物学等在理念及实施建议中还明确提到 STEM 教育。在课程内容(一级主题或模块)上，义教科学、初中化学、初中生物学、高中化学的必修内容中，都有与技术结合的内容，明确提到工程的有义教科学。在高中生物学选择性必修中有"生物技术与工程"模块。高中物理、化学、生物学的选修模块中都有与技术、工程结合的内容。科学领域的核心素养"科学观念、科学思维、探究实践、态度责任"是开展 STEM 教育时应重视的核心素养。

《义务教育科学课程标准(2022 年版)》中注重科学与真实问题解决，注重科学与技术、工程联系。例如，科学课程提出的"探究实践"核心素养，不仅包括科学探究能力，而且包括技术与工程实践能力和自主学习能力。科学课程标准对技术与工程能力也进行了明确指导，指出"技术与工程实践能力体现在：了解技术与工程实践的一般过程和方法，针对实际需要明确问题，提出有创意的方案，并根据科学原理或限制条件进行筛选；实施计划，利用工具和材料进行加工制作；根据实际效果进行修改迭代；用自制的简单装置及实物模型验证或展示某些原理、现象和设想"。

①　李雁冰：《"科学、技术、工程与数学"教育运动的本质反思与实践问题——对话加拿大英属哥伦比亚大学 Nashon 教授》，载《全球教育展望》，2014(11)。

②　袁磊、赵玉婷：《STEM 教育的冷思考：STEM 教育与 STS 教育的辨析》，载《现代远距离教育》，2017(5)。

科学课程内容中包含物质与能量、结构与功能、系统与模型、稳定与变化 4 个跨学科概念，将"技术、工程与社会""工程设计与物化"列在科学 13 个学科核心概念中。

《义务教育物理课程标准(2022 年版)》《普通高中物理课程标准(2017 年版 2020 年修订)》中注重物理学科和其他相关学科联系、注重 STSE 教育和跨学科实践。例如，义务教育和高中物理课程均要求了解或认识科学、技术、社会、环境之间的关系。又如，义务教育物理课程内容将"跨学科实践"作为五个一级主题之一，侧重体现物理学与日常生活、工程实践、社会发展等方面联系。高中物理课程内容将"物理学与社会发展""物理学与技术应用"作为选修模块课程。

《义务教育化学课程标准(2022 年版)》《普通高中化学课程标准(2017 年版 2020 年修订)》中注重化学学科和其他相关学科联系、注重 STSE 教育和跨学科实践。例如，义务教育和高中化学课程均要求初步认识或能较深刻地理解科学、技术、社会、环境的相互关系。又如，义务教育化学课程内容将"化学与社会·跨学科实践"作为五个学习主题之一，围绕核心素养目标要求设计了 10 个跨学科实践活动供选择，与各个学习主题中的核心内容及学生必做实验的教学整合实施。高中化学课程内容将"化学与社会发展"作为必修课程的五个主题之一，将"化学与社会"作为选修模块课程。

《义务教育生物学课程标准(2022 年版)》《普通高中生物学课程标准(2017 年版 2020 年修订)》中注重生物学学科和其他相关学科联系、注重 STSE 教育和跨学科实践。例如，义务教育生物学课程要求理解科学、技术、社会、环境的相互关系，参与社会性科学议题的讨论；高中生物学课程建议教学"落实科学、技术和社会相互关系的教育""注意学科间的联系"，并明确指出了生物学和物理学、化学等科学学科，以及数学、技术、工程学、信息科学存在密切联系，同时指出生物学和人文社会学科也是相互影响和促进的。又如，义务教育生物学课程内容将"生物学与社会·跨学科实践"作为七个学习主题之一，该主题与其他学习主题之间是相互融合的关系。高中生物学课程内容将"生物技术与工程"作为选择性必修模块之一，并在选修中设置了"生物制药"等一系列设计技术、工程的模块。

2. 技术领域课程标准中的 STEM 教育元素

在技术领域，义务教育信息科技、高中信息技术和通用技术均重视 STEM＋教育。在课程内容上，信息技术和通用技术在选择性必修模块分别提到 STEAM(科学、技术、工程、艺术、数学)和 STEAMS(科学、技术、工程、艺术、数学、社会)教育。信息科技的核心素养"信息意识、计算思维、数字化学习与创新、信息社会责任"是开展 STEM 教育时应重视的核心素养。

《义务教育信息科技课程标准(2022 年版)》《普通高中信息技术课程标准(2017年版 2020 年修订)》中注重科学与技术并重、倡导真实性学习和跨学科主题学习。例如，义务教育信息科技课程倡导"做中学""用中学""创中学"；高中信息技术课程倡导"把握项目学习本质，以项目整合课堂教学"。又如，义务教育信息科技在课程内容中设计了 17 项跨学科主题学习；高中信息技术选择性必修模块 6"开源硬件项目设计"中明确提到融合 STEAM 教育。

《普通高中通用技术课程标准(2017 年版 2020 年修订)》中的学科性质和课程理念注重科技与人文有机融合，突出实践能力、创新思维和工匠精神培养，与 STEM教育理念高度一致；在课程内容中也体现出对 STEM 教育的重视，如在选择性必修模块"技术与工程系列""技术与创造系列"中明确提到 STEAMS。

3. 数学领域课程标准中的 STEM 教育元素

数学领域重视与其他学科及社会的联系，重视"数学建模、数据分析"在科学、技术、工程、社会生活中的应用。数学领域的核心素养"(小学阶段)数感、量感、符号意识、运算能力、几何直观、空间观念、推理意识、数据意识、模型意识、应用意识、创新意识""(初中阶段)抽象能力、运算能力、几何直观、空间观念、推理能力、数据观念、模型观念、应用意识、创新意识""(高中阶段)数学抽象、逻辑推理、数学建模、直观想象、数学运算、数据分析"是开展 STEM 教育时应重视的核心素养。

《义务教育数学课程标准(2022 年版)》在课程总目标中要求"体会数学知识之间、数学与其他学科之间、数学与生活之间的联系，在探索真实情境所蕴含的关系中，发现问题和提出问题，运用数学和其他学科的知识与方法分析问题和解决问题"。在课程内容中设置"综合与实践"学习领域，"以培养学生综合运用所学知识和方法解决实际问题的能力为目标，根据不同学段学生特点，以跨学科主题学习为主，适当采用主题式学习和项目式学习的方式，设计情境真实、较为复杂的问题，引导学生综合运用数学学科和跨学科的知识与方法解决问题"。《普通高中数学课程标准(2017 年版 2020 年修订)》中强调"数学建模、数据分析"等核心素养在科学、技术、工程、社会生活中的应用，如"认识数学模型在科学、社会、工程技术诸多领域的作用，提升实践能力，增强创新意识和科学精神""数据分析已经深入到科学、技术、工程和现代社会生活的各个方面"；在必修课程和选择性必修课程内容中均设置"数学建模活动与数学探究活动"，让学生"在实际情境中从数学的视角发现问题、提出问题，分析问题、构建模型，确定参数、计算求解，检验结果、改进模型，最终解决实际问题"，可以与 STEM 教育融合。

4. 其他相关学科课程标准中的 STEM 教育元素

我国基础教育阶段工程教育没有单列的学科，而是融入科学、技术、数学等学科课程，以及劳动、综合实践活动等课程开展的。劳动等学科课程标准中，也体现出对开展 STEM 教育的要求。

《义务教育劳动课程标准(2022 年版)》倡导"注重动手实践、手脑并用，知行合一、学创融通"，倡导"做中学""学中做"，"注重引导学生通过设计、制作、试验、淬炼、探究等方式获得丰富的劳动体验，习得劳动知识与技能，感悟和体认劳动价值，培育劳动精神"。在课程内容中设置"新技术体验与应用"任务群，让学生初步体验三维打印技术、激光切割技术、智能控制技术等的劳动应用，体现劳动与科学、技术、工程等的结合。

二、 从落实新课程出发开展 STEM 教育

在我国基础教育学校课程体系的框架下，探讨 STEM 教育如何融入，是 STEM 教育本土化的必由之路。

（一）STEM 教育融入学校课程体系的整体设计

学校课程体系的整体设计需要思考：根据学校的办学理念和育人目标，应设置哪些门类课程？各种形态、各种形式、各种内容的课程如何相互配合以达到整体结构优化的育人效果？STEM 教育涉及的领域内容和思维方法均十分宽广，具体实施形式丰富多样，没有完全固定的内容体系，因此用单独一门课程不可能覆盖 STEM 全部。同时，STEM 教育与相关学科课程、综合实践活动及劳动课程有密切的联系，适合分散融入这些相关的国家课程和校本课程。因此，需要加强从课程体系视角整体构建、设计 STEM 教育，使之融入相关国家学科课程、综合实践活动和劳动课程、校本课程中，充分发挥不同形式、门类课程的 STEM 教育价值，整体提升 STEM 教育的实施效率和育人效果。

当前 STEM 教育实践中面临的一些普遍问题，如果进行 STEM 教育融入学校课程体系的整体设计就能得以解决。例如，很多学校 STEM 教育仅以选修的校本课程或学生活动出现，且仅部分学生能参与其中。要使全体学生受益于 STEM 教育，就必须在国家必修课程中融入 STEM 教育。那么，STEM 教育怎样融入相关必修课程？如何处理 STEM 校本课程与国家必修课程中开展 STEM 教育的关系？回答这些问题，需要分析我国现行课程方案、课程标准、中小学综合实践活动指导纲要等文件，找出 STEM 融入我国基础教育课程体系的结合点，充分发挥 STEM

教育的独特育人价值，明确 STEM 在我国中小学课程体系中的位置，开展顶层设计。

1. STEM 教育的横向覆盖

STEM 教育涉及的内容、核心素养、实施方式等都十分丰富，在整体设计 STEM 教育时就要注意较全面的覆盖，让不同的 STEM 活动、课程相互补充，避免某些方面过度重复或缺失，从而提高 STEM 教育实施的效率和效果。具体需要考虑：覆盖核心素养的培育，如学生的创新思维、实践能力、合作能力等核心素养，以及工程思维、技术意识、科学思维等相关学科核心素养是否在 STEM 教育中获得了发展；覆盖不同类型的 STEM 活动，如学生对科学探究、工程设计、创意物化、调查研究等实践过程是否都有体验；覆盖不同领域的内容，如学生在数学、科学、技术等领域学科学习过程中是否都有机会经历 STEM 教育。

2. STEM 教育的纵向进阶

随着 STEM 教育的开展，学生的创新思维、实践能力、合作能力、工程思维等核心素养不断发展提升。高年级的 STEM 活动或课程，在深度、广度、对素养水平要求的程度上也应比低年级的要求更高，才能使 STEM 教育不断处在学生的最近发展区内，有效地促进学生核心素养进一步发展。设计 STEM 教育的纵向进阶时，要思考怎样合理设置不同学段、不同年级 STEM 教育内容的深度，使之既符合学生当前水平又体现螺旋式上升的进阶发展。

3. STEM 教育的必修和选修设计

在国家必修课程中融入 STEM 教育，是确保全体学生受益于 STEM 的关键。此外，实施 STEM 教育时要关注不同学生的兴趣、需求、优势，避免内容形式固化、千篇一律，这也是 STEM 教育的内在要求。因此，需要对 STEM 教育的必修内容和选修内容进行设计，设计时需要考虑以下问题：对全体学生进行 STEM 教育的共同基础是什么？怎样在必修课程中开展 STEM 活动？本校学生对 STEM 主要有哪些不同方面的兴趣、需求，以及怎样通过选修课程满足不同学生的个性化需求？

4. STEM 教育与其他课程的关系

在进行课程整体设计时，不仅要考虑 STEM 教育内部的各门课程、各项活动间的关系结构，还要考虑 STEM 与其他课程的关系，充分发挥不同课程、教育形式的特有育人功能。例如，要认真思考 STEM 教育与分科教学的关系。分科教育的优势是系统建构学科知识体系，而 STEM 教育的优势是培养学生真实问题解决能力、实践能力、创新精神等，二者应发挥各自优势、相互辅助，才能实现有竞争力的科技人才的高效培养。如果想要以 STEM 教育为主体去帮助学生打基础、建构学科知识体系，就意味着没有合理发挥不同教育形式的优势。

（二）STEM 教育融入国家课程的路径

融入国家课程是让全体学生受益于 STEM 教育的必由之路。国家课程包含学科课程、综合实践活动课程，下面分别分析在这两类课程中融入 STEM 教育的途径。

1. STEM 教育融入学科课程

科学(科学综合课程、物理、化学、生物学)、技术(通用技术、信息技术、信息科技、劳动)、数学领域各学科课程标准都以不同程度、在不同位置提出了重视跨学科关联等要求，这是在学科课程实施中融入 STEM 教育的结合点。例如，通用技术、信息技术课程标准中均明确提到 STEM 或 STEM＋教育。又如，科学领域各门学科课程标准均要求体现 STS(科学、技术、社会教育)或 STSE(科学、技术、社会、环境教育)，而 STS、STSE 与 STEM 教育密切相关。再如，高中数学课程标准明确要求"数学建模、数据分析"在科学、技术、工程、社会生活中的应用。

依据各学科课程标准中提出的跨学科整合要求，创设跨学科主题情境，结合跨学科共通概念的教学、开展学科实践活动等，可以在国家学科课程的实施中融入 STEM 教育。跨学科共通概念的教学、开展学科实践活动等有利于学生在国家课程中深度开展 STEM 学习。

共通概念的本质特点就是跨学科性，在数学、科学、技术、工程不同领域都具有方法论和解释性价值，但其教学又不能完全独立于学科核心概念[①]。《美国新一代科学教育标准》(NGSS)提出了科学领域及与工程技术相关的共通概念："模式；因果关系；尺度、比例及数量；系统与系统模型；能量与物质；结构与功能；稳定与变化；科学、工程与技术的相互依赖；科学、工程与技术对社会及自然界的影响。"我国《义务教育科学课程标准(2022 年版)》中明确提出了跨学科概念"物质与能量、结构与功能、系统与模型、稳定与变化"。当前义务教育和普通高中课程标准提出的科学、数学、技术学科核心素养中存在一些交集，也可以作为 STEM 教育中的共通概念，如"模型与建模"在上述学科核心素养中均提及(数学在数学建模中、科学在科学思维中、通用技术在工程思维和物化能力中、信息技术在计算思维中)。

---

① 高潇怡、孙慧芳：《美国科学课程发展的新趋向——基于共通概念的科学课程构建》，载《比较教育研究》，2019(1)。

开展学科实践活动是实现学科育人的必然要求，新颁布的各学科课程标准对开展实践活动也都提出了要求。例如，数学课程标准中的内容模块"综合与实践""数学建模活动与数学探究活动"；生物课程标准中"教学过程重实践"的基本理念；等等。虽然学科实践活动以本学科为重点，但只要是解决真实生活问题，往往会涉及其他相关学科内容，也可作为开展 STEM 教育的良好载体。此外，不同学科各有侧重地让学生经历科学探究、设计制作、数学建模等学科实践活动，有利于从整体上确保学生有机会经历不同类型的 STEM 实践。

2. STEM 教育融入综合实践活动课程

STEM 教育与国家综合实践活动课程在性质、理念、目标、活动形式等方面高度一致，有利于实现综合实践活动课程中"问题解决、创意物化"等方面课程目标，可以结合综合实践活动中"考查探究、设计制作"等活动形式开展。国家综合实践活动课程的实施要依据《中小学综合实践活动课程指导纲要》，但实施的具体内容、活动方式等由学校和教师根据课程目标、学校和学生的实际情况设计。《中小学综合实践活动课程指导纲要》明确中小学校是综合实践活动课程规划的主体。学校规划在综合实践活动课程中融入 STEM 时要注意以下几点。一是在综合实践活动中开展的 STEM 活动，应与在学科课程中开展的 STEM 活动相互补充、相辅相成。学科实践活动主要从学科视角出发，引导学生关注并解决真实问题、理解学科间的联系，在选题、研究思路和方法、解决问题切入点等方面往往受到学科框架影响。而在综合实践活动中渗透 STEM 教育，则可以更加突出学生主体地位，引导学生自主提出问题、寻找解决问题的方法、学习解决问题所需的知识技能，经历思考、学习、探究、试误并克服困难等一系列过程，对跨学科 STEM 实践过程形成更深刻、更具个性化的体验。要突出个体建构学习，注重培养学生创新思维、实践能力、合作能力、社会责任感等核心素养。另外，义务教育阶段工程领域没有单设的学科课程，综合实践活动还可以积极承担工程教育的重要功能。二是注重 STEM 教育和相关主题教育的融合。综合实践活动课程的内容不局限于 STEM，而是涵盖更广泛的内容，但总课时有限。STEM 教育作为综合实践活动的可选内容之一，与其他主题教育不是竞争关系，完全可以融为一体。例如，将 STEM 与中华优秀传统文化教育融合，以优秀传统文化中涉及 STEM 的主题为载体(如设计制作走马灯等)让学生开展 STEM 实践活动。三是综合实践活动过程中，虽然学生高度自主，但是教师要做好指导，才能更好地引导学生发展 STEM 核心素养，提升育人价值，避免流于形式。为此，数学、科学、技术学科教师应积极参与到指导综合实践活动中，并与综合实践活动专职教师开展集体教研。

（三）开发 STEM 校本课程

校本课程在贴近学生生活、体现学校特色和优势、满足学生需求等方面具有优势，也更灵活，能快速反映时代特点和科技发展，便于试验新的教育思想理念，对国家课程形成补充。在实践中，STEM 教育在校本课程中有较大发挥空间。学校在规划 STEM 校本课程时需要注意以下三点。一是基于学校课程体系整体设计，使校本课程能够对国家课程进行有效的补充。例如，在国家课程中，工程教育分散在各个相关学科和综合实践活动中，系统性较弱。有条件的学校可以挖掘资源，结合学生设计，面向感兴趣的学生开发深度合适、实践性强、兼具一定系统性的工程教育课程。如果学校缺乏整体思考，往往就不能处理好 STEM 校本课程和国家课程的关系。例如，某学校希望建设 STEM 特色校，开发了很多门 STEM 校本课程(仅一部分学生能选择并修习)，但同时该校的数学、科学等学科教学仍以应试为主要目标，忽视课程标准关于 STS、STEM、解决真实问题等方面的要求，通用技术、信息技术课没有受到应有重视，综合实践活动常常应付了事，这样的做法实属舍本逐末。因此，不能将几门特色 STEM 校本课程与学校 STEM 教育特色画等号。二是关注学生的个性化需求。校本课程更加灵活，可以面向部分有特长、兴趣浓的学生，在深度、广度等方面适当提高，弥补国家课程注重共同基础而忽视学生个性需求的不足。可以通过开设结构合理的 STEM 校本课程群来满足不同学生对 STEM 教育的多元化个性需求：开设涵盖科学探究类、设计制作类、思维发展类等不同类型的 STEM 课程，让学生能根据自己的兴趣、需求自由选择。反之，如果某校开发了十几门 STEM 校本课程，但全部是设计制作类，种类单一，也不能满足学生多元需求。三是不断提升 STEM 校本课程的质量。校本课程质量评价的重点在于课程是否有较高的育人价值、能否促进学生 STEM 核心素养的发展，课程内容是否符合学生兴趣特点和能力水平，实施方式和评价方案是否有利于课程目标达成，而不在于课程资源是否"时髦""高大上"。有条件的学校在开发 STEM 校本课程时，可积极引进校外从事工程、技术工作的专业人员参与课程开发，这样有利于弥补当前中小学 STEM 相关学科教师大多是理科学位毕业、对技术或工程的理论和实践经验都较缺乏的不足，有利于提高 STEM 校本课程的专业性和质量水平。

综上所述，将 STEM 教育融入中小学课程体系的途径、价值意义、策略建议如表 2-1 所示。

表 2-1　STEM 教育融入中小学课程体系的途径、价值和建议①

	途径	价值	建议
国家学科课程（必修、选择性必修）	跨学科共通概念；学科实践活动	建构学科间联系，领悟跨学科概念；从整体上保证学生经历科学探究、设计制作、数学建模等不同类型 STEM 实践	落实相关学科课标的跨学科整合要求；培养学生跨学科核心素养；发挥各学科开展 STEM 教育的独特价值
国家综合实践活动课程（必修）	结合"问题解决、创意物化"的课程目标	面向生活和生产实践，以问题解决为中心、淡化学科，学生自主性更强、对跨学科实践及其意义获得更真实深入的体验	落实《中小学综合实践活动指导纲要》要求；整体规划，与学科课程互补、与主题教育融合；指导学生提升 STEM 核心素养
校本课程（选修）	开发 STEM 课程	基于学生特点、体现学校特色，系统设计 STEM 课程；有针对性地满足学生个性需求	整体规划，与国家课程互补；针对学生需求，打造特色，实现 STEM 核心素养进一步提升

三、 STEM 教育融入新课程体系的案例

STEM 教育融入新课程体系，需要依据课程方案进行整体设计，需要依据课程标准融入国家课程实施，需要开发相关的校本课程。下面，分别提供 STEM 教育融入学校课程整体设计的案例和 STEM 融入国家课程实施的案例供参考。

（一）STEM 教育融入学校课程的整体设计案例

北京中学以办成一所具有科技特色的现代学校为目标，持续探索系统化设计、综合化实践、个性化支持的初高中科技教育课程，旨在建设具有衔接性、流畅性和进阶性的初高中科技教育育人体系，引导并支持学生成为合格的新时代社会主义建设者和接班人②。

1. STEM 教育总目标

本校 STEM 教育规划为三个阶段，分别是普及储能的初中阶段、拓展渐进的

---

① 范佳午、李正福：《STEM 融入学校课程体系的途径和策略》，载《中小学信息技术教育》，2021(1)。

② 该案例源于北京中学 STEM 教育体系顶层设计，主要设计者有：任炜东、岳蕾、王芳、赵腾任、刘连立等。

初高中衔接阶段和自主创新的高中阶段，形成系统化的课程体系。

(1)普及储能的初中阶段

·了解初中阶段的科学知识，掌握基础的科学方法与技能，能够解决现实生活中相关的实际问题。

·经历科学探究和工程设计的过程，了解科学探究和工程设计的基本流程，养成科学探究和工程设计的习惯，具有初步的科学思维和工程思维。

·了解跨学科学习的方法和技巧，养成跨学科解决问题的习惯，初步具有跨学科解决实际问题的能力。

·具备初步的团队合作能力和实践创新能力。

(2)拓展渐进的初高中衔接阶段

·深入了解初高中课程内容衔接的部分科学知识，体验高中学习模式，掌握高中基础的科学方法和技能，树立自信心，增强适应能力。

·能尝试利用 STEM 理念自主组队、自主选题、自主研究，初步形成自主发现问题和综合分析问题的能力。

·了解感兴趣的 STEM 职业应该具备的知识和技能，形成对课题研究的兴趣，具备较好的语言表达和展示交流能力。

(3)自主创新的高中阶段

·了解高中阶段的科学知识，掌握更高级的科学方法与技能，能合理地解决现实生活中遇到的实际问题。

·能将 STEM 理念和解决问题的能力应用于整个项目研究中，能将所学理论应用于真实的实践中，形成自主发现问题和综合分析问题的能力，有较强的团队合作能力和实践创新能力。

·深入学习特长领域的前沿知识和技能，利用高端技术手段探究特长领域的实际问题，增强合作交流能力，提高实践创新能力。

·了解 STEM 相关的职业和大学专业，初步形成职业能力和应变能力，具备较强的社会责任感和国家认同感。

2. STEM 课程结构

基于 STEM 理念，系统设计的初高中科技教育课程主要分为初中阶段、初高中衔接阶段和高中阶段。根据学校年级设置的实际情况，初中阶段包括六、七、八年级，初高中衔接阶段主要是九年级，高中阶段包括高一、高二、高三年级，每个阶段都设置了三个层级的课程：基础课程，包括落实国家课程和地方课程，以及必修的校本课程，如学科渗透课程、科技必修课程和学校定期开设的科技活动课程；

拓展课程，包括学校师生自主开发的选修课程、科技社团课程和特色科技活动课程；潜能课程，包括根据学生的个性化需求开设的自主项目、拔尖人才培养项目、职业体验课题研究项目等课程。课程将根据学生身心发展特点及学业情况调节不同层级课程的比例。

具体的课程框架如图 2-1 所示，各阶段不同层级课程比例如图 2-2 所示。

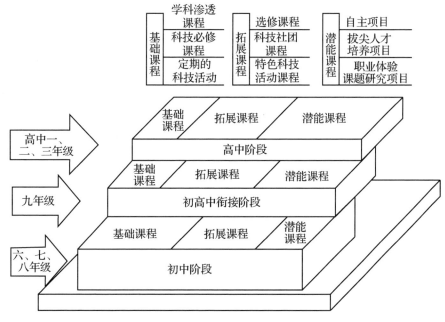

图 2-1 北京中学科技教育课程框架

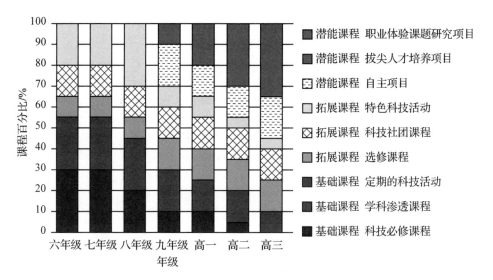

图 2-2 北京中学各年级不同层级科技课程比例

学校依据课程建设的目标，结合课程建设的基本原则，根据课程设计的基本思路，按照课程设计的框架图，基于 STEM 理念，系统设计了初高中科技教育课程，具体如表 2-2 所示。

表 2-2　北京中学初高中科技教育课程内容

阶段		层级		
		必修课程	选修课程	
		基础课程 服务于学生全面发展	拓展课程 服务于学生多元发展	潜能课程 服务于学生卓越发展
初中阶段	六年级	全学科渗透 劳动和信息 STEM 阅历课程课题研究	玩转物理魔术、BA科技英才系列课程、影视摄影与制作基础、FLL机器人社团、全国青少年信息学、探寻人工智能、创意建模、Arduino编程与人工智能应用、计算机基础、创客马拉松、VR人文创客、生物标本制作与艺术、观鸟社团、田园小镇、考古文博社、生活中的化学、STEM中级、校园微电影制作、校园电视台、无人机、北斗起航、科普剧、珠宝鉴定、创意剪纸及宫灯制作、PBL课程等	STEM女孩项目、科学探究项目、FLL机器人项目、发明与专利项目
	七年级	全学科渗透 劳动和信息 STEM 阅历课程课题研究		
	八年级	全学科渗透 劳动和信息 阅历课程课题研究		
初高中衔接阶段	九年级	全学科渗透 通用和信息 设计思维和创新思维 阅历课程课题研究	数学思想方法与思维能力、行走中的地理、玩转物理魔术、BA科技英才系列课程、影视摄影与制作基础、考古与文物博览、玩转生物实验、走进化学、计算机基础、田园大课堂、创意建模、创意制作、天文学与天文观星、人工智能、校园微电影制作、探秘与传说、VR人文创客、工程实践课——巴哈赛车、探究智能手机——莫让青春低下头、未来工程师——疯狂过山车、中国古代军事武器投石车等	自主研究项目、STEM女孩项目、科技英才培养项目、FTC和VEX机器人比赛项目、发明与专利项目、生涯规划课题研究项目
高中阶段	高一	全学科渗透 通用和信息 设计思维和创新思维 发明创造		自主研究项目、拔尖人才培养项目、STEM女孩项目、环境教育系列活动项目、科技英才培养项目、FTC和VEX机器人比赛项目、发明与专利项目、后备和拔尖人才培养项目、职业体验课题研究项目
	高二	全学科渗透		
	高三	全学科渗透		

3. STEM 课程内容与实施

学校科技教育围绕学生的核心素养，以培养解决实际问题的能力为导向，设计了三个阶段的科技课程，构成一个跨学段、跨学科的科技教育课程体系。实施过程中，教师从学生的课上实践出发，引导学生发现并生成研究问题，通过项目式的实践纠正学生错误概念，帮助学生构建知识网络，指导学生日后的生活学习，引发学生对生活和生产实践应用的相关思考，贯彻"学以致用"的教学思想。

(1)初中阶段课程的实施

初中是学校科技教育的起点，是打基础阶段，因此初中阶段的系统化设计尤为重要。

首先，初中阶段除了渗透课程和科技必修外，还专门设有 STEM 校本必修课程。

鼓励各学科教师渗透科技教育，并开展跨学科教学。例如，美术课上，教师设计了校园路灯的设计与制作项目，将美术知识、手工制作、电路连接、结构设计等多学科知识和技能融合，引导学生设计出现代化、抽象化的校园路灯。

鼓励教师将学科融合的理念用于科技必修课程教学中。例如，通用技术课上，教师融合劳动、信息、数学、物理、美术等学科的知识和技能，开展了"遥控小船的设计与制作"项目。

开设 STEM 校本必修课程。STEM 校本课程是学校科技教育的特色课程，强调跨学科融合，以培养学生解决实际问题能力为目标。学校的 STEM 课程分为初级、中级和高级三个阶段。课程的初级阶段围绕"工程设计流程"与"科学探究方法"两个核心来开展项目，目的在于培养学生掌握解决或探究问题的基本方法，在这个阶段，学生拥有极大的主动权来设计和开展项目。在课程的中级阶段，学生将根据项目主题设计实验，获取有价值数据，并利用数据进行工程搭建。课程的高级阶段是学校利用假期开设的短期的 STEM 课程。无论是在初级阶段、中级阶段，还是在高级阶段，学生不仅获得了综合技能，而且提高了规划能力、批判性思维、创造力、团队合作和沟通能力等。初中阶段 STEM 校本必修课程详情如表 2-3 所示。

表 2-3　初中阶段 STEM 校本必修课程

序号	课程阶段	课程名称	内容简介	课时安排
1	第一阶段	什么是 STEM?	介绍 STEM 及课程内容,结合教师自我介绍及师生互动小游戏一同开展	2
2		什么是工程设计流程?	详细介绍工程设计流程及其应用	1
3		什么是科学探究方法?	详细介绍科学探究方法及其应用	1
4		纸塔	学生初次体验"工程设计流程"的项目。利用报纸、胶带等材料,搭建满足要求的"高塔"	5
5		二胡	研究二胡的结构,探究其声音产生与传播的原理,利用废旧材料,使用"工程设计流程"。设计制作一把可发声的"二胡"	6
6		可调节的杆秤	观察生活中各种各样的秤,了解其工作原理。在教师引导下,自主学习杠杆原理并加以应用,使用"工程设计流程",设计制作一把有实际测量功能的杆秤	6
7		神奇的水滴	通过动手操作,了解液体表面张力。运用"科学探究法"设计实验,探究影响液体表面张力的因素	5
8		植物生长	了解植物繁殖的途径。运用"科学探究法"设计实验,探究影响植物生长的因素。观察记录植物生长的变化,得出结论	6
9		物体导电性	在教师引导下了解生活中具有导电性的物体。运用"科学探究法"设计实验,探究不同物体导电性的差异	6
10		不沉的小船	通过观察船能浮在水面这一现象,了解水的浮力。综合运用"科学探究方法"与"工程设计流程"设计制作一艘不沉的小船	6
11		慢滑坡道	通过观察,了解生活中的阻力。综合运用"科学探究方法"与"工程设计流程"设计制作一条慢速轨道,让小球滑到轨道底部时间长于指定时间	6
12	第二阶段	设计自己的实验	学生以大组为单位,设计泡沫过山车、发射器、紧急状况下的工程设计、21 世纪电话、数字大富翁、风车、实现中性悬浮及净水器等项目。学生需要完成确定小组人员分工、制订项目开展计划、展示方案等任务	10
13	第三阶段	玩玩学科跨界	"STEM 与音乐""STEM 与地理""STEM 与生物"等	16

其次，为了应用跨学科融合的方法和理念，初中阶段开设综合性的 PBL 课程和阅历课程中的课题研究。

PBL 课程是以小组为单位开展合作学习，解决与现实相关的问题。PBL 活动的内容(见表 2-4)设计能吸引学生兴趣，给予学生学习的动力。项目设计需考虑其内部的关联性和综合性，以促进学生的理解，强化学习的动机。理解学科领域内容，进行跨学科学习，可帮助学生建立高阶思维技能，也可帮助学生在不同学科领域间形成有意义的联系。当不同学科领域间相互整合时，学生就会形成概念性的知识，因此，PBL 课程是继 STEM 项目学习后的完美实施方案，又是新一轮 STEM 项目修订的开端。因为 PBL 教学法是跨学科的，且其本质就是合作性的。

表 2-4　初中阶段 PBL 课程内容

序号	课程阶段	课程名称	内容简介	课时安排
1	第一阶段	什么是PBL? 确定主题	介绍 PBL 及课程内容，确定主题。结合各学科课标，如物理、劳动、信息、美术等学科选题为《冬奥传动墙》	2
2	第二阶段	建立团队	学生解读主题，完成项目分工，如工程设计师、美术设计师、电子设计师、结构设计师等，学生结合特长和兴趣申请职务。选出经理、记录员、监督员(可用团队经理招聘和毛遂自荐等多种形式)	2
3	第三阶段	团队项目"竞标"	比较各队的传动墙构建设计图纸，通过答辩，最终投票决定项目分配	2
4	第四阶段	形成"PBL学习手册"	团队中所有成员都需要了解自己的岗位及学习方向，需确定已知和未知的项目框架结构，还有相应的管理制度，以及有效的行为指导等	2
5	第五阶段	主题实施(一)	搜集传动墙项目运动资料，拓宽相关的资源，从情境识别任务需求并提出各种假设，识别和讨论重点问题，整合学科连接	2
6		主题实施(二)	小组头脑风暴，选取传动墙运动项目的运动重点，寻找支撑数据。明确任务分工，设计草图，运用学科知识点，列出详细材料清单	3
7		主题实施(三)	设计和搭建传动墙基本架构，再进行检测、调整、改进，以使传动墙运动项目可以实现 分享改进：经过测试后，交流心得，了解建造更稳固的传动墙的原理，提出传动墙更加稳固的方法或方案，再去实施改进	4

阅历课程中的课题研究是应用 STEM 理念进行课题研究，了解课题研究的基本方法和流程，主要包括课前培训、确定课题，实地考察、展开研究，整理数据、完成课题三个阶段。科技教师研发了课题研究培训课程，帮助学生运用确定选题、文献检索、撰写综述、制订方案、设计问卷、开题答辩、数据统计、结果分析、撰写论文、展示答辩等方法和技巧，课程详情如表 2-5 所示。

表 2-5　阅历课程中课题研究培训课程

序号	课题名称	内容简介	课时安排
1	确定选题	分享案例、介绍方法、发现问题、确定选题	1.5
2	文献检索	文献检索平台、方法，文献筛选，体验检索	1.5
3	撰写综述	文献筛选、关键信息筛选、综述格式、综述撰写方法	1.5
4	制订方案	研究方案案例分享、归纳基本格式、撰写要求、各部分撰写方法	1.5
5	设计问卷	调查问卷案例分享、基本格式、各部分撰写要求和方法、体验撰写调查问卷	1.5
6	开题答辩	准备开题答辩、应对专家提问、体验开题答辩活动	1
7	数据统计	数据统计的案例分析、统计方法、体验数据统计	1.5
8	结果分析	结果分析案例分享、分析案例中存在的问题、体验分析结果	1.5
9	撰写论文	小论文的基本格式、各部分撰写要求、案例分析	1.5
10	展示答辩	如何准备展示答辩、如何筛选课题中可能存在的问题、应对专家提问的技巧、体验展示答辩活动	1

再次，初中阶段还设有丰富多彩的选修课程和社团活动，以满足不同学生的 STEM 学习需求，发展学生的兴趣。例如，"生活中的化学"课程，教师设计了汽水中的化学、蜡烛燃烧探究实验、自制汽水、奇妙的燃烧实验等活动，让学生通过看、做、画、写来学习化学知识、掌握操作方法、提高观察能力和语言表达能力。又如，"观鸟社团"开展了各种户外观鸟活动，如组织学生去北京动物园、圆明园、颐和园等地实地观鸟，每次观鸟 25～40 种，学生结合观鸟活动，将观鸟体会融入课堂中，融入创作中，融入研究中。

最后，初中阶段还设有潜能课程，给有特长且学有余力的学生提供更高的平台，激发学生的潜能。

"FLL 机器人"是竞赛衍生的课程，内容包含了数学、物理、机械、自然科学、社会科学等多学科知识，用多种生活情境链接世界。每单元有不同的主题，每个主题包含不同的知识点，将物理、几何、机械、科学、工程、技术、多媒体、艺术等多学科知识融于一个充满乐趣、挑战和团队合作的动手实践中，可以培养学生的早期思维和动手能力，为学生情感交流与相互协作提供平台。让学生掌握必备知识的同时，为学生步入社会后的人际交往奠定基础。

科技嘉年华活动在每学年第二学期开设。在该活动中，学生选取平时生活中观察到的实际问题，结合学科知识，运用在STEM课程中学到的科学方法和技能来进行研究或解决，最后向全校师生展示成果。这项活动设置的目的是给学生独立摸索、尝试的机会，锻炼学生的实际解决问题的能力。

"新的长城"项目每两年在初中阶段举办一次。在"新的长城"项目下，学生根据自己的兴趣选择项目学习的具体内容，并最终以产品或活动内容的形式呈现。第一届"新的长城"项目以自愿为原则，组织教师进行项目学习、长城博物馆参观、活动设计研讨等，确定分项目主题及负责教师。学生在已确定的项目主题中进行选择、参与设计及实现项目。第二届"新的长城"项目与第一届相比在活动内容和形式上给了学生更大的自主空间，让学生有更大的选择权，也使教师的角色从主导者变为支持者。学校根据学生确定的方案来协调教师、配合学生，最终完成项目。

(2)初高中衔接阶段课程的实施

初高中衔接阶段是一个承上启下的阶段，既要让学生保持初中阶段的兴趣和自信，又要让学生融入高中阶段的学习研究，总之，就是要拉高就低，让学生顺畅过渡、逐步进阶。因此，初高中衔接阶段除了包含符合该阶段的渗透课程、科技必修、选修课程和科技社团外，还包含一些过渡课程。

第一，STEM女生项目。

STEM女生项目是初中阶段的延续课程，让学生利用初高中衔接阶段所学的知识和技能，对原有的STEM女生项目进行深入研究。项目中学生通过线上学习与思考，线下的观察、讨论与设计，组建团队，形成小组项目的主题方案。有13名女生凭借扎实的基础和创新的思维，成功获得参加中国科学院组织的前沿知识和技能培训的资格，并进行项目方案的展示和答辩。在答辩环节，有3名女生凭借对"滴灌解决西部土地盐碱化问题"方案的创意展示脱颖而出，参与了赴内蒙古地区的实践活动，发现并解决当地的实际问题。在此过程中，学生要搜集资料，综合利用多学科知识，还要有严谨的思维和创新的能力。这都是学生灵活运用STEM课程中所学的方法和技能的体现。

第二，人工智能课程。

人工智能课程是初中信息技术和机器人项目的进阶课程，教师尝试通过预设职业体验、考查探究、设计制作、社会服务，让学生进行深度职业体验，以项目方式组织课堂教学，让学生获得更加深入和完善的学习。学生通过商业模拟演练主线、创新思维训练主线、知识能力素质培养主线、跨学科知识整合主线，以及游戏化教学主线等几个维度进行精心设计，达到预期的设计。

第三，生涯规划课题研究项目。

梦创家生涯规划课题研究项目让学生了解生涯规划课题研究的流程和方法，为高中的职业体验课题研究项目奠定基础。该项目是与校外教育机构合作，线上和线下相结合的专业培训课程，让学生通过线上学习科学知识，学会发现问题、掌握课题研究的方法，再通过线下课程，让学生走出校门，走进航天院、中央电视台、北京大学口腔医院等单位或企业开展与兴趣职业相关的课题研究。

(3)高中阶段课程的实施

高中阶段的科技教育课程是系统化的初高中科技教育课程的最高阶段，也是培养学生核心素养的重要阶段，因此该阶段的课程设计要充分体现学生的个性化发展方向。

第一，自主项目。

进入高中阶段，学生借着学校的自主项目平台，开展了"STEM 课程进校园"项目。在项目初期，学生自发组建团队、制订方案、积极备课，经学校专家组的审核，经历项目答辩、修订方案、再次答辩，最终实施项目。学生利用课余时间备课、试讲、改进，为初中学生送去精心准备的 STEM 课程。每次课后都组织反思，不断创新教学内容和方式，持续改进教学。在此过程中，高一学生成了真正的小导师，具有创新意识和实践能力，通过微信公众号将自己的感悟传递给更多人。

第二，中科英才项目。

学校依托中国科学院、国家重点高校实验室开展课题研究项目，学生根据自己的喜好和特长，经过学校的层层选拔，加入中科英才项目。加入项目的学生需要经过知识和技能培训、查阅文献、确定课题、制订方案、展开研究、撰写报告等环节。资深专家将在每个环节为学生提供指导，最大限度地为学生解决实验过程中出现的问题，为广大学生的科学实践提供强有力的指导，培养学生的科研能力和创新能力。

第三，科技后备和拔尖人才项目。

北京市为高中生提供了翱翔计划课题研究、科技俱乐部课题研究、后备人才早期培养和后备拔尖人才培养等多个课题研究平台。学生经历校内报名、校内选拔、网络申报、市里选拔等环节，进入平台提供的高校或中国科学院重点实验室，进行课题研究活动。在课题研究过程中，学生要学习知识、阅读文献、选择课题、制订方案、开展研究、统计数据、分析结果、撰写报告，与导师和实验室其他学生进行有效沟通，按时完成课题研究，并积极参与相关比赛。

除此之外，学校在初中阶段、初高中衔接阶段和高中阶段都设计了以下活动，进一步培养学生的创新思维和实践能力。每年一次的"3·28走进大自然科普活动"，学生需要经历个人设计方案、班内展示选拔、班级优秀方案、年级展示答辩，通过后才可开展相关活动，答辩未过需经历继续完善方案、再次答辩等过程；每月一次的"BA大讲堂科技普及讲座活动"，邀请各行业的先进工作者对学生进行热门专业的科普教育，还邀请学生家长和学生就自己擅长的专业进行科学普及讲座；每年一次的科学考察系列课程(西双版纳科考、青海科考、长白山科考等)。

4. STEM 课程评价

(1)课程评价原则

科学性原则：对课程内容进行科学评价，提高课程的效度和信度。

可行性原则：评价方法要简单可行，可操作性强。

全面性原则：对学生学习的评价既要考虑过程性评价，又要注重总结性评价；对教师教学的评价既要考虑教师课程目标的实施，又要考虑学生的成长。

(2)课程评价内容和方式

学校科技教育课程评价采用多元主体和多种方式，从课程内容、教师教学和学生学习三个方面进行评价，具体如表2-6所示。

表 2-6 学校科技教育课程评价内容、主体和方式

评价内容		评价主体	评价方式
课程内容	课程纲要	学校课程建设委员会、专家	文本分析、汇报展示
	课程方案	教育行政主管部门、专家	文本分析、汇报展示、问卷调查
	课程资源	课程设计组成员、学校课程评审委员会	问卷调查、汇报展示、SWOT 分析、诊断监测
教师教学	课程设计	课程设计组成员、学校课程评审委员会、教研员	文本评价、交流互动、汇报展示、问卷调查
	课程执行	学生、教师、教研员、专家、学校课程评审委员会	听课观察、个别访谈、问卷调查、课后反思、汇报展示
学生学习	学习过程	学生、家长、教师、学校教学主管部门、校外合作机构人员	听课观察、评价量表(五星评价)、汇报展示、学案检测
	学习成果	学生、家长、教师、社区人员、校外合作机构人员、各赛事评委	评价量表、汇报展示、问卷调查、测试检验、交流互动

（二）STEM 教育融入国家课程实施的案例

国家课程实施的大部分时间以课堂教学的形式开展。STEM 教育要融入新课程

体系，需要融入日常课堂教学。下面是一节在高中物理课堂教学中融入 STEM 教育的案例，以供参考。

课题	牛顿运动定律在实际中的应用①		
课型	新授课□ 习题/试卷讲评课□	章/单元复习课□ 学科实践活动课☑	专题复习课☑ 其他□

1. 教学内容分析

　　本节课是本单元课程内容的延伸，涉及的知识内容有牛顿运动定律、运动学规律及与三角函数相关的数学知识。整节课是一个有机整体，重在培养学生与学科相关的科学思维，在学习过程中涉及根据实际问题建构物理模型、进行科学推理，根据实际因素进行科学评估及创新，是对已学习内容的巩固深化，更多指向让学生体会知识在实际中的重要应用。

2. 学习者分析

　　学生在学习本节课前，已经具备了运动学基本概念、基本规律、力学基础知识、受力分析的基本能力，以及牛顿定律及其基本应用。前期调研发现学生对与实际生活相联系的问题比较感兴趣，在理论分析、逻辑推理方面比较欠缺。针对学生的需求，结合实际教学内容，设计了本节课。学习过程中学生可能会在模型建构过程及与实际结合的理论推理过程中遇到一些困难。

3. 学习目标确定

　　（1）通过对课堂内容的学习，学生能够体会物理学在研究问题过程中的基本的思想——从实际问题中简化因素抽象模型，再加以修正解决实际问题。

　　（2）通过改进方案的设计、展示及评估过程，学生增强发现、提出问题的意识，乐于与同伴交流优化解决方案的习惯，以及敢于质疑的勇气。

　　（3）通过理论推理及交流过程，学生能够在理论的分析能力上有所提升，尤其是在理论与实际问题结合时的推理能力。

　　（4）通过整体设计分析及对真实设计意义的了解过程，学生能够更好地认识到知识在实际生活中的应用，及其意义和价值。

4. 学习重点难点

　　重点：根据实际问题建构物理模型。

　　　　　与实际条件相结合，理论上的逻辑推理分析。

　　难点：模型建构及理论分析。

5. 学习评价设计

　　学习评价包括三个方面：

　　一是课堂教学中的过程性评价。对学生互动回答问题过程中展现的物理观念、科学思维、科学态度与责任进行评价，主要发挥评价的反馈、引导、激励功能，促进学生核心素养发展。

　　二是对学生消防云梯设计方案文本的评价。主要评价学生的模型建构、科学推理、科学论证等思维，发挥评价的反馈、引导功能。

　　三是对课后作业的评价。通过学生完成教学书上本节相关习题，了解学生在实际情境中运用牛顿运动定律的水平，发挥评价的诊断、反馈功能。

---

①　该案例源于北京理工大学附属中学周金建老师。

续表

6. 学习活动设计

环节一：（根据课堂教与学的程序安排）创设生活情境，提出问题。

教师活动 1	学生活动 1
城市中的居民大部分住在高层建筑中，普通的居民楼可高达三十层，而写字楼甚至可高达六七十层乃至上百层。当发生火灾时，高层建筑中的居民无法逃生，只能等待消防人员的救援。消防人员在救援的过程中，都会用到消防车，传统的消防车使用的都是云梯。 问题一：通过阅读分析材料，你认为云梯在救援过程中存在哪些不足呢？	阅读材料，观察图片。 发现问题，提出问题。  **火灾救援图片** 云梯救援速度慢，因此会导致救援不及时。

活动意图说明：创设实际生活情境，激发学生兴趣，引入学习主题，引导学生敢于质疑。

环节二：设计改进方案，展示评估优劣。

教师活动 2	学生活动 2
问题二：针对以上不足，结合近期我们所学习的物理知识，请你在原有云梯的基础上进行适当的改进，提升救援的速度。 假设情境：某大厦高层发生火灾，大量人员被困，为提升救援效率，能不能设计滑梯用于消防救援呢？怎么设计消防滑梯比较合适？要求学生将自己的想法和设计模型用画图的方式展现出来。	针对问题，小组合作，完成改进方案的设计。 学生展示介绍小组设计方案，并简单说明基本的物理原理。 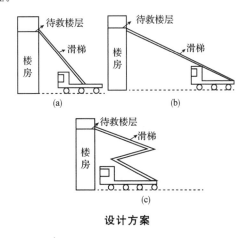 **设计方案**

续表

问题三：这几种设计在实际应用时存在什么优势和劣势。请你根据自己的想法并结合实际生活中可能存在的问题，对设计方案进行评估，选出最佳方案。 提示：从所救人员、着陆安全、救援空间等方面进行思考。	学生讨论、表达自己的想法并选出科学合理的设计方案。 ①为了救援及时，可以将消防车开到居民楼楼下，找到一个合适的角度，升起一个滑梯，让受困人员通过滑梯滑到地面。 ②为了让受困人员快速撤离，滑梯应当陡一点，这样下滑的速度快一些。 ③为了让受困人员安全到达地面，滑梯应当平缓一点，这样着陆时的速度不快，不会对被困人员造成二次伤害。 ④考虑场地限制且消防车方便携带滑梯的情况下，可以用折叠式的滑梯。 ⑤滑梯的材料选择不锈钢，并在上面涂上一层耐热材料。

活动意图说明：激发学生学习动力，渗透简化实际问题思维，培养合作分享意识、创新的意识及知识的初步应用能力，学会对学案进行评估与反思。

环节三：联系实际条件，理论分析结构。

教师活动 3	学生活动 3
问题四：我们知道，实际总比我们的理论分析要更加复杂，若我们的设计在实际中得以应用，就必须考虑一定的实际因素的影响。 ①消防车的底端长度是固定的，所以升起来的每一小段滑梯的长度是固定的。 ②人体由高处下落时着陆的速度一般不得大于 6 m/s。 ③一般棉布与金属之间的动摩擦因数约为 0.55。 根据以上实际约束，请你试分析实际情况下，滑梯存在的限制，并通过物理学知识进行理论推理分析。 问题五：（作为课堂的延伸）为了更好地确定所设计结构的救援效率，进行如下模拟分析：假设现有一栋居民楼高达 30 层，在第	学生定性分析所设计结构的实际限制，通过设计图抽象出物理中的简单模型——斜面。将每一段滑梯看作一个斜面模型。 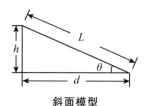 斜面模型 根据具体条件，通过理论推理分析实际应用中的具体限制。 条件一：$v \leqslant 6$ m/s x 方向：$mg\sin\theta - f = ma$ y 方向：$N - mg\cos\theta = 0$ 又：$f = \mu N$ 由匀加速直线运动规律可得： $v^2 - v_0^2 = 2aL$ 解得 -2.4 m $\leqslant h \leqslant 5.2$ m， 舍去负数，即 $0 \leqslant h \leqslant 5.2$ m

续表

30 层处发生火灾，请你计算一名被困人员安全落地的时间。（我国居民楼的层高约为 2.8 m，暂不考虑其他因素的影响。）	条件二：$\mu=0.55$ $mg\sin\theta-f\geqslant0$　　即 $\mu\leqslant\tan\theta$ 代入几何关系得：$h\geqslant3.8$ m 综上：3.8 m$\leqslant h\leqslant5.2$ m 结论：为了保证受困人员的安全及救援速度，每一小段滑梯升起的高度应为 3.8～5.2 m。 分析结束，学生分享展示其推理过程（重在物理分析，显化思维过程）。 总高度 $H=30\times2.8=84$ m 按每一小段升起的高度为 5.2 m 计算，应当升起段数 $n=\dfrac{H}{h}=\dfrac{84}{5.2}=16.15$ 而 n 须取整数，由于 $h\leqslant5.2$ m，故 $n\geqslant16.15$，因此，n 取 17。 则 $h=\dfrac{H}{n}=\dfrac{84}{17}=4.94$ m 由牛顿运动定律得 $L=\dfrac{1}{2}at^2$，得 $t=\sqrt{\dfrac{2L}{a}}$ 且 $a=g\sin\theta-\mu g\cos\theta$，$\sin\theta=\dfrac{h}{L}=\dfrac{4.94}{8}=0.62$， $\cos\theta=\sqrt{1-\sin^2\theta}=0.79$ 代入得 $t=2.97$ s，$T=nt=17\times2.97=50.49$ s 得出一名被困人员从 30 层楼高到达地面需要的时间约为 50.5 s。

活动意图说明：引导学生从实际问题出发，通过简化抽象，建构物理模型，从理论上进行科学分析、逻辑推理，科学论证方案的可行性并对设计方案进行完善。

环节四：展示实体结构，感受社会价值。

教师活动 4	学生活动 4
通过前面的理论与实际的分析，我们在不经意间已经从理念上设计出了折叠式云梯，而且这一设计已经在国际上荣获多项大奖。希望同学们在这节课上感受到的不只是知识的巩固与加深，更是知识在实际生活中的应用和知识的力量，以及知识在社会发展中的意义与价值。这样的意义和价值的体现需要你们的智慧。	观看视频，感受知识的意义与价值。

活动意图说明：与实际对接，一定程度上让学生体会学习的成就感，并从中体会知识在实际生活中的意义和价值，感受这种意义与价值体现过程中学习的重要性，体会自己应该具备的社会责任感和使命感。

7. 板书设计(板书完整呈现教与学活动的过程,最好能呈现建构知识结构与思维发展的路径与关键点。使用 PPT 应注意呈现学生学习过程的完整性。)

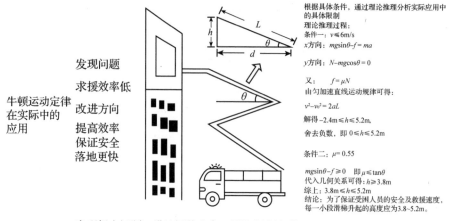

根据具体条件,通过理论推理分析实际应用中的具体限制

理论推理过程:

条件一: $v \le 6\text{m/s}$

x 方向: $mg\sin\theta - f = ma$

y 方向: $N - mg\cos\theta = 0$

又: $f = \mu N$

由匀加速直线运动规律可得:

$v^2 - v_0^2 = 2aL$

解得 $-2.4\text{m} \le h \le 5.2\text{m}$,

舍去负数,即 $0 \le h \le 5.2\text{m}$

条件二: $\mu = 0.55$

$mg\sin\theta - f \ge 0$ 即 $\mu \le \tan\theta$

代入几何关系可得: $h \ge 3.8\text{m}$

综上: $3.8\text{m} \le h \le 5.2\text{m}$

结论: 为了保证受困人员的安全及救援速度,每一小段滑梯升起的高度应为3.8~5.2m。

发现问题
求援效率低
改进方向
提高效率
保证安全
落地更快

牛顿运动定律
在实际中的
应用

发现提出问题   设计评估方案   附加限制条件   理论推理分析   实践检验方案

板书设计

8. 作业与拓展学习设计

课堂拓展与延伸:观看设计者的专访视频,了解设计背后的社会意义与价值,并感受如何体现知识特有的力量(班会时间完成或学生自主完成)。

深入巩固:民航客机都有紧急出口,发生意外情况的飞机紧急着陆后,打开紧急出口,狭长的气囊会自动充气,生成一条连接出口与地面的斜面,人员可沿斜面滑行到地面。若机舱口下沿距地面 3.2 m,气囊所构成的斜面长度为 6.5 m,一个质量为 60 kg 的人沿气囊滑下时所受的阻力是 240 N,那么,人滑至气囊底端时的速度是多少? $g = 10 \text{ m/s}^2$

应用实践:以小组为单位,完成简单模型的制作。

第三章
STEM 教育的
目标及评价

　　我国以立德树人为根本依据，确立了素养导向的目标体系，正在以发展核心素养为主线着力建设和完善基础教育课程体系。① STEM 作为一种跨学科的育人方式，它在学校课程的定位是什么？它与核心素养的关系是什么？2014 年《教育部关于全面深化课程改革落实立德树人根本任务的意见》将"基于学科的跨学科主题教育教学"作为"着力推进关键领域和主要环节改革"。2019 年《中共中央国务院关于深化教育教学改革全面提高义务教育质量的意见》《国务院办公厅关于新时代推进普通高中育人方式改革的指导意见》两份文件，从课堂教学层面具体提出了跨学科的实践方式。《中国 STEM 教育发展报告(起点篇)》指出培养具有科技和人文素养的创新应用型人才，是我国对第四次工业革命社会发展背景下的人才需求做出的回应。无论是国家未来发展战略，还是个人的职业发展需求，都将培养学生的创造力、协作交流、批判性思考、解决真实问题的能力、社会责任等置于优先地位。② 由此可见，STEM 教育强调的"真实情境下的问题解决""跨学科""创造力"等综合素养，与核心素养理念和深入跨学科整合的要求是一致的③，顺应了时代发展与政策要求，成为培养未来人才的教育模式之一。随着 STEM 教育的发展，STEM 衍变为 STEAM、STREAM 等，但其所倡导的理念与 STEM 基本一致。

　　STEM 素养是对 STEM 课程目标的凝练。这一直是困扰教师开发 STEM 课程的实践难题，具体表现为 STEM 课程要达到的目标比较模糊，STEM 课程的指向性不清晰。一些 STEM 课程看着热闹，但是课程向学生传授了什么，却是存疑的。明确 STEM 素养既可以促进解决上述问题，又对学校系统开发 STEM 课程具有重要意义。从课程角度分析，相对比有课标、教材的学科课程，STEM 素养明晰了 STEM 课程作为跨学科、校本课程、社团活动、主题实践活动等方式的独特育人价值；对教师而言，无论是一节课还是一个主题的课，STEM 素养都可以帮助教师将日常的教学行为和核心素养对接，促进核心素养落实到课堂；对学校而言，即使学生在几年间选择了不同的课程，STEM 素养的连续性也可以实现对学生核心素养的持续跟踪与培养。

---

①　夏雪梅：《项目化学习的实施：学习素养视角下的中国建构》，11 页，北京，教育科学出版社，2020。

②　郑葳：《中国 STEM 教育发展报告（起点篇）》，2 页，北京，科学出版社，2018。

③　贺凯强、王志强、刘平等：《表现性评价在 STEAM 课程中的设计与实施》，载《中小学数字化教学》，2020(9)。

一、 STEM 教育与核心素养发展目标

（一）STEM 素养定义

STEM 素养的概念界定尚未有定论。STEM 素养的定义可以大致分为两类。一类是侧重 STEM 素养涵盖的学科范畴。具有代表性的定义是美国将 STEM 素养界定为个人将其关于现实世界运行方式的知识运用于科学、技术、工程、数学及相关跨学科领域的能力。其他学者或机构也有类似的界定。美国学校科学与数学协会（school science and mathematics association）认为，STEM 教育的目标应该比科学素养广，它是科学与工程实践、学科重要（核心）概念和跨学科概念的三纬融合。另一类是侧重 STEM 培养的能力方向。著名科学教育专家拜比（Bybee）认为，STEM 素养包括在实际生活情境中发现问题，解决疑难，解释自然和人造物，形成基于证据的结论的知识、态度和技能；理解 STEM 是关于人类探究和设计知识的学科；意识到 STEM 学科对我们的材料、智力和文化环境等方面的影响；一个富有建设性和善于思考的公民运用科学、技术、工程和数学等概念参与 STEM 相关事务的意愿。① 佐尔曼（Zollman）同样认为，不能将 STEM 素养视为内容领域，而应当将其理解成一种更深层次的学习方式，包含技能、能力、事实性知识、程序性知识和元认知技能的综合能力，也就是说由"学习 STEM 素养"向"运用 STEM 素养学习"转变。② 国内学者杨彦军等人将 STEM 素养界定为个体在 STEM 相关领域中综合运用 STEM 学科相关知识、技能、情感、态度和价值观等解决真实世界复杂性问题的综合能力。③

这两个角度的定义，均认为 STEM 素养不仅是知识、概念的学习，而且是强调知识、技能、态度价值观的综合培养。STEM 作为一种跨学科育人模式，更加注重跨学科综合素养的培养。因此，倾向于能力方向的 STEM 素养定义认为 STEM 素养是愿意关注、参与解决 STEM 相关问题，并运用知识、能力、情感态度价值

---

① Bybee R. W. , "Advancing STEM education：A 2020 visio," *Technology and Engineering Teacher*，2010(1).

② Zollman A. , "Learning for STEM literacy：STEM literacy for learning," *School Science and Mathematics*，2012(1).

③ 杨彦军、饶菲菲、阿依努尔：《基于整体设计方法的整合型 STEM 教育项目设计研究》，载《开放教育研究》，2019(1)。

观等解决复杂问题的综合素养。

（二）STEM素养和核心素养的关系

2016年中国学生发展核心素养问世，该素养从跨学科角度呈现了学生应具备的、能够适应终身发展和社会发展需要的必备品格和关键能力，如图3-1所示。核心素养分为文化基础、自主发展、社会参与三个方面，综合表现为人文底蕴、科学精神、学会学习、健康生活、责任担当、实践创新六大素养，具体细化为国家认同等十八个基本要点。各素养之间相互联系、互相补充、相互促进，在不同情境中整体发挥作用。[1] 其中包括STEM教育所强调的理性思维、质疑批判、勇于探究、工程思维、问题解决、技术运用等。因此，STEM素养与中国学生发展核心素养具有内在一致性，是其某一领域的具体化。但是STEM素养具有特殊性。STEM主要是科技类课程的学科组合，科学与工程实践是STEM主要包含的领域。因此，STEM素养应突出强调在解决科学与工程实践问题过程中常用到的共同素养，这些共同素养在科学与工程相关学科也有所体现。教育部2017年出版2020年修订的普通高中物理、生物、化学学科课程标准中，除了学科各自特有的核心素养，其他核心素养虽然名称有所差异，但都包括科学思维、科学探究、科学态度与社会责任。在《普通高中通用技术课程标准(2017年版2020年修订)》中也可以看到工程实践培育的核心素养，包括工程思维、创新设计等。

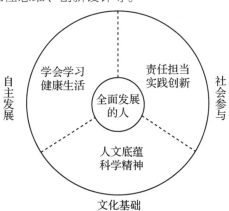

图3-1 中国学生发展核心素养总体框架[2]

---

① 核心素养研究课题组：《中国学生发展核心素养》，载《中国教育学刊》，2016（10）。

② 核心素养研究课题组：《中国学生发展核心素养》，载《中国教育学刊》，2016（10）。

二、 STEM 活动目标的确定与提升

（一）STEM 素养的模型建构

STEM 素养具体由哪些内容构成，国内外学者一直以来都在积极探索。总体来看，主要有三种视角：第一种将 STEM 素养分解为 STEM 各学科素养，第二种从跨学科整合的视角来整体建构，第三种则将前两种视角整合。

1. 将 STEM 素养分解为各学科素养

《创新美国：拟定科学、技术、工程与数学议程》（*Innovation America：Building a Science，Technology，Engineering and Math Agenda*）从分解视角论述 STEM 素养，将 STEM 素养分为科学素养、技术素养、工程素养和数学素养四个方面（见表 3-1）。这种分解的方式能够比较全面地概括 STEM 重点培养的素养，但没有很好地体现 STEM 各学科融合之后培养的素养。①

表 3-1　科学、技术、工程和数学素养

科学素养	运用物理、化学、生物科学和地球/空间科学领域的知识和过程来了解自然世界并参与影响自然界（三个主要领域——生命与健康科学、地球与环境科学和技术科学）的有关决策的能力；使用、管理、理解与评估技术的能力，即知道如何使用新技术，了解如何开发新技术，并具备分析新技术如何影响人类国家及世界的能力
技术素养	使用、管理、理解与评估技术的能力，即知道如何使用新技术，了解如何开发新技术，并具备分析新技术如何影响人类国家及世界的能力
工程素养	对如何通过工程设计过程来开发技术的理解。课程组织采用基于项目的方式，将多门学科进行有机整合，使较难理解的概念与学生实际紧密相关，从而激发学生对解决问题的兴趣。工程设计是将科学原理和数学原理系统性、创造性地应用于实践的过程
数学素养	在提出、表达、解决和解释多种情境下数学问题的解决方案时，能够进行有效的分析、推理和沟通思想的能力

① 蔡海云：《STEM 教学模式的设计与实践研究》，硕士学位论文，华东师范大学，2017。

2. 从跨学科整合的视角整体建构 STEM 素养

郑葳在《中国 STEAM 教育发展报告(起点篇)》中提出整合视角下的 STEAM 素养构成，具体包括创造性问题解决能力、设计思维和合作共情能力(见图 3-2)。

图 3-2　STEAM 素养与课程类型

祝智庭等提出能力为本的观点，认为 STEM 教育是在跨学科的基础上培养学生的问题解决能力、深度学习能力、适应未来的能力等。[①] 由此可见，跨学科整合视角下的 STEM 素养不局限于学科素养，更侧重综合素养，回应了 STEM 跨学科育人的目标诉求。

3. 从综合视角整合分析 STEM 素养

除了以上两种视角的素养建构，有的机构、学者还尝试将两者融合，体现 STEM 分科和整合育人的价值。《面向 ATS STEM 的概念框架》(Towards the ATS STEM Conceptual Framework)一文将 243 种具体 STEM 技能和能力分为八类：问题解决、创新和创造力、沟通、批判性思维、元认知技能、协作、自我调节和学科能力。

杨彦军等综述了国内外描述 STEM 素养的 14 个文件，分析了 STEM 素养的共性与差异，形成了 STEM 素养结构金字塔模型。金字塔的最底层是 STEM 各相关学科基础知识、技能和方法的综合；中间层次是建立在 STEM 基本知识、技能和方法之上的学科核心素养(科学素养、数学素养、工程思维等)；最顶层是超越学科

---

① 祝智庭、雷云鹤：《STEM 教育的国策分析与实践模式》，载《电化教育研究》，2018(1)。

界限的共同核心素养(批判性思维、问题解决、创新能力等)①,具体如图 3-3 所示。这三层按照从具体到抽象、从个性到共性的顺序排列,从而使 STEM 素养的结构更加明晰。可以看出,第三类 STEM 素养建构综合学科和跨学科视角,涵盖了解决 STEM 问题所需要的各种知识、能力、情感态度价值观。

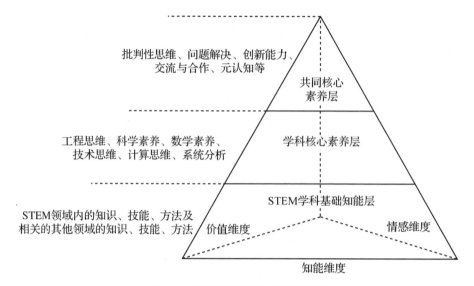

批判性思维、问题解决、创新能力、
交流与合作、元认知等　　共同核心
素养层

工程思维、科学素养、数学素养、
技术思维、计算思维、系统分析　　学科核心素养层

STEM学科基础知能层

STEM领域内的知识、技能、方法及
相关的其他领域的知识、技能、方法　价值维度　　情感维度

知能维度

图 3-3　STEM 素养结构金字塔模型

在此基础上,本书尝试提出综合视角下的 STEM 素养。STEM 在学校多以跨学科的方式出现,其育人功能是在学科的基础上进行拓展与补充,以培养学生的核心素养。学科的目标体系已经非常完善,教师对 STEM 目标的主题知识和核心概念这两方面并不陌生,描述基本没有困难。但是在综合能力和社会情意方面,常常存在泛化或虚化等问题。有的教师在一个课例里写了五六个能力和情意目标,但在教学过程中没有设计具体培养的过程;还有的教师写了几个能力和情意目标,但对这几个目标在学生身上的体现并不清楚。因此,从能力和情意角度来明确 STEM素养目标尤为必要。

本书研究构建了"123＋X"STEM 素养模型(见图 3-4)。该素养模型略去了STEM 学科知识,突出 STEM 解决真实复杂问题共同需要的能力、思维及价值观念。

① 杨彦军、张佳慧、吴丹:《STEM 素养的内涵及结构框架模型研究》,载《电化教育研究》,2021(1)。

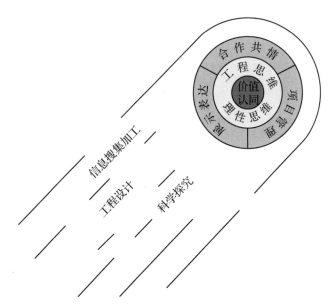

图 3-4　"123＋X"STEM 素养模型结构示意图

　　STEM 素养有四个层次，四个层次分别是一个价值观念、两个核心思维、三个普适能力、X 个专项能力。居于核心地位的是价值认同；第二层次是凸显科学与工程实践本质的理性思维和工程思维；第三层次是解决 STEM 问题所需要的能力，包括展示表达、合作共情和项目管理能力；第四层次是多种专项能力的集合，包括但不限于科学探究、工程设计与信息搜集加工能力。

　　(1)一个价值观念

　　一个价值观念是指价值认同。价值认同是对 STEM 领域及其学习活动产生兴趣，认同 STEM 对社会的价值，愿意通过 STEM 解决实际问题，为社会作出贡献。价值认同处在 STEM 素养的核心位置，认知上的发展应源于学生的兴趣、根植于学生对社会的责任。STEM、项目式学习课程让学生关注真实世界，不仅仅是为了让学生深度理解和掌握概念或锻炼思维能力，更是为了让学生敬畏自然与生命，理解何为社会责任，最终为社会发展作出贡献。[1]

　　(2)两个核心思维

　　两个核心思维是指工程思维与理性思维。工程思维在中国学生发展核心素养中被提及，同时属于通用技术学科核心素养之一。这里的工程思维是在两者基础上结

---

① 夏雪梅：《项目化学习的实施：学习素养视角下的中国建构》，11 页，北京，教育科学出版社，2020。

合 STEM 特点进一步被修改的,是指能认识系统与工程的多样性和复杂性,能够运用系统分析的方法进行要素分析、整体规划、科学决策和创新设计。理性思维则采用了中国学生发展核心素养中的定义,是指崇尚真知,能理解和掌握基本的科学原理和方法;尊重事实和证据,有实证意识和严谨的求知态度;逻辑清晰,能运用科学的思维方式认识事物、解决问题、指导行为等①。工程思维和理性思维是在 STEM 学习活动中经常要用到的关键思维,体现了 STEM 的独特育人功能。例如,在"设计制作水火箭"的活动中,学生运用工程思维,权衡发射器发射角度、气压、水火箭使用材料和装水比例等各种限制条件,整体规划小组分工、实施进度,创新设计、实施、评估改进水火箭,使其飞得尽量远。这就是理性思维在课堂中的体现。

(3)三个普适能力

合作共情能力、展示表达能力、项目管理能力这三个普适能力对应着 STEM 整个学习过程或者多个学习环节。合作共情能力是指在任务或问题驱动下,小组成员分工协调、相互支持,建立与维持团队组织的能力;合理沟通、正确处理小组内冲突,建立与维持共同理解的能力。展示表达能力是指可以清晰、顺畅、有逻辑、高质量地展示内容和表达观点的能力。项目管理能力是指围绕项目目标,结合实际,对项目进行管理、监控与调整的能力。关于合作共情能力,STEM 学习活动因为其任务的复杂性,小组合作完成任务是必不可少的。展示表达能力主要体现在最后的展示成果和过程中阶段性成果的汇报上。项目管理能力虽然目前在 STEM 学习活动中被关注得较少,但也是非常重要的能力。对项目进行管理、监控与调整就是学生的元认知在发挥作用,体现学生对自我、对事物的认识、反思和调控。

(4)X 个专项能力

X 个专项能力包括工程设计能力、科学探究能力、信息搜集加工能力等。这些能力对应着 STEM 某一种类型或者某一特定过程的学习活动,同时这些能力与科学、技术等学科核心素养的要求是一致的。工程设计能力是指针对现实世界生产或生活中的劣构性问题,进行问题与需求的系统分析,结合已有的科学、技术、工程、艺术(人文)、数学知识及经验等设计并选择最优的解决方案,通过模型建立、检验评估、多轮迭代等解决问题或实现目标。科学探究能力是指基于观察和实验提出问题、形成假设、设计探究方案,通过探究获取证据,基于证据得出结论并做出解释的能力。信息搜集加工能力是指借助一定的信息搜索工具,自觉、有效地进行相关资料的搜集、评

---

① 核心素养研究课题组:《中国学生发展核心素养》,载《中国教育学刊》,2016(10)。

估、评价和使用的能力。专项能力会随着活动类型的增多不断丰富。比如，有一些 STEM 课例会侧重培养学生社会调查能力，在 STEM 专项能力中就可以再加上社会调查能力。这会使得 STEM 素养模型具有开放性和较强的操作性。

　　STEM 教育作为跨学科教育的一种形态，与学科教育形成了互补，其独特的育人价值在于培养学生的高阶思维和综合能力。研究提出的 STEM 素养模型不是一成不变的，而是动态发展的，除了前三个层次的素养比较稳定，第四层次的素养可以结合具体的课程类型和活动环节进一步丰富。这样的素养体系设计既考虑了科学性与操作性，又便于学校在该素养基础上形成校本化的表达，更科学地开展 STEM 教育。

（二）STEM 活动目标的设计

　　本书参考综合课程的知/行/为目标框架，将 STEM 素养转化为 STEM 活动目标。[①] 其中，"知"包括事实、主题、学科概念、跨学科概念、经得起考验的个人观点；"行"包括低层次技能、学科技能和复合型的跨学科成就技能；"为"这个类别本质上归属于价值观的领域，指学生想成为什么样的人，包括态度、信仰、行为等。这三者的关系如图 3-5 所示，"知"与"行"之间相互作用以支持"为"这座桥梁，为了"知"某件事，个体需要积极地去"行"这件事；只有"知"了某些内容，才能更好地"行"。"为"则是学生所表现出的行为所具有的价值。例如，学生在学习了生态系统方面的知识后，养成了垃圾分类的好习惯。

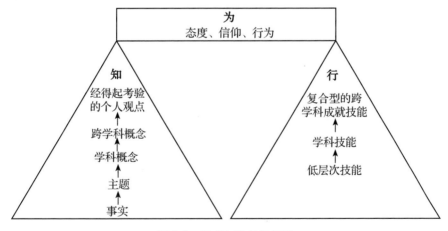

图 3-5　知/行/为目标框架

---

① 德雷克、伯恩斯：《综合课程的开发》，53 页，北京，中国轻工业出版社，2007。

本书在知/行/为目标框架的基础上，结合 STEM 素养的要素和问题解决的过程，尝试构建 STEM 活动的目标(见表 3-2)。

表 3-2   STEM 活动的目标

目标依据	目标框架	目标描述	示例
知	主题知识	学科的基本知识及原理，与 STEM 主题相关的知识原理	植物生长需要的环境、航天科技相关知识
	核心概念	处于学科重要位置的学科概念和跨学科概念	系统、结构、流程、控制、稳定与变化
行	学科能力	学科能力是指 STEM 教育中问题解决所需的学科方法、技能	科学探究、数据统计、工程设计、信息搜集与整理
	综合能力	综合能力是指 STEM 教育中涉及问题解决和学生发展的主要能力	理性思维、工程思维、合作共情、展示表达
为	社会情意	学生通过学习形成的学习态度、价值观念	课堂参与、问题解决意识、社会责任、文化自信

主题知识是 STEM 素养的基础，学生需要掌握的 STEM 知识可以分为两类。一是科学、技术、工程、艺术(人文)、数学领域的基本知识及原理。对于学生而言，这一类知识的主要获取途径是学习学校的基本学科，如科学、数学、物理、化学、生物、信息技术、通用技术等。二是与 STEM 主题相关的其他领域的知识与原理，如人工智能、生命科学、环境与资源、航天科技等，这一类知识则主要通过学习相关情境的 STEM 活动而获得与掌握。两类知识相辅相成，共同组成了理解与解决 STEM 问题的基础。[1]

核心概念是处于学科重要位置的学科概念和跨学科概念。STEM 既需要基本知识作为基础，也鼓励学生运用学科中的重要概念和跨学科概念解决问题，通过举一反三、迁移应用，加深对概念的理解，与学科形成互补。这是 STEM 跨学科活动的重要价值。比如，通用技术学科中有四个核心概念贯穿始终：结构、流程、系统、控制。科学学科有生态系统、光合作用、稳定与变化等学科与跨学科概念。这些概念已经在学科中得到了系统的呈现，STEM 活动则为核心概念进一步被理解和应用创设了良好的环境。

学科能力是指 STEM 教育中问题解决所需的学科思维、方法、技能，包括科

---

[1]   蔡海云：《STEM 教学模式的设计与实践研究》，硕士学位论文，华东师范大学，2017。

学、技术、工程、艺术（人文）、数学等学科。在 STEM 问题解决过程中，常常需要整合多学科的思想和方法。这里面就包括科学方面的观察法、控制变量法，工程方面的工程设计能力，技术方面的信息搜集和整理能力，数学方面的统计方法等。

综合能力是指 STEM 教育中涉及问题解决和学生发展的主要能力，STEM 一方面对学科起到了补充和拓展作用，另一方面对培养学生的综合能力发挥了关键作用，是 STEM 活动目标中的核心部分，关系着 STEM 活动实施的效果。本书归纳梳理了 STEM 问题解决共同需要的能力：理性思维、工程思维、合作共情能力、展示表达能力、项目管理能力等。

社会情意是指学生通过学习形成的学习态度、价值观念等。STEM 不仅要让学生掌握知识与能力，更重要的是培养和激发学生对 STEM 相关学科的兴趣，使其能正确认识 STEM 各领域对于客观世界和社会的影响，养成自觉运用 STEM 知识与技能解决现实世界中真实问题的意识。比如，学生在课堂上积极参与、主动投入任务或问题解决中，积极参与社会服务志愿活动，敏感地发现社会生活中的问题并通过技术手段来解决。

"土壤与生命——不同氮肥用量对植物生长的影响"主题研究①是在小学科学课的基础上研发的 STEM 活动。土壤退化是目前全球面临的环境问题之一，而造成土壤退化的原因多种多样。人为因素有哪些？土壤退化对植物生长有哪些危害？教师与学生共同开展不同氮肥用量对植物生长的影响的实验研究，通过对航茄进行不施氮肥、减施氮肥、正常施肥和增施氮肥四种处理的对比实验，了解土壤中的氮肥对植物生长的影响，以及氮肥对植物生长的作用，总结归纳出合理使用氮肥，既能保证植物生长的最佳状态，也能保护土壤环境。实验研究让学生认识了解植物生长所需的土壤条件，以及保护环境的重要性。

该主题研究共分为 4 课时（见图 3-6）。第 1 课时运用多种学习渠道，让学生了解植物生长所需条件，为后面的研究奠定基础。第 2 课时配置实验土壤，完成航茄的定植活动，利用控制变量的方法开始记录实验。第 3 课时教会学生正确使用测量工具，对航茄的茎高、茎粗、叶片数、开花数、果实的重量进行记录，减少在操作过程中的误差，以达到对比实验的科学性。第 4 课时完成主题研究汇报，帮助学生树立科学探究的精神，建立平衡施肥观念。

---

① 该案例源于北京市大成学校。

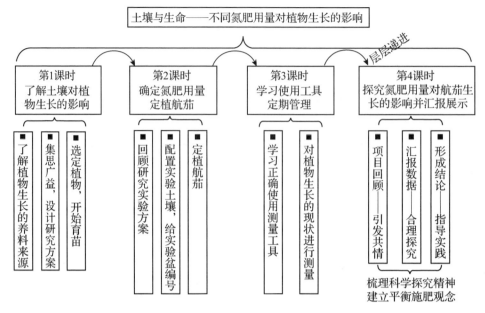

图 3-6　课时安排

　　学生已具备一定学习经验，可以通过书籍、互联网等多种渠道查阅资料。随着年龄增长、自我意识的发展，五年级学生具备独立思考、分析解决问题的能力，通过探索、实践、团队交流，对问题形成自己的独到见解，还有少部分学生参加过种植课学习，对植物生长需要的条件有一定了解。在平时教学中，我们还意识到，学生虽然会查阅相关资料，但是不能把资料中有用的信息进行归纳和整理，为自己所用；在研究过程中，学生有自己的看法，但不系统，不全面；学生参与种植劳动时间少，对使用仪器记录植物成长接触不多(见图 3-7)。

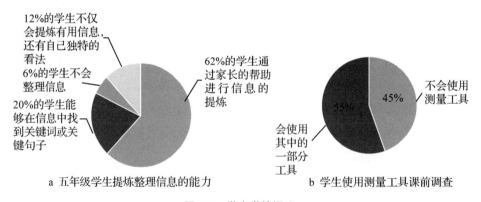

图 3-7　学生学情调研

在对活动内容和学情分析的基础上，本活动的目标设定如下。

主题知识：通过网络调查与研究，了解氮肥对植物生长的作用。

核心概念：通过不同形式观察、比较不同氮肥用量对航茄生长情况的影响，分析植物生长到最佳状态的氮肥用量，建立平衡施肥的科学观念。

学科能力：通过种植航茄，体验劳动种植的过程，掌握种植劳动作物的技能；通过设计与实施探究实验提升科学探究能力。

综合能力：通过小组讨论、成果展示、评价交流等过程，提升协作、表达能力。

社会情意：树立热爱劳动的观念，珍惜劳动成果的可贵品质和严谨的科学探究精神。

三、 与目标一致的评价方案设计

（一）表现性评价： 契合 STEM 教育特点的评价方式

有学者提出课堂评价的方法主要包括两类：选择性反应和建构性反应。选择性反应是学生在提供的多个答案里进行选择或者对问题做出简短的回答，如选择题、判断题、连线题、简答题。这种方式的优点是可以有效评价学生对真实信息、基本概念和简单技能的掌握情况，缺点是倾向于在不考虑情境的情况下对知识和技能做出评价。建构性反应是指学生组织并运用所学的知识和技能去解决一个问题或者完成一个任务，而不仅仅是记忆的再现和再认，如写作、产品、决策、驾驶、合作、演讲、演奏乐器。这种方式的优点是可以有效地考查学生对所学知识的理解和掌握程度，缺点是问题的答案比较开放，评价比较主观。[1] 这里的建构性反应是表现性评价。

表现性评价(performance assessment)又被译为真实性评价、基于表现的评价、选择性评价等。威金斯(Wiggins)认为，以学生为对象的表现性评价的要求，通常是教师要求学生运用已掌握的知识或技能去完成某些特定任务或制作一些产品，是以学生在真实或接近真实的情境中所展现出的知识与能力为评价依据的。[2] 表现性评价以学生参与表现性任务加以展示，展示形式包括个人作品、任务操作、技能表

---

① ［美］阿特、［美］麦克塔尔：《课堂教学评分规则：用表现性评价准则提高学生成绩》，2 页，北京，中国轻工业出版社，2005。

② ［美］威金斯：《教育性评价》，20 页，北京，中国轻工业出版社，2005。

演、问题探究等。例如，在一项探究中国传统建筑中的曲面屋顶的课程中，学生探寻中国传统建筑中曲面屋顶的设计原因，经过实地勘察、实验探究、文献查阅、小组讨论之后，学生将结论及研究过程整理成研究报告，并进行展示。表现性评价会关注整个学习过程与结果，如学生的批判性思维、探究调查能力在课程中的表现。批判性思维主要在"中国传统建筑的曲面屋顶是否属于最速降线"这一议题的讨论活动中体现。表 3-3 是活动中使用的批判性思维评价表。

表 3-3 批判性思维评价表

能力	初级	良好	优秀
批判性思维	不能辨别信息和资料的真伪；仅凭经验或感觉提出观点，不会从证据出发进行推理	能辨别信息和资料的真伪；选择合适的证据支撑观点，但证据比较单一；能借助证据进行推理，但推理过程不严密、推论不一定正确	能辨别信息和资料的真伪；选择合适的、多方面的证据支撑观点；能借助证据、以符合逻辑的方式进行严密的推理和有效论证

可见，表现性评价关注学生在问题解决过程中展现出的知识与能力的评价方式，强调任务的意义和挑战性，评价能与真实学习产生关联，过程和作品通常是评价的重点，是一种十分契合 STEM 活动特点的评价方式。当然，STEM 学习是一个解决复杂问题的过程，既需要高阶思维和能力，也需要基本的知识和技能作为基础，因此评价的方式是多元且丰富的。在实践过程中，可以表现性评价为主，其他评价方式为辅。

（二）表现性评价的准则设计

表现性评价的准则是对学生回答、作业和表现进行评判的指南、规则或原则，告诉我们如何评价学生的表现或成果的水平。这样的表现性评价准则可以帮助教师和学生明晰教与学的方向，并不断朝着目标去努力。表现性评价准则常常有如下形式：核查表、表现清单和评价量规。

核查表是列出某个成果或者某种表现所必须具备的成分（见图 3-8）。评价者可以根据这些必要的成分进行具体评价，适用于评价"有无"，但是不能评价不同层次的表现。

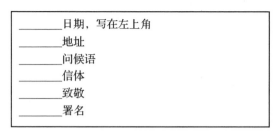

图 3-8　书信的核查表①

　　表现清单是列出要评价的各项内容和评分量表(见图 3-9)。评价者可以根据表现清单权衡各要素的重要程度，评出不同层次。但表现清单缺乏不同层次表现的详细说明。

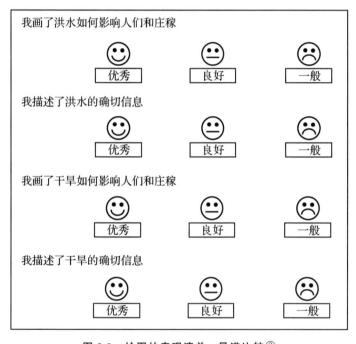

图 3-9　绘图的表现清单：旱涝比较②

① ［美］阿特、［美］麦克塔尔：《课堂教学评分规则——用表现性评价准则提高学生成绩》，2 页，北京，中国轻工业出版社，2005。
② ［美］阿特、［美］麦克塔尔：《课堂教学评分规则——用表现性评价准则提高学生成绩》，2 页，北京，中国轻工业出版社，2005。

　　评价量规是对所有的评分点都做了说明和规定。最好的评分规则往往能够体现教师公认的课堂评价的实质，而且能对合格表现的组成要素提供很好的建议。评价量规可以对复杂的任务、成果、能力进行评价，但是操作性较差，教师和学生需要适应一段时间。本书所涉及的准则主要是评价量规。

　　STEM 活动常常涉及对作品的评价和对特定能力与情意的评价。这就涉及一般量规和指向特定任务的量规。一般量规在相似的任务中是通用的，应用范围广。例如，写作评价量规、演讲评价量规、批判性思维评价量规、工程设计能力评价量规等。指向特定任务的量规中每个表现性任务都有单独的评分规则，各个评分规则之间不能互换。例如，"生命"主题的海报评价量规、"太阳能小车"评价量规。

　　STEM 素养中的能力和情意目标可以对应设计表现性评价量规。这样做的目的是将抽象的素养目标转化成可见的行为表现。这些量规是一般性的，可以应用于不同的任务。

　　一个表现性评价量规包括三个部分：评价的维度、评价的等级、评价的内容描述。每一个维度层面分三个等级：水平一、水平二、水平三。其中，水平一是不达标；水平二是基本达标，但是还有提升的空间；水平三代表着学生最好的表现。下面我们以理性思维评价量规和工程设计能力评价量规为例，具体介绍表现性评价量规。

　　理性思维主要表现为批判性思维，分为三个维度：证据搜集、逻辑推理、质疑批判。其中质疑是思考的视角，实证是判断的尺度，逻辑是论辩的准绳。北京教育学院附属丰台实验学校开发的 STEM 活动"口罩你戴对了吗？"其中的一节课，就是引导学生用科学的方式判断一个口罩是否可以起到防疫作用。教师发给学生口罩，让学生去判别。学生不能人云亦云，而是要根据口罩的透光性、防水性、是否具有静电等多方面的证据，通过看、摸、燃烧、测静电等方式进行实验分析，判断口罩是不是防疫口罩。这就是理性思维在课堂中的体现，理性思维评价量规（见表 3-4）使得教师在教学前就能够心中有数，将学生的应然表现和实际表现进行对比，进而反馈、指导，既突出了课堂的重难点，又提高了课堂的效率。

表 3-4　理性思维评价量规

指标	水平一	水平二	水平三
证据搜集	没有意识到寻找和使用证据来佐证观点或决策，仅凭经验或感觉做主观判断	能从观察到的事实、文献资料或已有数据等搜集证据，但部分证据不合理或不充分	在搜集证据的基础上，能够分析、检验证据，选择合理、充分的证据为自己的观点或决策佐证

续表

指标	水平一	水平二	水平三
逻辑推理	表达的观点或者决策与证据无关或者相关性不强	能基于证据进行推理，表达的观点或者决策与证据有关联，但逻辑不严密	基于证据，经过严谨推理得到正确的结论、构建模型或进行预测
质疑批判	对既有的观点或做法从不持怀疑态度，无法辨别信息真实性；无视他人对自己观点或者决策的疑问	对部分观点或做法持怀疑态度，能从某一角度提出问题或者反例；不能判断别人质疑的合理性	对部分观点或做法持怀疑态度，能从不同角度提出问题或者反例；能根据别人质疑合理修正自己的观点或决策

　　工程常常作为 STEM 活动的核心，融合其他学科的内容。按照工程设计的一般过程，工程设计能力评价量规包括发现问题、定义问题、设计方案、制作模型、测试改进 5 个维度(见表 3-5)。每一个维度下面会再细分几个小点，评价内容都尽量表述明确，减少有可能产生歧义的内容。这样教师和学生就可以根据每一个环节的评价标准，开展过程性评价，促进教与学。

表 3-5　工程设计能力评价量规

指标	水平一	水平二	水平三
发现问题	未能发现问题	通过观察、访谈、调查等方式发现问题，但问题未能贴近人们生活的需求	通过观察、访谈、调查等方式发现生活中需要改进的有价值的问题，以调查报告、访谈纪要或试验报告的形式呈现
定义问题	未能对作品的设计要求和限制条件进一步分析描述	可以分析设计要求和限制条件，但考虑角度单一或不全面。能用对象＋需求＋原因的句式来描述明确后的问题	多角度分析设计要求和限制条件。能用对象＋需求＋原因的句式来描述明确后的问题
设计方案	用设计图表达作品的功能、原理和结构。图样没有考虑设计要求与限制条件，不可操作。设计图模仿了已有方案	用设计图表达作品的功能、原理和结构。图样达到了部分设计要求与限制条件。设计图在某一方面优化已有的设计方案，进行了微创新	用设计图表达作品的功能、原理和结构。图样全面考虑了设计要求与限制条件，具有很高的可行性。设计图展现了全新的创意

续表

指标	水平一	水平二	水平三
制作模型	在材料、工具、加工工艺、流程等方面存在很多困难且未能克服，无法完成模型制作	列出了模型所需的材料、工具清单、加工工艺规范，加工流程需做调整。在教师的指导下克服困难，按时完成模型制作	列出了模型所需的材料、工具清单，加工工艺规范、娴熟，加工流程合理有序。能积极独立克服困难，提前完成模型制作
测试改进	凭感觉对作品进行评价，没有发现作品的问题，或忽略了出现的问题	根据作品的评价标准对作品测试。试验方案、过程和结果还有进一步改进的空间。对试验出现的问题进行了分析与改进，但与设计要求仍有差距	根据作品的评价标准开展技术试验。试验方案要素齐全，试验过程科学严谨，试验结果明确。对试验发现的问题进行多轮分析与改进，最终达到了设计要求

（三）依据 STEM 活动目标，对应设计评价方案

有了目标与评价量规，如何把评价运用到整个 STEM 活动中，形成评价方案，发挥真正的作用呢？学生的进步与变化不是一蹴而就的，而是在解决问题的过程中逐渐培养出来的。评价分解就是根据问题解决的过程，将评价分解到 STEM 活动的多个阶段中，帮助教师明晰在何时评、评什么、怎么评和用什么评，如图 3-10 所示。从纵向来看，活动的目标是评价的依据，包含上述所讲的主题知识、核心概念、学科能力、综合能力和社会情意；评价的时机则体现在活动中，评价即活动的一部分，调查、制作、实验、设计、分析、讨论等既是要开展的活动，又是开展形成性评价、促进学生发展的契机；评价的内容则是活动中的最终作品、阶段性作品及学生表现；评价的方式包含学生自评、学生互评、师评、专家评、网络评等；评价的工具采用表现性评价常用的核查表、表现清单和量规。从横向来看，不同阶段的 STEM 活动都有评价渗透其中。我们可以想象这样一幅教学画面：在 STEM 活动最后的展示环节，教师向学生展示最终作品和汇报的标准和要求，每个小组汇报结束以后，其他小组根据评价标准对作品和汇报表现进行点评，教师则进行补充点评和升华。这样的场景在日常教学中并不陌生，但如果有意识地从评价促进教学的角度去设计和分析，就可以实现评价目标、时机、内容、方式、工具的统一，切实将评价融合于教学中，充分发挥表现性评价的激励和反馈作用。

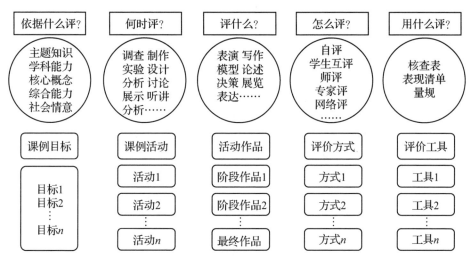

图 3-10　评价分解设计结构图

　　"城门的故事——九门文创"①项目创设真实情境，以"如何让八中学子更深入了解北京内九门?"为驱动问题，分为了四个阶段。在"初识九门"和"探秘九门"这两个阶段，引导学生通过查找、阅读资料了解北京内九门的发展历史。以此为基础，在阶段三学生开始进行九门相关文创设计，并在阶段四进行趣味化的全班宣讲。

　　1. 评价前置　逆向设计

　　结合对项目内容和学情的分析，教师将目标设定如下：

　　搜集文本资料及查阅网上资料，了解老北京四九城防御型城门的建筑构成，以及内九门城门历史文化，并能根据资料进行整理和总结；

　　学习文创产品设计相关知识，能根据城门历史文化，设计城门文创产品，并进行简单原型制作；

　　小组展示与汇报，培养展示表达能力；

　　培养传承和发扬老北京文化的责任感和使命感。

　　这四个目标的达成情况通过学生对文创产品的宣讲表现出来。因此，教师首先根据目标和成果要求设计了宣讲量规和文创产品评价量规。其中，宣讲量规(见表 3-6)在宣讲内容方面要求丰富充实、角度新颖、有历史依据、有城门古今对比，能引发听众对老北京文化的兴趣；在宣讲表现方面，则强调了宣讲的技巧；在宣讲辅助方面，对 PPT 的制作提出了图文并茂、增强表现力、激发听众兴趣的要求。

---

① 案例源于北京市丰台区第八中学。

表 3-6　宣讲量规

评价项目	优秀	良好	合格
宣讲内容	充实丰富、角度新颖，有历史依据，有古今对比，能引发听众对老北京文化的兴趣	内容充实丰富、角度新颖，历史依据不丰富，能引发听众对老北京文化的兴趣	内容比较单一，不能引发听众对老北京文化的兴趣
宣讲表现	演讲时，说话自然、自信、准确、生动而且音量适中；能有效地使用面部表情、手势，能与听众进行眼神交流	演讲时，吐字清楚、声音洪亮，没有笨拙的停顿和口头语，能与听众进行眼神交流	演讲时，声音有时过于轻柔，使听众听不清，使用一些如"嗯""哈"等口头语，没有与听众的眼神交流
宣讲辅助	能够合理利用多媒体，多媒体制作图文并茂，增强宣讲的表现力，能引发听众对老北京文化的兴趣	能够合理利用多媒体，图文排版不完善，宣讲的表现力有待提升	辅助工具运用不是非常必要，不能增强讲演的表现力

文创产品评价量规（见表 3-7）细致说明了文创产品外观、功能和内涵的标准。特别是在内涵方面，文创产品要能够结合九门文化，融合历史，传播中华优秀传统文化。

表 3-7　文创产品评价量规

评价项目	优秀	良好	合格
产品外观	产品设计空间布局合理，具有审美视角，外观设计新颖，能吸引游客眼球	产品设计空间布局合理，但外观设计简单，不够引人注目，无法吸引游客驻足欣赏	产品设计空间布局不够合理，外观设计较差
产品功能	实用性较强，方便携带，能够满足日常生活使用，符合大众使用需求	具有实用性，但不方便携带，只能满足部分人的使用需求	不具有实用性
产品内涵	产品设计能够结合九门文化，融合历史，具有浓厚的历史文化气息，且文创设计说明能够传播中华优秀传统文化	产品设计能够结合九门文化，但是文创设计说明较差，不能很好地传播中华优秀传统文化	产品设计不能够结合九门文化，且文创设计说明较差，不能很好地传播中华优秀传统文化

2. 评价分解　融于项目

有了目标与评价量规，如何把评价运用到整个项目中，发挥真正的作用呢？教师可把评价根据问题解决的过程分解到项目的各个阶段中。例如，为了培养学生的展示表达能力，教师分别在"初识九门""九门文创""文创市集"三个阶段给予学生展示表达的机会。在学生表达过程中，教师和其他学生运用宣讲量规，通过同伴评价、教师评价的方式，将宣讲表现、PPT 作为评价宣讲水平的依据，促进学生持续性反馈能力的提升，具体如表 3-8 所示。

表 3-8　评价分解

项目阶段 （何时评）	评价内容 （评什么）	评价方式 （怎么评）	评价工具 （用什么评）
初识九门	九门学习单学生知识宣讲	教师评价	宣讲量规
九门文创	九门文创设计图预宣讲 PPT	教师评价	宣讲量规
文创市集	文创产品最终宣讲 PPT	教师评价 同伴互评	宣讲量规

在初识九门阶段，学生在全班分享小组分工、介绍城门的功能、表达活动中的感受，并回答教师的问题。教师引导其他小组结合宣讲量规，对其进行评价，教师补充指导。在过程中教师发现，至少一半学生在宣讲时声音较小，超过一半的学生宣讲时有口头语或者表达磕磕绊绊，所有的学生都没有与听众进行眼神交流，学生基本处于初级水平。为此，教师开展了宣讲技巧课，结合学生存在的问题指导学生不断完善宣讲表现。

在九门文创阶段，主要结合九门的发展历史，进行宣讲稿和 PPT 制作。学生在全班分享设计图和 PPT。教师先带领学生分析宣讲量规，播放优秀宣讲员视频，并选取一个小组模拟宣讲文创产品，再组织小组讨论，得出宣讲要点。在这个过程中，学生 PPT 排版存在很多问题，于是教师又进行了 PPT 制作的指导，并鼓励学生采取情景剧、相声等形式丰富宣讲的方式，增加宣讲的趣味。

在文创市集阶段，学生进行了最终宣讲。师生结合宣讲量规，采用学生先点评、教师再补充点评的方式，做到对每个组的宣讲内容、表现、辅助的三方面评价。此外，全班宣讲结束后，教师还实时进行优秀宣讲的评选，再次带领全班回顾优秀宣讲的标准。

通过三轮的宣讲活动，学生制作的 PPT 变得图文并茂，学生用丰富多样的形式进行了宣讲，学生表达时更加从容和自信了。最终，超过四分之三的学生的宣讲能力从初级水平提高到了良好与优秀水平。学生使用评价工具的能力也得到了提升。学生从开始阶段不会看、不会用宣讲量规，点评时只会使用好、不好等简单词语，到最后能结合宣讲量规进行具体评价和反思。

3. 评价促学　螺旋提升

在文创设计上，为了帮助学生了解文创产品、明确产品设计的关键点，教师提供了多个优秀产品，结合评价量规与学生一起分析，同时带领学生进行头脑风暴——九门文化可以进行哪些产品设计？教师还提供了文创设计任务单，引导学生从设计来源、设计说明、设计图三个方面对文创进行设计。每个小组选出最优设计图，并在全班汇报。在汇报和一对一指导环节上，教师经历了观察学生表现—对比表现差距—分析差距原因—反馈改进措施四个过程。

德胜门小组汇报的设计图刚开始是一个标签本的封面和水杯垫，大家依据量规，认为设计图案只含有城门元素，元素比较单一、直白，功能上可以满足要求，但无法体现德胜门的文化气息，外观不好看。经过追问分析，教师发现是因为学生对德胜门本身内涵挖掘不够，色彩搭配和构图比较差。因此教师和学生一起头脑风暴，并鼓励学生将美术课所学的排版技巧应用到上面。学生最后设计出的是一个以小兵人为主体的笔记本，因为德胜门走兵车，这个小兵人是学生设计的德胜门士兵的卡通形象。笔记本每一页都和德胜门的历史故事或文化相关。比如，一名士兵在白雪皑皑的冬夜里远征，象征着士兵坚韧不拔和不怕困难的精神；一名唱歌的士兵源于打了胜仗回德胜门时都要唱德胜歌的传说。从最开始的简单设计到最后的内涵与创意、艺术结合，经历了三轮评价，小组的设计能力与对文化的理解在这个过程中发生了真切的变化。

回顾案例，教师首先用宣讲量规和文创产品评价量规将目标具体化、可视化，再把评价量规分解渗透到一个又一个任务中，充分发挥评价的促进和反馈作用，使其成为教学的一部分。这就解决了评价融入教学的难题。

第四章
STEM 教育的情境
设置与内容开发

STEM 代表科学、技术、工程、数学四门学科。其中科学在于认识世界、解释自然界的客观规律；技术和工程则是在尊重自然规律的基础上改造世界、实现对自然界的控制和利用、解决社会发展过程中遇到的难题；数学则是技术与工程学科的基础工具。在生活场景中，解决真实发生的问题需要应用多种学科的知识来共同解决。由此可见，STEM 教育的情境设置与内容开发必不可少。

一、 适合开展 STEM 教育的情境特征

STEM 教育是将不同学科有目的、有计划、有规律地融合以解决真实问题的课程。课程是以科学、技术、工程、数学为主体的整合性课程，加强了学科与学科之间的联系，打破了学科之间关联知识的禁锢。可见，STEM 教育需要关注情境的创设。真实的情境有助于激发学生对 STEM 学习的欲望，有助于 STEM 探究的深入，更有助于践行 STEM 学习理念，让学生真正成为 STEM 学习的主人。

（一）情境设置的概念和内涵

情境设置，是通过有意义的情境建构，把知识、技能还原到真实的情境中去。通过一定事件的形象描述或一定环境的设置、模拟，激发学生的情感和思维，使学生产生如临其境的真实感，以达到一定的教育目的。

STEM 教育多以项目形态呈现，项目既蕴含着横向的科学原理、技术方法、工程问题、数学问题等，又涉及纵向的任务问题解析、项目问题的分析与探究、项目问题的解决与设计、项目的工程化实施与模拟实验。其核心是学生沿着问题的分析与解决过程，进行相应的方案设计与求解，提升学生的设计思维和问题解决能力。情境教学根据教材内容，创设生动有趣的情境，让学生受到情境的感染，激发学生的学习兴趣和求知欲，为学生提供自主探究的平台，引导学生在情境中体验知识产生的过程。情境教学能够激发学生内心的情感体验，让学生身临其境，从而有效地促进学生个体的认知、情感的体验。

STEM 教育要培养的核心能力就是运用所学知识创造性地解决生活中的问题的能力。这种能力只有通过真实的任务和解决真实的问题，而且是具有一定挑战性的复杂问题，才能得到提升，所以情境的设置是 STEM 教育的重中之重。

（二）情境设置的研究和发展

20 世纪 20 年代，英国教育家怀特海提出：教师以灌输的方式向学生传授知识，虽说对于升学考试和测验有一定效用，却不能帮助学生解决生活生产中的实际问题。在脱离现实背景情况下获取的知识，往往成为"惰性知识"，在解决真实问题时

无法应用。这是关于情境设置的早期理论，但还不具有系统性。

20 世纪 80 年代，杜威、维果茨基、列昂节夫等学者的研究中体现出情境认知理论的早期观点。例如，维果茨基的社会建构理论认为，认知是通过在社会情境中开展智慧活动继而内化得以发展的①。

1989 年，布朗、科林斯和布吉德发表的关于情境认知的论文中提出：所有概念都是基于情境之中的，都会随着现实活动的发展而变化②。虽然学生在课堂教学中获得了知识，但是在现实生活中不知道如何将知识加以运用，这样获得的知识便是惰性的。学会知识虽然重要，但更重要的是能够在生活中运用知识，并将所学知识与实践进一步结合做到升华知识。因此，知识的学习应当置于具体情境中，努力做到知行合一。他们提出的观点被称为情境嵌入认知观，强调认知活动对具体情境的依赖。

20 世纪 80 年代，一些哲学家、心理学家提出寓身认知观：认知不仅与大脑有关，而且要依赖和使用身体。在人们摸、看、听、闻或尝的过程中，身体和脑都参与到与周围环境的相互作用中，影响认知的形成。这启发教育教学要重视学生在真实情境中身体和大脑的同时参与。

20 世纪末期，情境认知理论研究还提出一些较激进的观点，如延展认知观。这种观点认为，认知活动不仅发生在大脑内部，而且延伸到情境中，情境因素成为心理的一部分。认知既是内部的，也是外部的功能。当个体的认知活动持续地依赖他人、社会结构和文化产品时，就形成了社会文化系统。当今数字化时代，在教育中有广泛影响的分布式认知理论，与这种观点有很大的相通性。

21 世纪，随着全球教育目标进入核心素养时代，情境认知理论的影响和重要性愈发凸显。分析核心素养的定义"学生通过课程学习逐步形成的适应个人终身发展和社会发展需要的正确价值观、必备品格和关键能力"，可见核心素养包含真实情境中运用知识进行问题解决的能力与实践，蕴含强烈的情境属性。一些研究者提出③："从情境中来"与"到情境中去"是核心素养发展的情境认知路径。以核心素养为目标的教学，应当理解核心素养的情境实质，发挥情境对知识的意义，处理好知

① 刘革、吴庆麟：《情境认知理论的三大流派及争论》，载《上海教育科研》，2012(1)。
② 孙媛：《基于情境认知理论培养高中生物理核心素养的教学研究》，硕士学位论文，哈尔滨师范大学，2018。
③ 张良、靳玉乐：《核心素养的发展需要怎样的教学认识论？——基于情境认知理论的勾画》，载《教育研究与实验》，2019(5)。

识掌握与知识运用的一体化关系。

随着 STEM 教育在全球的兴起，STEM 教育的情境设置始终受到重视。例如，余胜泉认为情境性是 STEM 教育的核心特征之一。在 STEM 教育设计中怎样合理设置情境，提升 STEM 教育培育核心素养的效果，成为 STEM 教育研究关注的重要问题。

（三）情境设置的目的和原则

STEM 教育的目标是掌握跨学科的知识和培养创新能力，情境设置是为了激发学生学习兴趣，引导学生主动思考和解决问题。

1. 情境设置的目的

2022 年版新课标中"情境"是一个高频词汇，基于情境的学习是落实学生核心素养的关键条件。创设情境是教师为学生学习实践建立的一个生活场域，这种场域源于学生的真实生活，能够有效唤醒学生已有的经验和情感，能够促进学生通过知识运用解决问题，做到"让学习真实发生"。

2. 情境设置的原则

(1)创设情境，激活学生的求知欲

新课程的核心理念是：一切为了学生的发展。在这一理念的指引下，课堂"活"起来了。课堂上教师通过设置一定的情境，让学生体验、感受，从而形成一种"在乐中学，在学中乐"的良好氛围。教学的艺术不在于传授的本领，而在于激励、唤醒、鼓舞。如果创设的情境新颖，能够让学生更好地将所学到的知识联系到实际中，就可以达到事半功倍的效果。教师创设教学情境时，要注重引起学生认知结构上的不平衡，造成学生心理上的悬念，从而唤起学生学习探究的浓厚兴趣，把学生带进教师设置的一个问题环境中去，促使他们去思考、去揣摩、去感悟。同时，学生利用已有的生活经验，激发内心的情感体验，从而达到身临其境的效果。这样不仅能培养学生学习的兴趣，也在无形中提高了学生学习的效果。

(2)划分知识层次，逐步激活学生创新思维

人对事物的认识过程是一个从易到难、从简单到复杂的过程，学生的学习过程就是一个认识事物的过程，也必然遵守这一规律。在教学活动中，教师创设情境时要在知识易混淆处、知识迁移处和思维矛盾处，特别是对那些具有一定深度和难度的内容提供支撑，根据学生的认知特点，设计科学的、有层次的、系列化的问题，注重小问题之间的衔接和过渡，做到层层递进，最终引发学生深入思考，突破难点，形成系统的知识体系，激发学生的创造力。

在 STEM 教育中，教师应紧密联系教学实际，深入钻研，根据涉及的知识内

容，设计转化为问题、情境，以激发学生创造性思维，启动学生思维的智慧点，引发学生探求的欲望和动机。

(3)情感创设，满足学生的体验需求

情感是人对客观事物所持态度的体验，与学习的动机、认知的兴趣、意志品质，以及性格等非智力因素一样，对学生的学习起着重要的作用。学生普遍具有探索、创造并取得成就感的需要，当学生通过努力，在某个方面取得哪怕一点点成就的时候，就会产生一种积极的情感体验，就会感到精神上的满足。教师鼓励的话语能使学生获得积极的情感体验，产生与教师对话的兴趣，升华学生的情感，让学生充分体验学习的快乐和成功的喜悦。

（四）情境设置的特征

单纯的知识往往比较抽象，学生学习起来比较费劲，也难以在生活中灵活运用，更别说创新了。情境是课堂教学的基本要素，创设情境是教师的一项常规教学工作，创设有价值的教学情境则是教学改革的重要追求。在 STEM 教育中，教师把握情境设置的特征至关重要，要让创设的情境源于学生生活且形象生动，与要学习的知识联系紧密。

1. 真实性

真实性即学习情境取材于真实生活，源于真实的学生生活经验、工农业的生产经验、社会运行的人为经验等。在 STEM 教育中，教师设置要基于行业工作，模仿从业者真实活动的情境，使学生在真实的活动中，通过观察进行思考，运用概念原理，提高解决问题的能力。

从学生的认知角度看，教学活动要解决学生形象思维与抽象思维、感性认识与理性认识的关系。为此，教师所创设的教学情境，首先应该是感性的、可见的、摸得着的，能有效地丰富学生的感性认识，并促进学生的感性认识向理性认识转化和升华；其次应该是形象的、具体的，能有效地刺激和激发学生的想象和联想，使学生超越个人的经验范围和时间、空间的限制，从而获得更丰富的知识，了解更多的事物，促使学生形象思维与抽象思维的互动发展。

在 STEM 教育中，学生思考问题的方式逐步形成，教师应促进知识向真实情境迁移，让学生在真实的学习环境中，领会到知识的价值和应用的方法。这也是进行情境设置的真正价值所在。

2. 目的性

在 STEM 教育中，情境设置必须要有明确的目的，必须围绕活动的核心内容及学习任务来进行。融合学科的，要有学科特色；围绕项目的，要有项目目标。教师要根据知识发现的过程、应用的条件及知识在生活中的意义与价值的链条来创设情境，为学生有效地阐明学科知识在实际生活中的价值，帮助学生准确理解所学知识的内涵，激发学生学习的动力和热情。

在情境设置中，教师要设计有一定目的指向的问题，要能够有效地引发学生的思考，引导学生完成学习任务，让学生在不同的学习过程中获得不同的知识，形成不同的情感体验。第斯多惠说过："教学的艺术不在于传授的本领，而在于激励、唤醒、鼓舞，而没有兴奋的情绪怎么能激励人，没有主动性怎么能唤醒沉睡的人，没有生气勃勃的精神怎么能鼓舞人呢?"赞科夫也强调："教学法一旦能触及学生的情绪和意志领域，触及学生的精神需要，这种教学法就能发挥高度有效的作用。"因此学生的情感体验，在情境学习中意义重大。

通过情境设置，学生的学习目标更加明确，主动性更高，获得感更强。

3. 主体性

在 STEM 教育中，教师要通过情境设置，为学生在课堂上提供一个接近真实的场景，缩短学生与教师、学生与教学内容之间的距离，激发学生的情感，增强学生的兴趣，使学生在学习中身临其境，有兴趣、愿意主动地学习。在选取学习情境时，要同时考虑到学生的心理特征和认知规律，情境中包含的问题应是学生已有知识或者是即将学习的知识，将情境设置于学生的最近发展区内，确保学生能够担当角色，扮演角色，变被动学习为主动学习。学生在教师设置的情境中充分互动，通过感知、体验、实践、参与、合作等方式，实现活动目标，实现对知识的理解和固化，从而感受成功，形成积极的学习态度。学生是情境体验的主体，体验是靠身体的活动而获得心里的感觉和情感意识。情境的设置要注重学生对活动主题的体验感受，鼓励学生参与到教师设置的情境中去，进行体验。这个过程不仅是学生知识增长、感悟技能的过程，也是学生身心和人格健全与发展的过程。以学生为主体，是情境设置的基础。

4. 探究性

学生有意义的学习，往往源自问题的解决或者问题引发的认知冲突。这个过程突出了学生的主体地位，促进了学生学习方式、学习方法的转变。情境设置让学生在 STEM 教育活动中有了更强的探索欲和发现欲，让学生在教师的指导下，从学习生活、社会生活中去选择和确定研究主题，用科学研究的方式去主动探索、发现和体验，同时学会对信息进行搜集、分析和判断，去获取知识、应用知识、解决问题，从而增强思考力和创造力，培养创新精神和实践能力。杜威在他的"五步思维法"中指出，思维活动可分为五步：第一步，问题；第二步，观察；第三步，假定；

第四步，推理；第五步，检验。思维起始于问题而不是确定的结论，问题是思维的引发剂。有意义的情境设置中包含着与知识相对应的科学问题，在问题解决的活动中，学生能体验到知识的产生与发展，从而对教育内容产生更深刻的理解，实现思维能力的发展。

5. 全程性

学习情境的创设发生在 STEM 教育活动的全程，用于激发、维持、强化和调整学生的认知活动、体验活动和情感活动。在导入阶段，有意思的情境设置可以引发学生的学习兴趣；在应用阶段，设计合理的情境设置有助于学生有效地解决问题。因此，学习情境的设置可以进行分阶段设计，逐步扩展、深入。全程性一般有两种表现形式：其一，在 STEM 教育活动的每一关键点进行情境设置；其二，以某一情境为线索贯穿 STEM 活动的核心知识。

（五）情境设置的作用

创设生动有趣的情境，让学生受到情境的感染，激发学生的学习兴趣和求知欲，为学生提供自主探究的平台，引导学生在这个情境中体验获得知识的过程。情境设置能够激发学生内心的情感体验，让学生身临其境，从而有效促进学生的认知、情感的发展。创设好的教学情境具有以下几方面的作用。

一是用于教授新知识。在教学活动前，教师进行生活化、形象化的情境设置能较好较快地把学生的注意力吸引过来，帮助学生从中获得知识，探究新的知识。

二是在教学过程中进行情境创设，能有效激发学生的兴趣，引起学生的求知欲，提高学生的主动性。

三是在巩固知识时，情境的创设可用于考查学生运用知识分析问题、解决问题的能力。进行方式多样的情境设置，特别是问题情境，能够大大激发学生的学习欲望。

四是在进行情境设置的教学活动中，学生丰富了内心的情感体验，这对以后的学习有非常重要的作用。

二、 STEM 教育的内容及其载体

（一）STEM 教育内容

STEM 课程并不是科学、技术、工程和数学教育的简单叠加，而是要将四门学科内容组合成有机整体，强调跨学科整合，注重培养学生的创新思维和解决实际问题的能力。STEM 教育旨在培养具备科学、技术、工程和数学综合素养的学生，以

满足现代社会对创新型人才的需求。

1. 科学探究

科学探究是认识世界、解释自然界的客观规律，即运用科学知识(如物理、化学、生物科学和地球空间科学)理解自然界并影响自然界的过程，旨在培养学生的科学思维和观察力，让他们通过实验和研究来发现和理解自然现象。

2. 技术应用

技术应用是在尊重自然规律的基础上改造世界的某方面的专长，是使用、管理、理解和评价的能力，旨在引导学生学习和应用各种技术工具和设备，培养他们的信息技术能力和创新意识。

3. 工程设计

工程设计是对技术工程设计与开发过程的理解，旨在通过工程项目和设计任务，培养学生解决问题的能力、团队协作能力和创造力，实现对自然界的控制和利用，解决社会发展过程中遇到的难题。

4. 数学建模

数学是技术与工程学科的基础工具。数学建模是将数学与实际问题相结合，让学生学会运用数学知识分析和解决实际问题，旨在培养学生发现、表达、解释和解决多种情境下的数学问题的能力。

STEM 教育是一种跨学科的学习，鼓励学生进行学科之间的融合和交叉学习，培养学生的综合素质和跨学科思维能力。

（二）STEM 教育的有效载体

项目式学习和问题式学习是实施 STEM 教育的两个重要法宝，它们都需要经历提出主题(项目或问题)、制订方案和计划、探究实践、交流分享、反馈评价这样一个过程(见图 4-1)。学生通过学科间的融通学习，完成核心任务，提高解决问题的能力，并在此过程中实践学科知识，提高综合思考、全面构架、解决真实问题的能力。

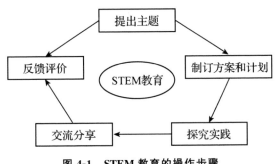

图 4-1　STEM 教育的操作步骤

1. 项目式学习

项目式学习是实施 STEM 教育的一个重要载体，是以项目为主题，在具体教学过程中有机融合多学科知识元素，如科学、技术、工程、数学、人文历史、生活常识、多媒体信息知识等，同时根据相应的课程内容运用相应技术操作，完成产品项目，从而培养学生的 STEM 素养。

基于 STEM 教育理念的项目式学习，即采用项目的学习方法，充分利用 STEM 教育"跨学科整合""循证教学""主动学习"的优势，使学生整合科学、技术、工程和数学等跨学科知识技能，开展科学探究、工程实践、交流强化等学习活动，进而发展 STEM 素养、创新素养和人文素养等核心素养。项目式学习立足项目设计，通过跨学科知识的融合建构，引领学生探索问题求证方法，归纳答案创新认知，提升高阶思维能力。同时，基于 STEM 教育理念的项目式学习，既是一个囊括了内容与目标、过程与方法的系统教学体系，又是一个动态的、发展的、可验证的完整教学过程。

··· 案例一： 自制酸碱指示剂[①]···

1. 教学分析

教学对象是小学六年级学生。六年级学生对科学探究过程相对熟悉，具备良好的探究能力。学生根据日常生活经验普遍知道酸性物质和碱性物质，但对于二者的判断方式和界定较模糊，对中性物质了解甚少。同时，学生对物质的酸碱性、pH 试纸及酸碱指示剂等十分感兴趣，对亲手实践制作酸碱指示剂积极性很高。

教学目的是将 STEM 教育四个维度与教材中原有的知识点进行有机整合和拓展，渗透 STEM 教育跨学科融合的理念，引导学生在多个领域整合和应用知识，对技能和方法进行探索，提高科学核心素养。

2. 基于 STEM 的教学目标

科学：了解酸碱指示剂的原理。

技术：会使用生活中常见的材料制作酸碱指示剂。

工程：掌握制作酸碱指示剂的基本过程。

数学：懂得寻找解决问题的最佳策略。

---

① 赵秋燕、高翔：《基于小学科学核心素养的 STEM 案例设计——以"自制酸碱指示剂"为例》，载《中小学数字化教学》，2020(5)。

3. 教学重难点

重点：掌握酸碱指示剂的原理。

难点：学会寻找解决问题的最佳策略。

4. 教学设计

环节	内容
聚焦问题	播放微课，引入问题； 了解酸碱指示剂的变色原理和检测范围。
初拟方案	搜集信息，结合实际寻找指示剂原材料； 学习制取指示剂的方法及检测方法； 初步拟订方案。
确立方案	师生共同确定"产品制作指南"和"产品评估表"； 小组确定指示剂的制取方案。
测试优化	分组制取指示剂样品； 利用样品检测生活中常见物质的酸碱性； 分析各指示剂的优缺点，寻找最佳策略，优化解决方案。
分享评价	展示自制的过程和检测结果，包含过程性评价和终结性评价。

5. 教学过程

（1）聚焦问题

引入课题，初识问题。教师播放"紫甘蓝早餐惊变色"微课（早餐用白醋凉拌紫甘蓝，紫甘蓝变成桃红色，中午用剩下的紫甘蓝炒鸡蛋，紫甘蓝渗出的液体把鸡蛋染绿），提出"食物为什么会变色"这一问题，让学生讨论并大胆猜测。

搜集信息，了解原理。教师将学生分成若干工程组，引导学生通过上网检索等方式查阅相关资料。各组学生根据搜集的信息展开交流，如"此现象说明与紫甘蓝遇酸变红，遇碱变蓝有关""紫甘蓝可用作酸碱指示剂""变色是紫甘蓝中花青素的作用"等，得知可以通过"在不同的酸碱环境中，花青素会呈现不同颜色"这一原理来制作指示剂，检测物质酸碱性，了解酸碱指示剂的变色原理和检测范围。

【设计意图】教师借助教材中的阅读内容导入，以微课为呈现手段引出问题，搭建生活与学科之间的桥梁，体现 STEM 教育的情境性，激发学生"科学即生活"的学习感悟。同时，让学生借助信息技术自主获取所需材料，一方面培养学生信息技术素养，另一方面通过师生、生生互动交流，让学生树立科学观念与知识，可促使其将理解的科学原理应用到后期探究环节中。

（2）初拟方案

学习探究是活动实施的重要环节。学生参与"寻找适合制作指示剂的原料""学习制作方法""初步拟订制取指示剂的方案"等活动，可为后期方案的确定与实施奠定基础。

搜集资料，寻找原料。在学生了解酸碱指示剂原理后，教师顺势提出"假如你是一名化学工程师，能否利用常见材料自制酸碱指示剂，并用其检测常见物质"这一任务，让各工程组借助网络搜集资料进行交流，汇报"紫甘蓝、紫薯、胡萝卜皮、牵牛花、黑豆、黑枸杞等"可以作为指示剂材料，并介绍原料的作用。

广泛学习，掌握技术。基于之前的资料查阅，学生对制取指示剂的方法已有一定的感性积累，但仍较为零散。教师以紫甘蓝为例，播放"制取紫甘蓝指示剂"微课，帮助学生更直观地掌握制取紫甘蓝指示剂（将紫甘蓝切碎装袋，分次加少量温水，搓至其变为紫色汁液后倒出，也可用榨汁机榨汁或用纱布过滤）及检测的方法（在待测液中滴入汁液，观察变色情况），鼓励学生自主查阅、记录、交流、汇总、比较其他制作指示剂的工艺技术，让他们分组讨论制作方法。

深入思考，草拟方案。在完成前面几个环节后，教师引导学生深入思考：作为一名工程师应如何细化实施方案及制定评价指标（如指示剂应满足哪些需求目标），如何评价制得的指示剂。学生根据所搜集的资料，分组讨论与交流，提出看法与建议，初步设计制取方案。在小组活动中，教师深入每个小组，并根据学生的活动计划提供个性化指导。

【设计意图】模拟化学工程师让学生有代入感，有利于培养学生的职业认同感。教师在教学中逐步渗透工程思想，培养学生的职业技能。教师首先引导学生在分析指示剂原理的基础上，借助网络查阅相关的研究资料，寻找适合做指示剂的材料，然后依托教材中用"紫甘蓝做指示剂"的内容，借助微课为学生掌握制取指示剂这一"初级技术"提供"脚手架"，让学生根据任务需求，自行检索并选择制取方式。这样，学习任务基于教材但又不拘泥于教材，有利于发展学生的科学思维与创新能力。

（3）确立方案

有了理论积累并完成初期的方案设计，各小组开始制订方案。学生汇报设计思想后，各组相互评价并提出改进建议，再交给教师做最后点评。师生共同确定"产品制作指南"（"资源准备""设计草图""制作过程""测试结果分析""修改与完善"等）及"产品评估表"（"产品测试效果""产品成本""产品制作工艺难度""产品创新性"等）的主要内容。各小组依据确定的评价标准，对初期方案进行修正、补充和完善，设计实验步骤，撰写实施方案，形成设计方案。

【设计意图】基于前面的教学铺垫，此环节重点工作是确定方案。教学目的是培养学生用科学细致的思维去理解事物的能力，引导学生多角度辩证地剖析问题，做出选择和决策，从而培养学生循序渐进的探究习惯，以及合作精神。

（4）测试优化

制作样品，测试样品。小组成员分工合作，依照计划制取指示剂样品，自行选择饮品、洗涤用品、食物等常见物质，通过实验检测样品的实际使用效果，并借助电子书包拍摄实验过程，观察记录实验现象。

反思改进，优化方案。学生根据评价表，对产品的检测效果、成本、制作工艺、创新性等方面进行比较，在测试、比较与反思中发现问题，探求改进方法，修改原有的设计方案，找到最佳策略和优化方案的方法。

【设计意图】学生像工程师一样亲历物质酸碱性的检测过程，以样品检测结果为依据，在反思过程中发现问题、解决问题。教师让学生借助电子书包记录实验现象，使其在后期汇报环节中有据可循，帮助学生树立实证意识和严谨的科学态度。

（5）分享评价

学生通过 PPT 报告分组汇报成果。汇报组须阐述指示剂的制作原理、使用说明、实验操作过程、实验现象、实验结论等内容，接受其他小组的评价（从表述、操作、实验现象、结论、协同、汇报、问题等维度评分并总结不足）。其他小组可派代表针对汇报情况提问，并给出被评小组各项目的最终分数。

【设计意图】用学生能够理解的语言编制评价量规，让学生明确得分的标准，明白要表达、分享的内容，促使学生反思自己在团队中的表现、理论及操作水平、处理信息的能力、活动实施过程中的收获与体会等。回顾与反思有利于提高学生自我评价能力，体验工程师的思维过程和工作过程。教师指出活动中存在的问题并给出解决方案，总结每个小组的特点，引导学生相互学习，从而提高学生的综合能力。

···案例二：　触碰传感器的应用①···

1. 教学分析

智能控制小组学员共计 8 人，为四年级至五年级小学生，他们学习智能控制课程大约一年，对于智能控制与车辆结合的内容非常感兴趣，且大部分时间使用乐高积木进行结构拼插，能够进行较为简单的编程控制。学员对移动模块的使用较为熟悉，但容易混淆触碰传感器的使用及设置选项。本学期课程安排以动手实践为主，促进学员了解程序设计中的判断、循环等基本指令的用法。本节课利用触碰传感器，让学员了解并掌握判断指令。通过设置不同任务来推动课程内容，使学员在不

---

① 该案例源于北京市东城区科技馆许宇航老师。

断试验探索中，熟悉各指令模块的使用方法。学员在教师的引导下，模仿生活中的智能控制设备，为改进、创新打下基础。本次活动以学员发展为出发点，引导学员在学以致用的同时，掌握科学的探究方式。

2. 基于 STEM 的教学目标

科学：学会科学思考问题的方法，会用实验的方法验证问题。

技术：掌握实验的正确操作方法。

工程：通过实验设计初步建立工程思维。

数学：学会运用数学的方法进行静电吸附作用的统计。

3. 活动重难点

重点：触碰传感器判断模块的使用方式。

难点：多个触碰传感器协同工作时的程序设计。

4. 教学设计

环节	内容
活动导入	通过生活中的事件引出"触发"的概念
温故知新	回顾编写旧程序
设置任务	进行新程序的编写
实践探索	生活中常见智能控制设备模仿

5. 教学过程

教学阶段	教师活动	学员活动
引入 （5 分钟）	展示幻灯片并进行引导：手持风扇、共享单车密码锁、扫地机器人安全气囊是如何自主完成任务的？ 思考：以上几个例子中，触碰传感器的触发方式是一样的吗？	根据提问思考并回答问题。 结论：手持风扇、共享单车密码锁是通过按下并弹出的方式才触发，扫地机器人安全气囊是按下就触发。
常用指令复习 MINDSTORMS 软件实操 （20 分钟）	①在编程软件操作界面引导：回忆之前所学移动模块的设置方式，试着写一个"安全气囊"的程序。2 人一组，15 分钟以内完成。 ②检查程序的端口设置，传感器触发方式设置，下载程序，用 10 分钟的时间在桌上测试如何让传感器检测到前方发生碰撞。 提示①：为方便改装，采用经典底盘的搭建方式。 提示②：设置传感器触发方式为"按下"。	①使用经典搭建方法搭一辆小车，完成后在电脑中编写程序，包括移动传感器模块。 ②根据教师提示，依次使用移动、等待（触碰传感器）、停止这三个模块，检查移动及转向是否设置为 B、C 端口，传感器是否设置为相应端口，触发方式是否选择为"按下"，组内自纠错。

教学阶段	教师活动	学员活动
实践活动一： 指令配合技巧 （10分钟）	教师：每两人一组，改装车体并尝试写出"悬崖勒马"的程序。限时10分钟。 提示①：传感器方向向下。 提示②：设置传感器触发为"松开"。 备注：此过程中学员会反复修改程序并不断尝试，教师在旁边巡视、答疑，如发现学员写的程序冗长，则提出简化建议。	用自己搭建的EV3小车，轮流实验。一人放车，一人保护小车。 不断尝试、修正，直到找到传感器的正确触发方式。
知识点小结 （5分钟）	小结执行任务的过程中各组出现过的问题。传感器的设置方式可以选择等待，也可以选择分支（判断），但是分支结构应用更广，通过不同的条件设置，能实现很有趣的效果。	回忆上一环节遇到问题的解决办法。 思考"当"和"如果"这两个判断条件对后续程序执行的影响。
新知讲解 （10分钟）	教师：生活中触碰传感器还有更多稍微复杂的应用，如扫地机器人、手持风扇、密码锁等，他们的触发方式不是"按下"也不是"松开"，而是"按下并松开"。手持风扇是单个传感器多次被触发，扫地机器人是多个传感器被单次触发，密码锁是多个传感器被多次按顺序触发。	仔细听教师讲解，思考其中原理。
实践活动二： 生活中常见 智能控制设备 模仿（50分钟）	提示①：手持风扇如果用"等待"则程序会简单，如果用"如果"则程序会稍显复杂。 提示②：扫地机器人的传感器被触发后将转向，并且继续判断是否有其他传感器被触发。 提示③：密码锁在多个传感器同时探测的前提下，每个传感器应有属于自己等待判断的时间，超时则从头开始判断。 备注①：此过程依然是以学员为主体，学员将反复修改程序并进行不断尝试。 备注②：此过程中学员将遇到各模块之间配合不当的问题，需在教师的引导下自己尝试解决。每组学员遇到的问题可能不相同，所以需要教师结合每组不同的情况和需求加以讲解。	①在等待"按下并松开"后调整功率，在停止后加入循环。 ②在教室任意位置测试程序，传感器被触发后，先后退，再转向，再前进，学员开始判断传感器是否被触发。 ③按照特定顺序排列传感器的出发顺序，采取分支结构判断，会让逻辑更清晰，且每个判断后都有等待模块。

教学阶段	教师活动	学员活动
知识点总结 （10 分钟）	总结本环节中各组出现的问题及解决办法。 总结各模块指令使用及配合技巧。 总结在实践中采取的控制变量方法，以及在串行程序中寻找问题、解决问题的方法。	回忆本阶段遇到的问题和解决问题的办法。 回忆触碰传感器应用于手持风扇、扫地机器人、密码锁的方式及原理。 回忆各模块指令使用及配合技巧。

2. 问题式学习

问题式学习是实施 STEM 教育的又一个重要载体，是以问题探究的形式进行的，围绕一个核心问题，综合运用多学科的知识和技能解决问题的过程。在整个过程中所有的问题都是由核心问题衍生出来的，教师要根据所要掌握和拓展的知识，设计不同的问题情境，提高学生分析问题、提取信息、解决问题、学以致用的能力。

一个典型的 STEM 课堂，往往在包含多门学科的复杂情境中，强调学生的设计能力与问题解决能力。教学过程中，教师提出一个问题后，学生以小组为单位展开讨论与研究。在研究过程中，学生需要寻找合适的技术，分析数据，设计、测试和改进解决方案，与同伴交流研究成果。因此，STEM 教育常采用问题解决驱动的、行动导向的教学方法。

···案例： 科普实践活动方案···

1. 教学分析

一次性医用外科口罩和 75% 的酒精是大家熟悉的用品，关于酒精喷洒口罩的情况，网上流传着不同的说法，这次活动将引导学生学会判断信息的真伪。学生学习过一些科学实验的方法，但是进行实践求证的机会并不多。本次活动在课堂上引导学生了解口罩的基本结构和防护原理，用实验探究、对比的方法，亲身体验实证的乐趣。

2. 基于 STEM 的教学目标

科学：学会科学思考问题的方法，会用实验的方法验证问题。

技术：掌握实验的正确操作方法。

工程：通过实验设计初步建立工程思维。

数学：学会运用数学的方法进行静电吸附作用的统计。

3. 活动重难点

重点：掌握口罩的结构和防护原理，对于获取的信息具有质疑的精神和求证的能力，会用对比的方法进行验证并得到结论。

难点：初步学会迁移思考，解决相似问题。

4. 教学设计

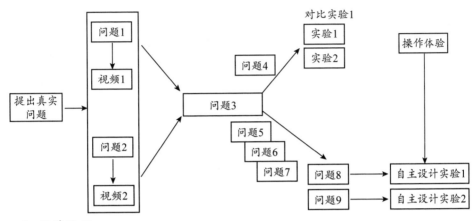

5. 教学过程

教育环节	教师活动	学生活动
发现问题创设情境	在实际生活中有一些需要验证的事情，应如何处理？	分组讨论：口罩消毒问题。
	问题1：口罩和酒精是防护和消毒常用物品，可以用酒精消毒口罩吗？	结合活动前关于口罩的学习进行讨论，意见不统一。
	视频1：用酒精消毒口罩会破坏口罩的结构。	
	问题2：视频显示用酒精喷洒口罩后，口罩发生了漏水现象，是否说明酒精破坏了口罩的防护功能？	
	视频2：根据口罩防护病毒的原理，用酒精喷洒口罩后，口罩的防护功能没有被破坏。	
探究过程问题引领	问题3：视频1、视频2说法不一致，哪些信息是对的？应如何判断？	学生思考、讨论。
	问题4：酒精是否使口罩的结构发生了改变？ 对比实验 实验1：向口罩外层倒入水，观察是否漏水。再喷上酒精，观察是否漏水。 实验2：向被喷洒过酒精且干燥后的口罩外层倒入水，观察是否漏水。再喷上酒精，观察是否漏水。 通过实验和上网查资料可知，酒精并非改变了口罩的结构，而是降低了水的表面张力，导致口罩漏水。	模仿教师实验，初步体验实验操作。 观察、记录实验现象，填写实验报告。

续表

教育环节	教师活动	学生活动
探究过程 问题引领	问题 5：口罩如何防护病毒？ 口罩知识互动问答 讲解：通过上网查阅文献可知，口罩中间层熔喷布的静电吸附能力强弱是口罩防护性能好坏的重要指标。	结合自己了解的口罩知识进行讨论。
	问题 6：如何证明口罩中间层熔喷布有静电吸附能力？ 演示：用气球摩擦头发后，放在碎纸片上，看到了什么？这是什么现象？ 学生体验 问题 7：我们如何证明熔喷布具有静电吸附能力？ 演示：用熔喷布层吸附碎纸片。	制作碎纸片，拆解口罩，自行体验。
	问题 8：喷酒精后的熔喷布层是否还具有静电吸附能力？	自主设计实验 1。
	问题 9：喷酒精后，湿润和又晾干的熔喷布层是否还有静电吸附能力？	自主设计实验 2。
得出结论 活动总结	酒精不会破坏口罩的熔喷布层静电吸附能力，口罩晾干后，熔喷布层仍具有一定的静电吸附能力。	讨论：第一个视频的说法不正确，口罩漏水的真正原因是什么？

三、 STEM 教育资源开发

（一）STEM 教育资源开发的内涵和目标

STEM 教育体现了跨学科整合的教育，有别于传统单一学科教学。STEM 教育资源是 STEM 教育的基础和重要载体，开发 STEM 教育资源具有重要意义。

1. STEM 教育资源开发的内涵

开展 STEM 教育是为了发展学生的科学素养，让学生能够通过多种形式灵活地运用知识，更好地解决现实中的问题，培养学生创新意识，促进学生健康发展。STEM 教育资源开发和利用，可以帮助学生选择合适的实践工具，提高学生的课堂参与度，让学生能够更好地理解和把握知识，并将知识应用于实际生活场景中。

2. STEM 教育资源开发的目标

（1）训练问题解决思维

问题解决的思维过程包括复杂的认知思维、情感思维，因此，STEM 教育要运用大量实验与实践，培养学生解决真实复杂情境问题的策略和思维方式。

（2）培养适应社会生存能力

社会生存能力包括基本认识性技能和基本生存性技能。STEM 教育注重学生跨学科综合能力、真实情境问题解决能力、人际协作能力的培养。跨学科、项目式、探索式的学习方式有利于学生发展出综合的软实力，适应社会的需要。

（3）进行全面知识学习

知识包括基本事实和程序性知识。STEM 教育通过真实情境问题学习来培养学生思维、认知，利于优化学生对知识的建构理解和运用，以此来加强学生对概念的理解和知识的学习。

（4）促进培养创新素养

营造浓郁的创新文化氛围、实施个性化的培养方式、提供多元化的创新实践支持，是 STEM 教育培养学生创新素养的重要方式，也是青少年素质教育和人才创新素质培养的重中之重。

（二）STEM 教育资源的构成

随着《教育部等十八部门关于加强新时代中小学科学教育工作的意见》的发布，学校、校外科普基地等单位产生了开展科学教育课程的需求。《义务教育课程方案和课程标准(2022 年版)》中各学科对跨学科实践和综合实践都有相应要求，可以说作为融合了科学、技术、工程、数学的 STEM 教育是最佳的跨学科课程实现形式。因此，对于校内、校外教育来说，如何开发出优质的 STEM 教育资源成了重要的课题和任务。对学生来说，优质的 STEM 教育资源也让他们可以更好地进入跨学科的学习，正确认识真实世界的问题，并尝试去改造世界，为成为未来的科技创新人才奠定基础。

STEM 教育资源可以分为教师资源和学生资源。其中教师资源主要是课程实施的教案、方案及多媒体资源；学生资源则更多是学生任务单、动手材料包等。

教师的教案应当明确课程的定位及教育目标，确定课程的最核心价值，设计教师和学生的互动过程，搭建有代入感的情境，引导学生从情境中发现问题，应用多学科知识设计解决方案，通过实践验证方案的可行性，在这一动态的探究、创新过程中实现预设的教育目标。相比于传统的教与学的讲授式课程教案，优质的 STEM 教育的教师教案，更像是一个开放式问题的活动组织方案，并没有固定的教育内容，而是随着学生的想象力不断变化和发展。多媒体资源也更多是承担着搭建情境、为学生补充必要的知识和引导的作用。

学生的任务单承载着记录学生的思考和探究过程的主要任务，内容上更多以留白的形式出现。除了学生对于已有科技的记录需要保证准确性外，任务单更多只负责引导探究和创新的基本流程，而对流程中学生自己的创意不加限制。

动手材料包作为学生开展 STEM 教育项目必要的硬件支撑，一方面需要丰富多样，满足学生天马行空的创意需求；另一方面又受到资金或者管理的限制，并不能随时补齐各种耗材和硬件。这就要求学生必须要在有限的条件下进行活动。增加了材料的类型和数量的限制，使学生的活动更考验学生的逆商，对培养学生的成本意识也有独特的意义。

随着数字化技术的发展，越来越多的教育资源转为数字化资源。STEM 教育资源的数字化转型也在进行中，未来更多的 STEM 资源库将会上线。

（三）STEM 教育资源的分类

根据使用单位的不同，STEM 教育资源可以分成校内和校外两个部分。

校内 STEM 教育资源主要有学科实践、课后社团、校园科技节等。

学科实践以实验课的形式开展，一般由一个或多个学科教师教研开发，占用学科课时实施。学科实践的目的是完成课标中对于综合实践的相关要求，培养学生的学科核心素养，帮助学生从真实问题出发，以学科知识解决真实问题。

课后社团课程以校本课程及课后延时服务课程为主，包含两个核心功能，一是以科学普及为主，激发学生的好奇心，启蒙学生的科学思维；二是通过项目式学习让学生基于真实问题，自己设计解决方案，并逐步开始发现、探究、实施和验证的过程，最终形成自己的成果。课后社团以这些方式，培养学生的创新思维和能力，寻找未来的科学家和工程师。

校园科技节是一种全校性质的科普活动，一般设有多个科学项目，包括科普表演、科学制作、科技成果展演等，一年实施一次。科技节更重体验而轻教学，通过活动激发学生学习科学的兴趣，使学生认识各种科学的应用。

校外 STEM 教育资源主要有科技类培训，冬、夏令营，家庭教育等。

科技类培训包含机器人、编程、创客等培训内容，以校外培训机构为主体。在"双减"政策下，科技类培训市场发展越发健全，越来越多的校外科技培训课程也以课后延时服务的形式进入学校。与校内 STEM 教育资源更侧重知识和方法的培养不同，校外培训的课程则更倾向于技术本身，培训目的也更倾向于满足科技类赛事的需求。

冬、夏令营是在假期的集体教育活动，包括文化旅行、自然教育、赛事集训等不同的类型，教育资源也有所不同。一般的冬、夏令营都会开发一些主题型的活动课程，在三到五天的时间内完成一个复杂的主题任务，从而帮助学生形成完整的体验，建立更系统的认识。

家庭教育是校外教育中的重要部分。不管是阅读科普读物，还是观赏科普电影，或者是亲子一同完成科技制作等都是家庭教育的重要方式。这些内容一般都不会限定在单一学科中，更能体现 STEM 教育的特点。

（四）STEM 教育资源的开发流程

由于 STEM 教育中固定内容的课程设计无法满足学生天马行空的想象力，因此 STEM 教育资源的开发，更像是开发一套有着标准流程，但自由度非常高的活动方案，而非标准的教材和说明书。STEM 教育资源的开发流程包括项目立项、需求调研、课程开发、课程试课和课程推广。

第一，项目立项。在资源开发之初，需要对项目进行立项，明确资源开发的意义和目标，明确开发的流程、阶段任务、预期成果及配套的支持条件。项目立项的重中之重是确定开发的教育资源属于哪种类型的活动课程、预计时长、适用对象及课程名称。

第二，需求调研。在确定了预期的目标后，需要对课程的主题和内容进行进一步的调研，其中学生现有能力的学情分析决定了课程实施的基础，而学生各学科的核心素养要求则决定了课程实施的最终目标。此外，还需要对学生的兴趣爱好、上课时间等进行调研，方便为后续课程内容的设计提供支持。

第三，课程开发。STEM 教育课程的实施一般包括一日活动、项目探究和主题式课程等，在活动设计中主要表现为活动的深度与广度的差别。

深度的活动需要有更连贯系统的课程内容支持，课程开发时需要把课程分成串联起来的各个子活动，每个活动都有对应的教学设计，保证学生参与全部子活动后，才能完成体系化的培养。深度的活动又包括科学探究和科技创新两个方向。科学探究课程需要满足"发现问题—搜集证据—提出假设—实验验证—形成结论—总结评估"的基本流程。科技创新课程需要满足"发现问题—提出解决方案—确定关键技术—制作原型—原型测试—评估作品"的流程。其中发现问题为两个课程共有的，都需要教师搭建情境，引导学生发现情境中的问题。两者不同的是：科学探究需要学生发现科学问题，找到问题背后的科学原理；科技创新需要学生发现技术问题，找到关键技术和解决方案来解决问题。搜集证据和确定关键技术都是需要学生自行寻找资料，教师可以提供方向性的引导或提供资料库供学生查询。此外，科学探究需要学生设计实验来验证科学原理,科技创新需要学生制作作品来解决问题,教师在课程中为学生提供技术指导和物料支持即可,并不需要去限制作品的制作过程。教师更重要的工作体现在对学生结论和作品的评估中,教师需要根据预设的教育目标和问题的解决情况对学生的成果进行评估,引导学生进行下一步的探究和创新。

广度的活动则更侧重于科普的效果,活动的设计重点在于体验性与趣味性。相比科学知识的学习和技术的掌握,引发学生的好奇心和想象力是更重要的目标,如果学生因此产生了进行深度学习的意愿就满足了预期目的。所以广度活动更多是以参观体验、科普表演、简单的科学实验和科技制作为主,单个项目的时长不超过 1 课时,可以用数量众多的项目延展活动的广度,为学生带来一种大开眼界的体验。广度活动的设计相比深度活动需要进行精简,只保留其中最有趣的探究和制作部分,可以由教师给出固定的流程,让学生充分观察,最后也可以设计评比环节,激发学生的参与热情。

第四,课程试课。在课程开发完成后,教师需要进行试课,观察实施过程中出现的各种问题后回归课程开发环节,针对性地解决出现的问题后再次试课,直到课程能够实现预期的教育目标。

第五,课程推广。通过试课的课程就可以进入推广阶段了,通过示范课和数字平台等方式进行推广,将先进的经验传递给其他的教师,实现共同的成长,这对我国 STEM 教育发展具有极大的推动作用。

附:STEM 活动课程设计表

课程名称:		
小组成员:		
一、课程形式		
□一日活动	□项目探究	□主题式课程
活动人群: □ 小学生	□ 初中生	□ 高中生
二、课程目标(融合科学、技术、工程、数学几方面的目标)		

续表

三、学科关联(思维导图)

四、学情分析

五、重难点分析
1. 教学重点:
2. 教学难点:
3. 应对方案:

六、活动简介
1. 活动一:
2. 活动二:
3. 活动三:
4. 活动四:

续表

七、实施方案						
活动一：						
人员		时间		场地		
任务						
目的						
方法和活动流程						
资源				成本		
活动二：						
人员		时间		场地		
任务						
目的						
方法和活动流程						
资源				成本		
活动三：						
人员		时间		场地		
任务						
目的						
方法和活动流程						
资源				成本		
活动四：						
人员		时间		场地		
任务						
目的						
方法和活动流程						
资源				成本		

续表

八、教学评价(请自行设计评价量表)
过程性评价:
作品评价:
核心素养评价:

第五章
STEM 教育的
教学设计与实施

《义务教育课程方案(2022年版)》提出义务教育课程要"注重与学生经验、社会生活的联系""注重培养学生在真实情境中综合运用知识解决问题的能力。开展跨学科主题教学,强化课程协同育人功能"。新课标还明确要求"各门课程用不少于10%的课时设计跨学科主题学习"。新课标跨学科主题学习的提出,进一步明确了跨学科育人的价值和地位,使其成为核心素养培育的必要途径,成为新课标修订时大家关注的热点。在新时代背景下,跨学科主题学习该如何开展,这是摆在教育者面前的重要课题。

STEM 教育属于科学与工程实践领域的跨学科主题学习。在教学层面,尽管国家通过课标将跨学科教学作为培养核心素养的必要途径,但由于学科本位的思想限制,目前学校教师在实施 STEM 教学时,出现了很多问题。例如,难以统筹设计学科交叉的课堂教学;难以在 STEM 活动中促使学生理解、应用所学知识,持续深入学习;难以通过评价促进教与学,将复杂抽象的素养目标具化为可操作、可测量的评价任务。这些问题无疑使 STEM 育人价值大打折扣。本章内容将围绕STEM 教育的教学设计与实施,聚焦这些难题展开论述。

一、 任务驱动下的 STEM 活动设计

STEM 教育属于科学与工程实践领域的跨学科主题学习,在多学科协同设计学习活动方面,与跨学科主题学习面临同样的挑战。有学者提出,部分跨学科活动学科之间联系牵强,缺少深入的融合和有效的跨界。[①] 在调研中,学校教师也多次提出这样的困惑,如"各个学科如何自然地形成一个整体""学科之间融合深度不够""如何做到学科内容、方式和资源的有效整合"。教师对本学科的活动设计比较熟悉,但是对其他学科的活动设计比较陌生,当为了解决一个问题或者完成一个任务,多学科交织在一起时,活动设计的思路容易混乱。有的教师过于关注自己学科内知识的掌握,学科与问题解决的联系比较牵强,忽视了 STEM 问题解决的初衷,导致为了跨学科而跨学科的尴尬局面。

由此看来,学科之间该如何进行整合,从而达成培养学生核心素养的目的,成了大家需要破解的难题。

(一)促进学科整合的 STEM 活动设计

STEM 活动倡导真实情境下的问题解决。真实情境问题解决的学习能使学习者

---

① 孟璨:《跨学科主题学习的何为与可为》,载《基础教育课程》,2022(11)。

像从业者或专家一样进行有意义、有目的的活动，并能够把获得的知识和经验有效迁移到解决社会生活问题中去。① 问题一般由三个基本成分构成：已知条件、目标和解决办法。解决真实的情境问题所需的条件往往是含糊不清或模棱两可的，使人难以直接清楚地认识到。问题解决的目标缺少限定，解决的方法也受情境制约。学生在初次面对这样的问题时，会被它的趣味性和挑战性所吸引。但是简单的思考并不能很好地解决这类问题，学生需要运用多学科知识，调用综合能力，投入情感和意志，持续努力才能解决，这就为学生的核心素养发展提供了环境和机会。面向真实情境问题解决的 STEM 活动设计，侧重在某一主题领域中创设真实情境，用有趣和有挑战的真实问题来驱动不同学科相互协作。在这种模式下，跨学科不以"跨"为目的，学科间不是简单的叠加，而是为了解决真实情境问题联系在一起，这就避免了跨学科的浅表化问题。

STEM 活动呈现的样态复杂且多样，关于学科之间该如何融合的研究比较多。较为广泛的提法是，依据学科领域之间的分离和整合程度，将学科整合的不同实施方式组织成连续统一体。例如，雅克布斯（Jacbos）将其分为六种方式：学科本位、平行学科、多学科整合、跨学科整合、统整日、完全课程。从前到后，课程整合性越来越高，实施难度也越来越大。② 杨明全教授也提出类似的整合方式，根据课程综合化的水平，将综合课程划分为：基于学科的综合课程、学科拼合的综合课程、学科互补的综合课程、学科融合的综合课程、综合经验课程。③ 这些融合方式为教师开展跨学科实践提供了理论参考。当前跨学科主题学习倡导将真实情境问题解决作为联系多学科、培养学生核心素养的重要途径。以上实施方式重在讨论学科间关联的方式，但鲜有文献详细论述如何将学科整合与 STEM 真实情境问题解决的过程结合在一起。因此，本书将已有实施方式与真实情境问题解决结合，在已有基础上改进、调整，发挥帮助教师开展 STEM 活动的实效。

指向真实情境问题解决的 STEM 跨学科设计方式，借鉴学科整合的取向，以不同方式组合起来，形成连续统一体。如图 5-1 所示，轴线按照学科整合的取向，分别呈现单学科、平行学科、学科协同和超学科这四种方式。四种方式从左到右，学科整合的程度越来越高。单学科在本书不做讨论，其他三种方式尽管存在差异，但

---

① 蔡亚萍：《基于真实情境问题解决的教学设计》，载《电化教育研究》，2011(6)。
② 徐晨盈：《雅克布斯跨学科课程整合思想研究》，硕士学位论文，华东师范大学，2019。
③ 杨明全：《课程论》，3 页，北京，中国人民大学出版社，2016。

没有优劣之分，可供学校在不同条件下选择使用。三种方式将某一主题下的真实情境问题作为组织中心，引导学生在真实情境问题解决的过程中，持续深入地探究学习，加强学生对学科和跨学科概念地理解和运用，达到培养学生核心素养的目的。

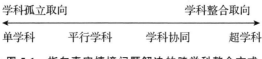

图 5-1　指向真实情境问题解决的跨学科整合方式

1. 平行学科

平行学科是指相关的内容同时在两个或者更多学科中被呈现。这种方式常常被称为"拼盘式"多学科，有着明显的学科界限，按照学科逻辑组织教学的倾向性较强。各个学科围绕某一个主题，从各自学科出发与该主题建立联系，设计教学活动，进行深入探讨。这样的组织方式可以让教师与学生深入探讨单一事件所呈现的多面性，进而产生更宏观、更客观的理解。[1] 在实施过程中，教师并不特意为学生建立学科之间的关联，而是交由学生自己来建立，这也常常为学者所诟病。

平行学科如果指向真实情境问题的解决该如何设计呢？从真实情境的解决逻辑来看，有的问题解决需要先从不同的角度去分析，形成各自的阶段性解决方案后再汇总不同角度的信息，形成综合性的解决方案。这种总—分—总的问题解决思路和学科结合以后，形成了新的平行学科设计方式，即各学科依旧从各自角度剖析主题的某一个侧面，建立与社会、生活之间的联系，形成要解决的真实问题或设计要完成的子任务，并开展教学活动(见图 5-2)。但在最后的展示交流环节，建议设计一个或者多个促进学科之间建立联系的任务或活动。

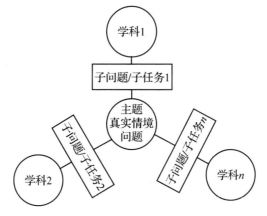

图 5-2　面向真实问题解决的平行学科实施方式

① ［美］James A. Beane：《课程统整》，9 页，上海，华东师范大学出版社，2003。

以"非物质文化遗产传承"①主题为例，在"作为中学生，我们可以怎么保护和传承非物质文化遗产"的问题驱动下，语文学科讲授非物质文化遗产的内容和人物事迹；历史学科让学生了解非物质文化遗产在中国的起源与发展历史；地理学科从自然环境、人口迁移的角度分析非物质文化遗产的空间分布特征和演进过程；信息技术学科设计非物质文化遗产传承的主题网站；劳动学科制作非物质文化遗产的作品。最后的展示环节，学生综合应用所学内容，合作建立一个非物质文化遗产的主题网站，让更多人了解中国的非物质文化遗产，加入保护非物质文化遗产的队伍中来(见表 5-1)。

表 5-1 "非物质文化遗产传承"主题活动设计

驱动问题：作为中学生，我们可以怎么保护和传承非物质文化遗产？	
子任务	参与学科
学习非物质文化遗产的内容和人物事迹	语文
了解非物质文化遗产在中国的起源与发展历史	历史
从自然环境、人口迁移的角度分析非物质文化遗产的空间分布特征和演进过程	地理
设计非物质文化遗产传承的主题网站	信息科技
制作非物质文化遗产的作品	劳动
综合应用所学内容，合作建立一个非物质文化遗产的主题网站	综合应用

2. 学科协同

学科协同设计方式将各科目仍保留为独立学科，但各科目教学内容的安排注重相互联系。② 教师先给学生提供一个与社会生活经验相联系的情境，使学生有一定能力去处理在情境中产生的问题，产生对解决问题的思考和假设，对解决问题的假设加以整理和排列，通过应用来检验这些假设。将问题解决的过程和学科结合起来，如图 5-3 所示，学科协同设计方式在真实情境问题的驱动下，引导学生分析问题解决或完成任务的逻辑，将真实情境问题分解为需要依次探究的多个问题或子任务。每一个子问题的解决或子任务的完成需要应用一个学科或多个学科的知识与技能，子问题解决或子任务完成的顺序决定了学科课时安排的先后顺序。这样的实施

---

① 本案例设计者为北京市海淀区教师进修学校附属实验学校王玲教师。

② Herschbach D. R. ，"The stem initiative：Constraints and challenges，"*Journal of Stem Teacher Education*，2011(1).

方式，既可以应用在以某一学科为主的跨学科课程中，也可以应用在多学科共同参与的综合实践活动中。

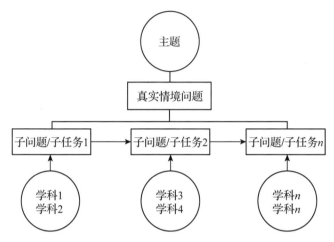

图 5-3　指向真实问题解决的学科协同实施方式

　　某学校以生物学科为主，开发了"太空育种"①主题活动。太空植物的种子是普通种子经过太空失重、缺氧、强辐射等特殊环境处理后，再由多次筛选所得。在导引课上，教师以学生提出的"太空菜—地球菜，谁更胜一筹？"这个问题为真实情境问题。在问题驱动下，师生将航黄樱 2 号与普通黄樱桃对照，航椒 S328 与普通螺丝椒对照，经历播种、萌发、育苗、定植、维护、保养、收获的劳动实践的完整过程，学习植物种植的相关知识和技能。在劳动过程中，运用生物、化学、数学、信息技术、美术等知识，对植物的种子、生长过程、果实等多个要素进行观察、比较、分析、总结，并及时发现、分析、解决过程中出现的问题，树立科学生命观，培养科学思维和科学探究能力，形成劳动最光荣、珍惜劳动成果、不怕苦不怕累的劳动观念、品质和精神(见表 5-2)。

表 5-2　"太空育种"主题活动设计

驱动问题：太空菜—地球菜，谁更胜一筹？			
活动阶段	子问题	教学活动	参与学科
播种萌发	太空种子与普通种子形态和发芽率差异大吗？	调研学生对太空菜和地球菜的前概念；观察太空种子和地面种子的差异，对比发芽率和发芽所需时间	劳动 生物

———————

① 本案例设计者为北京市大成学校闫瑞辉教师。

续表

育苗定植	太空蔬菜和普通蔬菜的幼苗及生长过程有明显差异吗?	观察、记录、比较植物幼苗生长状况、准备育苗装置、分组定植	劳动 生物
维护保养	航黄樱 2 号和普通黄樱桃、航椒 S328 和普通螺丝椒的生长过程中的差异有哪些?	使用游标卡尺、叶绿素仪等多种工具监测植物生长;用摄影、绘画、测量等形式科学记录成长过程;对比分析太空菜与地球菜的生长过程,分析原因	生物 劳动 美术
收获总结	它们的果实有没有差异呢?综合分析太空菜—地球菜谁更胜一筹。	对比测量果实重量、尺寸、口感,完成太空菜—地球菜的评比鉴定报告	生物 化学 数学

3. 超学科

超学科是指在不受学科限制的情况下,由教师和学生合作认定重要的主题,进而围绕着主题开展探究活动,在活动推进过程中可完全打破学科界限。[①] 如图 5-4 所示,超学科实施方式是指在面向真实情境的问题时,需要紧紧围绕要解决的真实情境问题,以及活动过程中发现的新的子问题、子任务去开展教学。在这个过程中,师生不拘泥于学科,学科隐含其中,成为解决问题、完成任务的资源和工具。

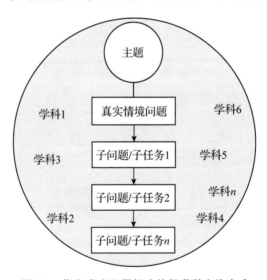

图 5-4　指向真实问题解决的超学科实施方式

——————————

① ［美］James A. Beane:《课程统整》,9 页,上海,华东师范大学出版社,2003。

以"智慧城市"①主题活动为例，教师为学生设计了一场为期两天的创客马拉松活动(见表 5-3)。教师抛出"智慧城市"的主题，让学生去自主发现问题，最终完成两个作品：一个是"智慧城市"项目研究报告 PPT，另一个是利用激光切割机和电子元件搭建场景模型。在最后答辩时，学生要演示模型的功能，并介绍模型要解决的问题、工作原理、创新点、活动过程中遇到的困难、收获与体验。这样的活动将课堂变成设计室、实验室、采买区和工程部，每个学生都要扮演一个或者多个角色。为了完成最后的作品，学生经历了发现问题—明确问题—技能学习—设计制作—测试优化—展示交流的过程。在这个过程中，各个学科之间没有明晰的界限，而是融入问题解决的过程中。这样的方式让学生走出课堂，走向生活和社会，发现社会和生活中的问题并积极投入解决，切实培养了学生的协作沟通、创新实践、展示表达、项目管理多方面的能力，无形中也培养了学生的责任感。

表 5-3 "智慧城市"主题活动教学过程

驱动问题：在城市生活中，你遇到了哪些困扰？这些问题该如何解决？			
活动阶段	子问题	教学活动	学科
发现问题 明确问题	你身边有哪些困扰你的问题？这些问题可以用技术手段来解决吗？	学生通过观察、访谈、查阅资料等方式发现与明确问题	通用技术 物理 生物 信息技术 数学 ……
技能学习	我可以用到哪些材料和工具？	学生学习激光切割软件、电子元件使用方法	
设计制作	作品包括哪几部分？ 我完成作品的步骤是什么？ 小组人员该如何分工和协作？ 我们小组的工作计划是什么？	学生以小组为单位，进行分工协作、讨论，画设计图、制作模型和 PPT	
测试优化 展示交流	作品是否可以达到活动要求，解决面临的问题？ 如何更好地呈现作品和表达自己对智慧城市的理解？	对科技作品进行测试、优化 分组汇报所得的研究报告、演示功能模型	

4. 三种方式的对比分析

对比平行学科、学科协同和超学科这三种方式，平行学科方式整合程度较弱，在主要遵循学科逻辑的基础上兼顾问题解决逻辑，学生通过问题解决来学习和运用

---

① 本案例设计者为北京市第十二中学何文轶、张明尧、王新慧、逄欣。

学科知识、技能、方法、思想；学科协同方式整合程度适中，与平行学科实施方式相比，各学科虽然仍有明晰的界限，但各个学科不是各自为政，而是在问题、任务驱动下，协同开展教学，方便各学科教师独立和协同指导学生；超学科方式的整合程度最高，完全遵循问题解决的逻辑开展活动，学科则隐含在活动的过程中，成为问题解决的工具和资源（见表 5-4）。当然，跨学科实施呈现的样态比较丰富，这三种仅仅是比较典型的实施方式，并不能够覆盖所有的实施方式。教师既可以选择其中的一种方式，也可以叠加使用多种方式，还可以创造出新的方式。

表 5-4　STEM 跨学科三种实施方式的对比分析

对比维度	平行学科	学科协同	超学科
整合程度	较弱	适中	完全
活动逻辑	兼顾问题解决和学科逻辑，主要遵循学科逻辑	兼顾问题解决和学科逻辑，主要遵循问题解决逻辑	完全遵循问题解决逻辑
学科作用	通过问题解决，学习和运用学科知识、技能、方法、思想	注重运用学科知识、技能、方法、思想解决问题	学科隐含在问题解决过程中，成为工具和资源

STEM 教学中的学科整合是基于学科的主动跨界，既帮助学生加深对学科知识与方法的理解和应用，又引导学生以整体的视角发现问题，通过观察、思考、创造、表达等方式积极应对生活和世界中的复杂问题。跨学科主题学习的提出，反映了我国在立德树人根本任务指引下，学校课程综合化和实践化的改革方向，兼顾分科与综合育人的价值。对跨学科主题学习方式的梳理和分析，旨在探寻有益、有效的课程实践，帮助教师在复杂的跨学科实践中找到方位与方向，促使学生将所学的知识与技能等真正转化为"带得走"的核心素养。

（二）任务驱动下的 STEM 活动设计一般路径

1. 选择 STEM 活动的整合方式

从学科整合的角度来看，STEM 活动分为平行学科、学科协同和超学科这三种学科整合的设计方式。从问题解决的角度来分析，STEM 活动主要包含探究类、设计类和综合类三种类型的问题解决过程。教师在设计活动的初始阶段，如果能综合考虑 STEM 活动分别处于这两个维度下的什么位置，就能更好地勾勒出 STEM 教学推进的整体思路。

某学校依托"智慧农业科普课程基地"，引导学生在劳动中发现、分析和解决真实问题，将农业生产劳动和科学探究相结合，持续开展 STEM 活动。"太空航椒

S328 喜欢什么形态的氮来源?"①主题活动的设计初衷,是引导学生在学习完"生物与环境"这一单元后,继续应用所学,深入研究"不同氮来源对植物生长的影响"。从这个题目不难看出,这是一个探究类的项目,需要经历探究的一般过程,验证植物对哪一种形态的氮吸收利用率较高,以便为航椒合理施用氮肥和增产提供科学依据。同时这是一个以科学为主的跨学科实践活动,过程中需要数学、信息科技、劳动等学科的支持。在综合分析以上内容后,教师在表 5-5 中对应的位置标记,明确设计活动的基本思路。

表 5-5 "太空航椒 S328 喜欢什么形态的氮来源?"主题活动学科整合方式表

	探究类	设计类	综合类
平行学科			
学科协同	√		
超学科			

2. 分析问题解决的问题链

在明确 STEM 活动的基本思路后,教师要选择解决问题的方式。过往的经验告诉我们,教师如果跳过这一步骤,直接设计各学科的活动,容易出现这样的问题:教师惯于从本学科角度来设计活动,往往会忽略学科活动对问题解决有什么贡献,学科与问题解决的联系会比较牵强,可能将背离 STEM 教学问题解决的初衷,导致为了跨学科而跨学科的尴尬局面。因此,将整个活动的驱动问题分解为问题链和任务链尤为重要。

"太空航椒 S328 喜欢什么形态的氮来源?"在问题的驱动下,按照探究类问题解决的一般过程,分解为以下子问题:"氮元素对植物生长的作用是什么""植物的氮来源有哪些""如何进行无土栽培"。这三个问题是为了让学生了解氮元素和氮元素在自然界中的形态。之后的问题,则是引导学生设计探究方案,多视角观察、对比在无氮、无机氮、动物蛋白、植物蛋白营养液条件下,航椒的生长过程的差异,思考差异的原因,进而分析出航椒 S328 最喜欢什么形态的氮来源。整个问题链参见图 5-5。

---

① 本案例设计者为北京市大成学校董星亚、陈秀梅。

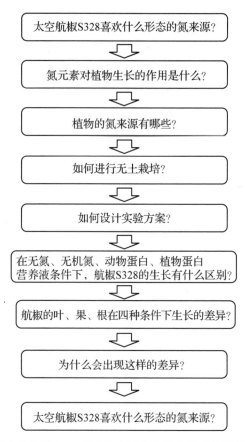

图 5-5 "太空航椒 S328 喜欢什么形态的氮来源?"主题活动问题链

3. 设计支持问题解决的学科教学活动

从问题解决的角度分析问题链,是为了更好地设计各学科教学活动。在各项子问题或子任务的驱动下,每一个参与的学科,均从课标出发,力图在活动中激发学生兴趣,引导学生积极思考、投入实践、应用所学去解决问题。这些教学活动的关系或分别并行开展,或协同顺序开展,或相互融合不分彼此。为了活动设计具有可操作,学情分析是关键的一环。在开发的过程中,有的教师设计的活动逻辑性很强、结构很清晰,但分析活动开展的过程,就会发现这样的活动并没有针对自己所在班的学生,好像哪个学段的学生都适用,活动设计空洞而不具有操作性。有的教师则忽略了学生的知识、能力水平,将活动设计得过难或过易,课时设计也不合理。

"太空航椒 S328 喜欢什么形态的氮来源?"主题活动的学情分析从已有基础、困难点和发展点三个角度来进行。已有基础:五年级的学生可以通过书籍、互联网等多种渠道查阅资料。学生可以通过探索、实践、团队交流，对问题形成独到见解，而且有一部分学生参加过种植课学习，对植物生长需要的条件有一定了解。困难点：欠缺对资料整理归纳、总结提炼的能力；分析问题、解决问题有自己的想法，但考虑不全面且不善于表达；参与种植劳动的时间少，接触测量仪器的时间短，还无法做到灵活使用。发展点：应用控制变量法开展实验探究，根据证据进行推理、分析，进而发展理性思维和科学态度。

基于真实问题和学情，针对"太空航椒 S328 喜欢什么样的氮来源?"主题，各学科教师为了帮助学生回答问题链，设计了如下活动(见表 5-6)。活动共分为 11 课时，第 1、第 2 课时学生学习氮元素对植物生长的影响，通过网络检索核心概念，并在教师指导下学习氮营养对植物生长的作用及育苗；第 3、第 4 课时学生调查自然界中氮来源的方式，模拟氮来源方式设计试验方案，配置水培试验、定植植物；第 5～9 课时学生记录不同氮来源对植物生长的影响，使用测量工具，以画画的形式，对航椒 S328 的茎高、茎粗、叶片数、开花数、果实的重量进行记录，发现不同氮来源对植物生长的影响；第 10 课时学生以主题研究汇报形式进行结果展示，通过柱状图、科学画、观察笔记来分析航椒 S328 在四种条件下生长的差别；第 11 课时学生通过根的状态来分析差别出现的原因，并得出结论：航椒 S328 更适宜在无机氮营养液中生长。

表 5-6　问题驱动下的各学科教学活动设计

驱动问题：太空航椒 S328，喜欢什么形态的氮来源?				
活动阶段	子问题	教学活动	学科	课时
了解氮元素	氮元素对植物生长的作用是什么?	网络检索，教师指导，学习氮营养对植物生长的作用	科学	
播种育苗	如何进行无土栽培?	了解无土栽培的装置，学习配置营养液； 把航椒种子种在基质中	科学 劳动	2
分组定植	植物的氮来源有哪些?如何设计实验方案?	调查自然界中氮来源的方式； 模拟氮来源方式，设计(无氮、无机氮、动物蛋白、植物蛋白营养液)试验方案，定植航椒	科学 劳动	2

续表

维护生长	在无氮、无机氮、动物蛋白、植物蛋白营养液条件下，航椒 S328 的生长有什么区别？	运用绘画、测量、观察等方式，比较四组植物生长过程；制订计划，维护植物生长	科学 劳动 美术	5
成熟收获	航椒的叶、果、根在四种条件下生长中的差异？	小组汇报不同氮来源航椒的生长状态；横向、纵向对比分析不同条件下航椒生长的差异	科学 劳动 数学	1
分析反思	为什么会出现这样的差异？太空航椒 S328 喜欢什么形态的氮来源？	通过根的状态，来分析原因，得出结论：航椒 S328 更适宜在无机氮营养液中生长；迁移应用所学解释生活现象	科学	1

4. 设计支持学生学习的层次性的支架系统

STEM 教学结合学生的认知需要，为学生提供了丰富的学习机会。为了能够促进学生学习，除了活动的设计，还需要有支架系统，包括学习单、全班讨论与分享和教师引导。三者在活动过程中，发挥着不同的作用。STEM 教学将三者有机整合在一起，形成有层次的支架系统。通过学习单和教师引导，学生有机会建构对知识的丰富理解。除此之外，课堂还提供了一个丰富的社会环境。小组讨论和全班的讨论与分享为学生提供了一系列机会去表达、批判和精练想法。[①] 因此，在这样一个环境中学习是一个个人和社会建构的过程。

(1)学习单

STEM 活动的学习发生在很多层面，既有学生个人的学习，又有小组讨论和全班展示与分享。学习单主要用于个人学习。学习单在每个活动环节都提供了认知和元认知方面的提示。认知方面，学习单帮助学生将所学知识和设计活动联系起来，为学生提供指导，帮助学生推理、将想法付诸实践、运用科学知识提出和评价方案等。元认知方面，学习单帮助学生联系活动的各个阶段，提示学生参考与活动环节相关的其他环节，建立对设计活动的整体理解。

---

① Puntambekar S. & Kolodner J. L. , " Distributed Scaffolding: Helping Students Learn in a 'Learning by Design' Environment," *Proceedings International Conference of the Learning Sciences* , 1998(98).

　　学习单对学生的辅助体现在三个层面上。宏观层面，学习单在设计活动的主要阶段提供辅助；微观层面，学习单的辅助涉及活动的每个环节；元认知层面，体现在活动环节之间的连接上(见表5-7)。

表5-7　作品说明书的学习单

辅助的层面	提示的类型	样例
宏观层面	提示学生每个阶段的总体目标	一个说明书应该注重解决问题需要满足什么要求，而不是考虑如何解决问题
微观层面	每个阶段的子任务，提示学生推理、预测、关注作品功能等	需要考虑以下事情： 这个设备或装置的功能是什么？ 谁会使用它？ 在什么场合会使用到它？ 需要考虑其他的限制条件吗？
元认知层面	帮助学生关联一个特殊的阶段与活动到设计挑战中，帮助学生看到设计过程的循环性和关联性	在写说明书的时候，可能需要参考研究笔记

　　学习单与活动的各个阶段融合在一起，在活动的各个环节为学生提供帮助。表5-8表示各个阶段应该使用哪些学习单。

表5-8　活动的各个阶段设计的学习单

活动的各个阶段	学习单	对学生的辅助作用
理解挑战	白板、作品说明书、问题理解	帮助学生明确设计的功能、现有的条件、要解决的问题、最初的想法
设计调查、实施调查、分析结果	我的实验	帮助学生设计、实施实验，进行数据分析，得出结论
展示与分享	海报会议、一般规律	帮助学生说明调查的程序及总结一般规律
计划设计	模型设计、模型尺寸	帮助学生运用一般规律完成设计
展示与分享	海报会议	帮助学生设计与评判他们的想法
建模和检验	模型完成结果	提示学生实施设计、解释测试结果
展示与分享	走廊漫步总结	帮助学生总结作品的优点和不足，跟同伴和教师学习经验

(2)全班讨论与分享

全班讨论与分享主要在探索与调查、计划设计和测试改进这几个阶段之后进行。当然教师可以根据具体情况和学生的认知需求自行把握分享与交流的时机。其目的是使学生分享、评判想法，允许学生去体会来自其他小组的经验，使教师意识到学生共同的困难。教师通过规律性的全班讨论，鼓励学生使用科学术语，反映、解释他们的设计。全班讨论与分享为学生提供一个社会环境，在这个环境里，学生得到来自教师和其他同伴的启发与引导，提升自身的学习水平①。

(3)教师引导

除了学习单和全班展示与分享可以作为学生的支架，教师的引导也同样重要。教师需要多次提醒学生回看学习单，建立各个阶段之间的联系，以及提醒学生及时记录最新的研究成果。除此之外，教师应该根据学生需要组织班级讨论，将学生无法学习到的知识教授给学生，结合学生的探索与调查，帮助学生深化对知识的理解。教师作为引导者，在整个活动中需要时时把握学生现有水平和学习特点，整合其他两个支架，制定有针对性的教学措施，帮助学生摆脱困境，提升学习效果。

多层次的支架系统致力于为学生提供多层次的辅助，因此，学生有很多机会得到帮助，增强对知识的理解。在一个复杂的 STEM 活动的课堂里，单一形式的支架很难得到学生的认可和提升学习效果。当使用多种支架时，困难可以从多个角度得到解决。学生在学习单的支架中达不到的学习效果，在全班讨论过程中，经过同学启发和教师引导，可能就可以实现。

二、"教—学—评"一致的 STEM 活动

STEM 素养与评价量规作为工具，如何在教学中发挥作用呢？这里从易操作、易推广的评价使用方法当中，结合理论进一步提炼，总结促进"教—学—评"一体化的实施策略。

（一）宏观层面：STEM 活动表现性评价的整体设计

STEM 表现性评价的整体设计采用逆向设计的思路。逆向设计是指在制定活动目标后，先依据目标的思维、能力、情感等目标要求，设计评价工具；在目标与评

---

① Puntambekar S. & Kolodner J. L. , "The Design Diary: Development of a Tool to Support Students Learning Science by Design," *Proceedings International Conference of the Learning Sciences*, 1998(98).

价的指引下，再进行课堂教学(见图5-6)。这样的设计突出表现性评价的作用，充分发挥评价的指导、反馈和调节功能，可以达到促进学生学习的目的。

图5-6　逆向设计结构图

1. 制定 STEM 活动目标

STEM 活动是跨学科活动的一种方式，是将不同学科内容与方法结合起来的综合课程形态。因此，STEM 活动不能脱离学科，需要基于学科进行跨学科整合。在目标方面，也需要考虑将理解与应用重要学科概念作为 STEM 活动的目标之一。制定 STEM 活动目标可以参考各学科课程标准、教材单元内的重要内容等。除了学科方面的目标，教师还需要从跨学科角度分析 STEM 着重培养的综合素养，如批判性思维、工程思维、项目管理、合作共情、展示表达能力等。这些目标的评价不适用于传统的纸笔测试，更适合表现性评价。因此这些目标将成为设计、实施表现性评价的重要依据。教师可以结合具体的主题和学情，分析要达到的能力、思维等方面的目标，为表现性评价提供参考。

2. 设计表现性评价工具

教师在教学之前对照课程目标思考如何开展评估并设计评价工具。对于不同类型的目标，评价工具也应是不同的。结合 STEM 活动实践，表现性评价量规可以分为两种类型。一种是和特定情境、内容联系起来的量规。这种量规适用于某个单独课程。例如，一项 STEM 活动要求设计制作一款可以精确测量日影的圭表模型。这就需要准确说明圭表模型的具体尺寸、功能、适用环境等标准，作为评价学生作品的量规。另一种是一般性的评价量规。这种量规可以评价学生在多个 STEM 活动中的共同表现，如展示表达、信息搜集、探究实验、社会性调查等方面的表现。在明确目标和具体的评价工具之后，教师就可以考虑学生若想达到预期表现，需要哪些方面的知识和技能，需要经历哪些学习过程，进而考虑教学方法、教学顺序、资源材料等。

3. 在课堂教学中设计评估学生表现的证据

在课堂教学中，教师可能产生这样的困惑：STEM 活动涉及的目标和评价内容比较多，活动中的学习任务不断细分也会使评价的内容过多。这些都会导致评价的工作量大，不易操作。一方面，教师可以选择评价重要的内容：结合具体的 STEM 活动和学生情况，选择该门课程着重培养的关键能力，关注学生的重要实践过程，评价重要学科概念与跨学科概念理解程度等。另一方面，教师可以在课堂教学中设计评估学生表现的证据。这些证据分布在教学的各个环节中，并且是具有代表性的作品与学生表现，避免因活动细分带来的评价内容过多的困扰。

证据的形式包括最终作品、阶段性作品和代表性的学生表现。最终作品可以是方案设计、研究报告、作品模型、主题展览等；阶段性作品可以是项目计划、学习单、设计图、小论文等；代表性的学生表现可以是口头报告、小组讨论、小组代表发言、辩论、演讲等。这些证据根据评价和教学的需要分布在教学环节中。

以一项聚焦信息搜集与整理能力的 STEM 活动为例，该活动的目标之一是通过查阅网上资料，初步体验信息的获取、储存、评估、使用的过程，掌握信息搜集能力。如图 5-7 所示，教师根据信息搜集的过程，从获取信息、储存信息、评价信息、使用信息四个层面设计了评价工具，并给出了明确的表现标准。这四项标准集中运用在"探究实践"环节的学习单上，每一项标准都能在学习单上找到与之对应的证据。学生和教师均可以参照评价工具，评价学习单填写的内容是否达到标准，并进行针对性的反馈和提升。

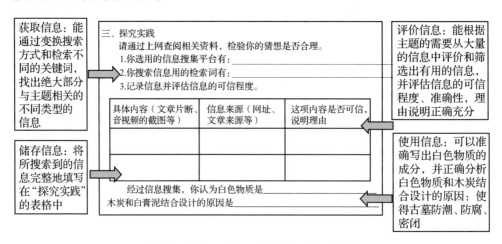

图 5-7　聚焦信息搜集能力的评价证据设计

与传统教学相比，逆向设计更能体现"教—学—评"一致的要求，也让评价融入 STEM 教学，成为连接 STEM 活动目标和课堂教学的桥梁。教师可以根据表现性评价工具，重点关注与学生高阶思维和综合能力相关的重要实践过程，提前判定哪些教学环节或者作品可以成为评价学生表现的证据，评价学生的表现处于哪一个水平，进而及时反馈，促进学生的学习。

（二）微观层面：STEM 活动表现性评价的具体实施

微观层面聚焦 STEM 活动表现性评价的具体实施，即在某一教学环节中师生如何使用评价工具来促进教与学。具体方法包括四个环节：观察学生表现、对比表现差距、分析差距原因、反馈改进措施(见图 5-8)。这四个环节循环往复，螺旋式提高学生表现水平。

图 5-8　聚焦某一教学环节的评价过程

1. 观察学生表现

观察学生表现主要指观察可以证明学生水平的重要证据。上述内容已经做过说明，包括最终作品、阶段性作品和代表性的学生表现，这些表现的观察主体是多元的，可以是同伴、教师、专业人士及学生自己等。

2. 对比表现差距

在观察的基础上，评价主体根据评价量规分析学生处于哪一个水平等级。如果学生表现已经达到标准或超过标准，则可以进入下一个环节；如果学生表现没有达到应有水平，则需要在这个环节重点分析和反馈。除此之外，评价量规的使用应是公开的。从一开始，就让学生知道评价量规的内容，也可以让学生参与评价量规的制定。这可以让学生明确知识和技能掌握的具体要求，明确自己与标准的距离、自己与同伴的差异，逐步将评价标准内化为自己的准则。

3. 分析差距原因

分析学生差距的原因是反馈改进措施的依据，这需要结合具体情况进行分析。例如，学生的设计图没有达到标准，这有可能是学生对设计图的标准不明确，有可能是学生没有理解其中的科学原理，有可能是学生没有充分运用材料特性，也有可能是多种原因的组合。教师、同伴等可以通过观察、询问等方式，深入了解学生没有达到应有标准的原因。

4. 反馈改进措施

在分析学生表现与应有标准的差距和原因后，教师可以有针对性地反馈改进措施：如果学生对标准理解不到位，可以一起与学生再次解读标准；如果学生对某领域知识或者学科知识掌握不到位，可以引导学生通过查阅相关资料解决问题；如果学生不会使用材料、工具或者运用不娴熟，可以示范材料或者工具的用法，并讲解其中的注意事项。反馈改进措施后，教师又需要观察学生新的表现，评估学生表现是否达到评价标准，由此进入新的循环。

在一项 STEM 活动中，学生设计与制作可以精确测量日影的圭表。在课程开始之前，教师会将圭表的评价量规(见表 5-9)发给学生。在设计草图之前，提示学生根据量规进行设计。

表 5-9   圭表模型的评价量规

圭表可以水平放置在水平面上
圭和表相互垂直
圭表可以稳定地放在水平面上
标示圭、表，各部分尺寸，所用材料等
在设计图上画出日影变化的示意图

学生以小组为单位将设计草图画到学习单上，并派一位小组代表上台分享。在这个环节，观察—对比—分析—反馈四个过程具体如表 5-10 所示。

表 5-10   观察—对比—分析—反馈四个过程示例

观察学生表现	教师和全班学生倾听、观察分享者对图纸的介绍
对比表现差距	全班学生依据评价量规，进行评价。发现有的图纸没有正确标识各部分尺寸，有的图纸日影变化示意图没有画准确(图纸上出现了月亮)，有的圭表达不到稳定的要求
分析差距原因	经过进一步追问，发现有的学生没有认真阅读评价标准，有的学生没有理解圭表测量日影的科学原理，有的学生不熟悉材料之间的组合方式
反馈改进措施	在学生之间互相给出建议后，教师选出做得很好的图纸为范例，结合出现的问题进行针对性反馈，并留给学生改进设计图的时间

表现性评价作为一种契合 STEM 活动特点的评价方式，能够促进 STEM 素养的落地。这里主要探讨表现性评价在 STEM 活动中的整体设计与具体实施，根本目的是希望教师可以依据评价工具更准确地掌握学生的认知水平，更明确地给予学

生反馈，更及时地调节自己的教学行为，以达到促进学生学习的目的。

三、"教一学一评"一致的 STEM 活动案例

（一）活动设计背景

近年来，我国人口老龄化的趋势不断加剧，第七次人口普查报告显示，我国 60 岁以上人口数量为 2.64 亿，占总人口比例为 18.7％，其中 65 岁以上的人口为 1.91 亿，占总人口的 13.5％，这个数据相对于上次普查数据，老龄人口同比上涨了 5.44％，越来越多的人开始关注老年人的相关问题。

国家卫生健康委员会编著的《中国伤害状况报告（2019）》显示，摔倒是中国 65 岁以上老年人因伤致死的首位原因。上厕所不小心摔倒，被地面障碍物绊倒，除了身体机能的衰退、基础疾病的影响，楼梯、门槛、昏暗的环境、湿滑的地面等生活环境，也是导致老人摔倒的重要因素。一项发表在《中华流行病学杂志》上的研究调查了 2015 年到 2018 年超过 20 万位摔倒老人的数据，发现老人摔倒有 56.41％发生在家中，17.24％发生在公路或街道，14.36％发生在公共居住场所。2011 年中国卫生部（现卫计委）疾病预防控制局组织编写了《老年人跌倒干预技术指南》，指出研究老年跌倒课题的重要性，列举引起老人跌倒的相关因素，并提出关于防范老人跌倒的建议，教授现场处理老年人跌倒的方法措施等。

但是通过组织开展"关爱身边的老年人"志愿服务实践活动，学生发现居家老人，尤其是"空巢老人"，由于没有家人的看护，在生活起居中都会遇到不小的困难，摔倒的情况时有发生。摔倒后无法被发现并得到及时的救助，才是老年人面对的最大的问题，如果能及时发现并进行正确处理，能很大程度降低摔倒对老年人造成的伤害。

基于此，学生与教师共同确立了"老年人摔倒报警系统的设计与制作"[①]STEM 活动主题，旨在了解老年人的真实需求，为他们设计一款摔倒报警系统，保障老年人的生命安全。

（二）活动教学内容

本活动以"老年人摔倒报警系统的设计与制作"为引领性的主题，将控制的相关内容融入报警系统的设计制作过程中，结合通用技术学科"控制及其设计"单元进行教学，形成了 7 课时的活动设计，如表 5-11 所示。

---

① 本案例设计者为中国人民大学附属中学丰台学校金鑫教师。

表 5-11 "老年人摔倒报警系统的设计与制作"主题活动内容

课题名称	课时数	教学内容
老年人的生活隐患——摔倒问题	1	1. 学生回顾志愿服务经历，发现老年人生活中的隐患——摔倒。 2. 学生查阅并分享老年人摔倒的新闻，总结老年人摔倒的危害及老年人摔倒的处理方法。 3. 引导学生分析老年人摔倒致残、致死的最大原因是无法得到及时的救助，为老年人摔倒报警系统设计做铺垫
救命的稻草——老年人摔倒报警系统	2	1. 学生基于老年人摔倒场景讨论老年人摔倒报警系统所需的功能及系统的控制方法，引出控制的含义。 2. 基于讨论结果，引导学生团队确定老年人摔倒报警系统的初步控制方案。 3. 引导学生从控制系统的基本组成和工作过程两个方面分析老年人摔倒报警系统的控制方案可行性并进行完善优化。 4. 结合学生设计的控制方案讲解控制系统框图的相关内容，并引导学生绘制控制系统框图描述系统的工作过程
老年人摔倒报警系统初实现	2	1. 根据学生团队设计的控制方案，为学生提供所需电子元器件。 2. 引导学生按照传感器、控制器、执行器对电子元器件进行分类，并查阅对应电子元器件的使用方法。 3. 教师基于简单的传感控制系统讲解控制系统的设计流程，并引导学生完成老年人摔倒报警系统的设计与制作。 4. 对作品制作存在困难的小组，教师需辅助完成系统设计制作，并引导学生总结存在的困难及解决方案
老年人摔倒报警系统的干扰探索	1	1. 学生团队展示自己的老年人摔倒报警系统设计方案，教师配合学生讲解进行功能演示并发现问题。 2. 引导学生分析探究作品出现问题的原因，并将分析过程迁移至自己团队的作品分析，引出对干扰因素和干扰作用的概念介绍。 3. 学生讨论减少老年人摔倒报警系统误报警的方法，分析团队设计的老年人摔倒报警系统中存在的干扰因素、造成的影响，并提出系统的抗干扰方案。 4. 学生结合绘制的新系统框图描述介绍系统的抗干扰方案，并展示学生团队的抗干扰方案，引发学生讨论交流，引出抗干扰性的概念和抗干扰的方法，并和学生回顾抗干扰分析的流程

续表

课题名称	课时数	教学内容
老年人摔倒报警系统的优化与展望	1	1. 学生从控制设计的角度分享团队设计的老年人摔倒报警系统的抗干扰方案（系统构成、输入与输出、干扰因素、抗干扰方法），并分享设计、调试、优化的过程和感受。 2. 其他小组学生对分享的控制系统进行综合评价，并提出改进方案。 3. 教师对学生团队的作品进行点评提升。 4. 引导学生展望老年人摔倒报警系统的未来发展

（三）单课时教学内容

"老年人摔倒报警系统的干扰探索"为"老年人摔倒报警系统设计与制作"项目课程第 6 课时的教学内容，同时为通用技术必修二"技术与设计 2"中第四章"控制及其设计"第四节的教学内容。这节课在"控制及其设计"中起着举足轻重的作用，是重点，也是难点，不仅可以使学生对上一节所学的闭环系统中的反馈有更深的认识，而且也为闭环系统的设计与实施打好基础。

"控制系统的干扰"由"典型控制系统实例分析""干扰因素"两部分组成，是学生理解控制系统组成及工作过程的重要内容，也是全面理解控制系统的重点，还是形成干扰与反馈基本思想和方法所需要掌握的核心概念。学生通过控制系统抗干扰分析过程的体验，在知识迁移应用的过程中，提升自主探究和合作学习的能力，以及创新设计、图样表达及物化能力等核心素养。

（四）学生情况分析

学生所处年级是高一。教师与学生关系融洽，对学情比较了解，结合本单元所学的内容，在课前对学生进行了访谈，并从学生的已有基础、学习困难点和发展点三方面，分层次分析学情，为后续的目标、评价和教学的设计打下基础，具体学情分析如表 5-12 所示。

表 5-12　"老年人摔倒报警系统的干扰探索"课题学情分析

已有基础	学生在初中已完成电子电工课程的学习，具备简单电路系统的设计制作能力，还具有一定的生活经验。经过前期的学习，学生学习并掌握了控制系统组成及工作过程的分析方法，学会了绘制系统控制框图，并完成了老年人摔倒报警系统的初步设计

续表

学习困难点	学生在设计过程中对于开环控制和闭环控制的系统控制类型选择缺少思考，未能很好地分析设计的不足，容易出现设计考虑不充分的情况。在设计过程中当遇到无法解决的难题时，容易产生消极的情绪
发展点	经过本节课的学习，学生能经历技术的交流与评价，通过集思广益，发现设计中存在的问题，理解干扰因素对控制系统造成的影响，并通过合作探究，得出控制系统的抗干扰方案，实现对设计的优化与改进

（五）教学目标设计

第一，了解干扰现象的存在，能结合实例分析影响简单控制系统运行的主要干扰因素。

第二，了解闭环控制过程中抗干扰的原理，理解控制系统中反馈环节对提高系统抗干扰能力的作用。

第三，经历作品优化实践探究，感受控制系统抗干扰设计方法，培养应用技术解决问题的意识和能力。

（六）评价量规设计

本节课的教学评价设计了评价量规(见表 5-13)。在教学过程中主要依据学生团队在每个教学环节中技术实践活动的完成情况，结合技术实践活动学习单的填写情况进行综合评价。

表 5-13　"老年人摔倒报警系统的干扰探索"课题评价量规

维度	☆☆☆	☆☆	☆	自评等级
分析干扰因素	在分析老年人预警系统运行过程的基础上，多角度提出干扰因素及其引起的不良后果	在分析老年人预警系统运行过程的基础上，提出干扰因素及其引起的不良后果，但干扰因素分析单一	干扰因素分析不合理或者未能完成干扰因素分析	
提出抗干扰方案	针对报警系统干扰，想出减少误报警的可行方法，并正确绘制出优化后的系统框图	针对报警系统干扰，想出减少误报警的可行方法，但优化后的系统框图有错误	针对报警系统干扰，未能想出减少误报警的方法，或方法不可行	

维度	☆☆☆	☆☆	☆	自评等级
展示与倾听	展示内容准确，自信大方、声音清晰；倾听者认真听取他人的分享，对他人作品提出有建设性的意见	展示内容偶有错误，陈述清晰；倾听者认真听讲，未能提出有建设性的意见	展示内容偏离主题，说话含糊不清；倾听者没有认真听讲	

（七）教学过程分析

1. 情境回顾

教师引导学生回顾老年人摔倒的真实情境："空巢老人"没有得到看护，在生活起居中会遇到不小的困难，摔倒的情况时有发生。摔倒后无法被发现并得到及时的救助，是老年人面对的最大的问题。如果能及时发现并进行正确处理，就能很大程度降低摔倒对老年人造成的伤害。老年人摔倒报警系统的设计与制作旨在了解老年人的真实需求，保障老年人的生命安全。前几节课我们已经完成了老年人摔倒报警系统的初步设计与制作，本节课就对作品进行测试与改进。

设计意图：回顾活动的真实情境，旨在让学生快速进入学习状态，对本节课的教学有更加清晰的认识。

2. 产品推介

教学活动：一组学生设计师团队上台从系统构成、系统工作过程及系统框图三个方面对其设计的老年人摔倒报警系统进行介绍。教师扮演老年人作为产品测试员，配合设计师描述，进行产品功能测试，引导学生发现问题。

设计意图：这种演示和讲解结合的方式，可以进一步拉近学生和教师距离，活跃课堂气氛，同时能更直观发现作品存在的问题，为后续教学开展做铺垫。

3. 新知探究

教学活动：学生分小组讨论，发现在使用"老年人摔倒报警装置"时可能出现的问题，并分析出现问题的原因及问题将引起的不良后果，如表5-14所示。

表 5-14　分析装置出现的问题、原因和不良后果

作品名	使用过程中可能出现的问题	出现问题的原因	引起的不良后果
老年人摔倒报警装置	使用过程中可能会出现误触发报警的情况	装置未绑定牢固 出现大幅度运动动作 操作情况影响	产生异常信号，触发报警，引起不必要的恐慌

在此基础上，学生参照刚刚的系统分析过程，开展技术实践活动一，对自己设计的老年人报警装置进行分析，填写学习单并进行分享。教师引导学生进行归纳总结，引出干扰作用、干扰因素的基本概念。

教师将评价量规进行分解，将最高等级的表述放在学习单上，作为自评提示：在分析老年人预警系统运行过程的基础上，多角度提出干扰因素及其引起的不良后果。学生在提示下填写学习单，同时填写的内容成为评价的证据。教师在填写学习单前应向学生说明要求，在填写学习单后则根据评价量规来指导学生改进设计，如图 5-9 所示。

【技术实践活动一】

自评提示：在分析老年人预警系统运行过程的基础上，多角度提出干扰因素及其引起的不良后果。

根据课堂中作品分析方法，分析自己小组的设计可能存在的问题			
作品名称	使用过程中可能出现的问题	出现问题的原因	引起的不良后果

图 5-9　技术实践活动一的学习单

设计意图：教师通过对学生设计作品的分析，让学生建立控制系统工作会受各种因素影响的观念，找出影响系统运行的主要因素，初步学会分析系统干扰的方法，突破教学重点，自然地引出"干扰"等知识点的概念界定。

4. 技术实践

针对小组作品出现的问题，进一步探究：如何减少老年人摔倒报警装置误报警的情况？学生以小组为单位，分析团队设计的老年人摔倒报警系统中存在的干扰因素及其造成的影响，并提出系统抗干扰的方案。教师则帮助学生完成抗干扰设计，引导学生完成学习单填写(见图 5-10)，绘制系统优化后的系统框图。

【技术实践活动二】

自评提示：针对报错系统干扰，想出减少误报警的可行方法，并正确绘制优化后的系统框图。

利用课堂知识，分析自己设计的控制系统存在的干扰因素，以及系统干扰的优化策略		
作品名称	存在的干扰	抗干扰优化策略
新系统控制框图		

图 5-10　技术实践活动二的学习单

设计意图：教师通过合作探究让学生分析系统可能受到的干扰，提出抗干扰的方法，突破教学重难点。

5. 展示交流

教学活动：教师邀请完成的团队结合作品实物和系统控制框图进行抗干扰方案分享，教师作为测试员配合设计师介绍进行展示试验，并让其他团队进行方案点评。教师对展示交流环节进行点评，对学生活动中的表现提出表扬。

设计意图：团队互助，完善方案分析，解决生成性问题；分享展示，提高学生的成就感，激发学生的设计热情。

6. 课后实践

布置课后技术实践活动：请根据探究环节设计的抗干扰方案，完成作品优化。课后实践可以巩固所学知识，达到学以致用的目的，培养学生的物化能力。

总结反思：本活动引导学生在真实情境问题解决的过程中形成核心素养。在"教—学—评"一致性方面，教师根据教学内容和学情分析设计了适切的教学目标，将评价前置，开展逆向设计。根据目标从三个维度设计了评价量规，并将评价量规分解到教学环节中，将评价的标准巧妙地放置于学习单中，让学生的学习有了方向。教师则将学习单上的内容和学生的表现作为评价的证据，来分析、评估和反馈学生的学习表现。师生以评价作为课堂互动的媒介，实现了以评促教、以评促学，切实解决了评价量规难以操作的难题。

四、 STEM 活动的实施原则和过程

多种学科、领域的交融使得 STEM 活动呈现的样态既丰富又复杂。教师身处其中，需要综合考虑学情、目标、内容、实施、评价、材料、环境等主客观因素，而且活动实施的路径和重点有可能被淹没在琐碎的事务中，因此，教师很容易因为一些细节，失去对活动的整体把控。明晰 STEM 活动的实施原则和实施方式，便于教师厘清 STEM 活动的整体设计思路，明晰某一阶段或者某一个活动在整个活动的位置和作用，更全面地理解和开展 STEM 教学。

（一）STEM 活动的实施原则

1. 用挑战性任务促进深度学习发生

学生只有投入到真实的、有意义的任务和问题中，即模拟专家在真实世界的情境中做事情，才能对学习材料产生自己的理解。为此，开展 STEM 活动要力求引导学生能够体验像专家一样思考和解决问题的过程。与此对应的是，教师需充分发挥组织者和指导者的角色，营造能够促进学生深入思考、全身心投入、持续学习的环境。当 STEM 活动真正地落到课堂中时，不乏一些设计得很好，但上课效果并不理想的课堂样态。究其原因，可能是教师仍然将这节课作为一节知识传授课来上，未给学生留下充分的思考和动手的时间和空间；也可能是创设的情境仅仅为了引出下面的教学内容，并不能真正激发学生的学习兴趣和积极性；还可能是严格按照预设来开课，并不在意学生回答了什么，导致很多值得深入研究的内容被忽略。

2. 使突发性问题成为素养发展契机

真实情境下的问题解决往往会出现难以预料的问题，这是真实问题解决的必经之路，也是培养学生核心素养的重要契机。在解决问题的过程中，发现问题、分析问题与解决问题，有利于进一步激发学生学习的兴趣，促使学生主动运用已有的知识和经验。设计方案—实施方案—测试—再设计的过程，既是一次认知的提升，也是对意志、情感、品格的历练，甚至有可能为学生以后的人生之路埋下珍贵的火种，其中蕴含着深远的教育意义。由于真实问题解决的过程与在课堂上大致预设好的教学或比较常规的实验、制作不同，突发的问题会给课堂带来很多麻烦，会打乱教学节奏，延后教学进度。突发问题如果不能解决该怎么办，这给教师带来了巨大

的挑战。下面提供一些值得借鉴的方法。

第一，教师从权威网站、专业书籍、行业专家等多渠道查阅资料，分析问题产生的原因，学习已有的解决办法。

第二，与社会资源单位合作，请教行业专家。让专家来为教师和学生答疑解惑，在解决问题的同时，还可以让学生感受专业的魅力。

第三，请教有相关经验的家长。让学生将问题带回家，向家长咨询问题解决的方法。这不仅可以帮助学生解决问题，还可以对家庭关系产生积极影响。

第四，协调其他学科教师来进行指导。某些科学问题对技术学科教师可能是个难题，但是对科学教师而言，可能就简单多了。

第五，充分激发学生的主动性，让学生来想办法解决。学生的解决方案有可能不太理想，也有可能具有一些令人惊喜的创意。

（二）STEM 活动的实施过程

1. 探究类真实问题解决的一般过程

有学者将 STEM 的本质总结为基于科学与工程实践的跨学科学习。[①] 这样的说法进一步明确了 STEM 的实施方式，即 STEM 活动常常以科学与工程实践为核心来融合数学、艺术(人文)、技术等其他学科。与此对应的是，STEM 活动的实施过程常以科学探究实验和工程设计作品为主。在课堂中经常看到探究类、设计类、综合类三种类型的 STEM 活动。其中探究类与设计类是 STEM 活动的基本类别，也是 STEM 活动主要的实施方式，这两种类别加以组合形成综合类活动。

很多研究表明，学生仅仅能表述科学研究过程，并不意味着他们能够进行科学思考或具备了富有创造力的研究技能。因此，没有从头至尾经历过科学研究过程的学生，不可能真正理解科学的本质，尤其是科学探究的过程经常是非线性的。一些学校的科学课只是按程序使用实验室，学生只是简单地记录实验结果，也有一些学校的科学课是进行探究式教学或项目式学习。研究显示，当教师开展基于问题的项目和基于探究的实验时，学生不仅能够学到与以讲课为主的教学中同样的内容，还能够获得批判性思维和解决问题的能力。[②] 这里所指的基于问题的项目和基于探究的实验正是本书所倡导的 STEM 探究类活动。探究类活动大概经历以下几个过程。

---

① 朱幼文：《基于科学与工程实践的跨学科探究式学习——科技馆 STEM 教育相关重要概念的探讨》，载《自然科学博物馆研究》，2017(1)。

② ［美］哈兰德：《STEM 项目学生研究手册》，19 页，北京，科学普及出版社，2013。

(1)发现问题

生成研究主题的方法有很多种，包括选择感兴趣的研究点，从网络上、生活中遇到的问题中寻找主题的灵感，或者从实验设备的功能中发现探究方向。

(2)明确问题

当有了初步的研究主题后，要开始不断地向自己提问，让天然的好奇心来引导寻找可行的研究主题。但要注意将问题进一步聚焦，转述成可以被科学测量的问题。比如，哪种水流能促进水藻生长得更快？现在的这个问题就是可以被测量、被验证的。

可以依次问自己几个问题，帮助生成最后的研究项目，如图 5-11 所示。

图 5-11 明确问题的过程①

(3)背景研究

将好的研究主题转化成可操作的研究实验，并不是一个简单的过程。必须花时间进行背景研究来了解要解决的问题，围绕着要研究的对象和要开展的实验，提出一些相关的背景研究问题，并通过网站、科学文献、科学家、学科教师等查找资料，一般要经历信息搜集整理的整个过程(信息搜集、鉴别、储存、处理、使用)。背景研究最好在设计方案之前，当然也有可能出现在任何一个探究环节中。

(4)设计方案

第一，实验假设。假设是一个试探性的(不是最终的和确定的)和可用实验验证的陈述，用来解释一个观察到的现象。假设中要包含三个要素：自变量、因变量、自变量对因变量影响的预测。预测一般包含描述变化的文字，如增加/减少、提高/降低、更多/更少、更快/更慢。

第二，实验材料。列出开展研究所需要的实验材料，包括实验所需要的设备、耗材(实验中将要用掉的物品)、测量工具和仪器，以及所有其他要使用的材料。

第三，实验方法。根据实验假设设计实验组和控制组，确定多久搜集一次数据，以及如何搜集数据。将实验的步骤一一列出，尤其要注意实验设计中无关变量

---

① ［美］哈兰德：《STEM 项目学生研究手册》，19 页，北京，科学普及出版社，2013。

对实验的影响。实验方案的设计是探究类活动的重点和难点，教师可以根据学生的学情，把握方案设计的开放程度。

（5）记录数据

学生可以准备一个实验记录本。记录实验过程、数据、统计结果、图表和结论，记录对实验设计的思考，以及对所有可能搜集到的数据的推断。从这个意义上说，记录本是关于实验进行自我对话的日志。

（6）分析数据

运用数学统计的方法来分析数据，可以通过平均数、众数、中位数、方差、标准差等来分析数据，还可以通过条形图、散点图、折线图、饼图、表格等来认识数据，通过有视觉吸引力的呈现方式来帮助判断实验组和对照组的差异。

（7）得出结论

得出结论的过程，其实就是根据数据进行推理论证的过程，要求学生对数据的差异或意外进行推理、质疑、反思、想象等。具体要思考以下问题：我的数据真实地反映了什么？从数据中还能提出哪些问题？数据如何反映出两个变量之间的关系？数据能支持假设吗（能、不能、部分支持）？如果结论和假设不一致，或者出现了意料之外的情况，还需要学生进一步分析原因或者改进实验。

（8）反思交流

在探究完成之后，建议选择一个公开的场合，组织开展一次展示和交流活动。展示的规模可以是全班，也可以是全校，甚至可以走出学校。这样一种有仪式感的活动，会给学生很大的满足感和信心，为后续的活动开展埋下兴趣的种子。

回顾整个过程，学生在教师的指导与支持下围绕着科学探究任务主动探求和发现知识，学生不但掌握了相关领域的知识，同时体验、理解和应用了科学研究方法，形成了科学思考方法和科学态度。[①] 除了科学探究的主线任务，学生还需要通过信息获取、分析、选择获得某一领域的背景知识，利用数学的统计方法来分析数据，运用分析、推理、想象等思维过程来解释数据，反思实验过程中的不足，解决实验中的意外。

探究类 STEM 活动的学习进阶和教师支持，如表 5-15 所示。

---

① 陈韬：《游戏化探究式学习研究》，硕士学位论文，华东师范大学，2007。

表 5-15　探究类 STEM 活动的学习进阶和教师支持

学习阶段	学习进阶	教师支持	设计意图
发现问题	原有经验未能解释遇到的现象，对问题产生兴趣，想要深入探究	引导学生在某一领域内自主发现问题，再从中筛选可探究的问题	激发学生探究兴趣和主动发现问题的意识
明确问题	分析现有工具和研究对象，将发现的问题转变为可科学测量的问题	提供学习单，帮助学生把问题转化为可科学测量的问题	引导学生把经验问题转变为可以用学科知识解决的问题
背景研究	进一步了解相关的背景知识，对研究对象及可能影响实验的因素进行初步分析	帮助学生检索、储存、辨别、使用各种信息，或提供一些材料供学生分析	这是实验设计能够成功的关键。可根据需要多次进行背景研究
设计方案	通过分析推理，提出假设，并设计探究实验所需的材料、工具、方法	根据学情，自定开放性。可让学生自主设计，再评价完善；也可以和学生一起分析实验对象，通过示范、讲解，启发学生完成方案设计	设计方案是问题解决的设想，需要对实验做通盘考量
记录数据	记录实验过程、数据，记录对实验设计的思考和推断	帮助学生正确使用测量工具，引导学生及时记录自己的思考	在记录数据中学习实验技能，促进学生养成严谨、实事求是的习惯
分析数据	运用统计方法分析数据，通过图表来判断实验组和对照组的差异	帮助学生用数学统计方法来分析数据，找到差异，发现问题	运用数学方法、技术工具等多学科知识来帮助学生分析数据
得出结论	根据数据推理论证假设是否成立，不断追问，分析原因，得出结论	组织全班解释数据，不避讳无法解答的问题。鼓励学生发现新问题	在解释数据中培养学生的推理、分析和想象能力
反思交流	回顾实验过程，反思需要改进之处，并在公开场合展示交流	引导学生反思实验需要改进之处，组织一次有仪式感的展示活动	为后续的探究改进做铺垫，用展示激励学生，使学生树立信心

2. 设计类真实问题解决的一般过程

设计是围绕人群的具体需求，经过一定的规划、分析和决策，最终通过具体形式(模型、图纸、文本及电子文件等)表现的创造性活动。[①] 具体表现为从无到有设

---

① 陈玲玲、王永奉：《通用技术 技术与设计》，1 页，北京，地质出版社，2019。

计一件作品(机器人、纸电路互动作品、3D打印作品等)，或在已有作品的基础上进行微设计、微创新。设计的过程，实际上就是发现问题、分析问题并解决问题的过程，是一个不断优化和完善的过程，如图5-12所示。

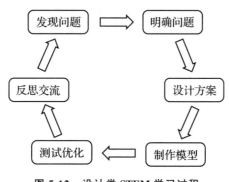

图 5-12　设计类 STEM 学习过程

(1)发现问题

发现问题是设计的起点，也是创新的起点。问题可以是学生无意识发现的，也可以是学生主动寻找的。发现问题重要的是要有同理心，站在对方的立场去思考，发现他人的需求，保持对生活敏锐的观察力，还可能需要运用一些方法。我们可以通过实地调查、访谈、网上搜索、查阅图书资料、问卷调查等多种途径去主动发现问题。

(2)明确问题

发现问题后，要进一步明确设计的具体要求，包括应达到的标准和所受的限制。这个阶段的成果就是对问题形成了清晰的认识，有了清晰的表述。一个完整的问题表述一般由三个部分组成：对象＋需求＋原因。例如，张老师需要不弯腰就能打开的垃圾桶，因为张老师腰椎不好，弯腰困难。当然，在此基础上，还应进一步明确设计要求和限制条件。设计要求包括对产品的形状、颜色、大小、材料、工艺等方面的要求，设计的要求可以转化为产品的评价标准。限制条件是现实条件下的材料、工艺、时间、成本、设计人员自身的条件等。

(3)设计方案

发现需求是设计过程的基础，运用创意是设计过程的重点。设计没有对与错的区分，看似很荒诞的创意到后期可能会成为最具创意的解决方案。联想法、头脑风暴法、思维导图法都是帮助形成创意的好方法。表达创意通常使用纸笔构思设计草图，对作品的功能、原理和结构进行整体设计。

(4)制作模型

制作模型就是把设计方案或构思通过材料加工转化为实物模型的过程，一般来讲包括以下几个步骤：选择合适的材料、选择适当的工具和设备、加工零件、组装、表面处理。

(5)测试优化

设计的过程有设计、测试、优化三个环节循环往复的特点。产品只有通过不断地优化和完善，才会越来越合理。测试和优化可从功能是否实现、选材和结构是否合理，创意和尺寸规格是否达到设计要求，原理和外观是否侵权等方面进行评价，找出存在的问题，分析背后存在的原因，进而优化设计。

(6)反思交流

在作品完成之后，教师选择一个公开的场合，组织开展一次展示和交流活动。展示的规模可以是全班，也可以是全校，甚至可以走出学校。这样一种有仪式感的活动，会给学生很大的满足感和信心，为后续的活动开展埋下兴趣的种子。

设计类 STEM 活动的学习进阶和教师支持，如表 5-16 所示。

表 5-16　设计类 STEM 活动的学习进阶和教师支持

学习阶段	学习进阶	教师支持	设计意图
发现问题	结合经验、访谈、调查等发现问题和需求，对问题产生兴趣，想要通过设计作品来解决	引导学生在某一领域内自主发现问题，再从中筛选可探究的问题	激发学生的兴趣，鼓励学生站在对方立场思考
明确问题	了解作品的要求和现有的条件，明确作品面向的对象、需求和原因	引导学生分析用户需求，了解现有条件，明确作品标准。帮助学生用对象＋需求＋原因来描述问题	引导学生把经验问题转化为可以用学科知识解决的问题
设计方案	根据问题的要求和限制条件，发挥创意设计作品，筛选适切的作品方案，用草图表达作品的功能、原理和结构	运用联想法、头脑风暴法、思维导图法等组织学生发挥创意，画出设计草图。运用评价标准公开筛选方案	设计方案是问题解决的综合考量，需要统筹、权衡各种因素，并发挥创意破解难题
制作模型	选择合适的材料、工具，加工零件，组装和进行表面处理	通过示范、操作帮助学生学习技术工具的使用方法，指导学生的制作过程	促进学生在制作中，养成耐心、精益求精的工匠精神

续表

学习阶段	学习进阶	教师支持	设计意图
测试优化	根据作品要求，对作品的功能、工艺、创意、尺寸、环保、人机适用等方面进行评价，发现问题，分析原因，进行优化完善	引导学生完成技术试验，根据评价标准对作品进行评价。鼓励学生发现问题，并运用所学思考新的解决方案，不断迭代	产品只有通过不断地优化和完善，才会越来越合理。学生的素养在这个过程中逐步形成
反思交流	回顾设计过程，反思需要改进之处，并在公开场合展示交流	引导学生反思需要改进之处，组织一次有仪式感的展示活动	为下一个设计活动做铺垫，用展示激励学生，使学生树立信心

3. 综合类真实问题解决的一般过程

综合类 STEM 活动中探究与设计兼而有之。探究与设计两者结合的方式多种多样。可以是设计一件作品，以更好地开展探究，如设计一个智能最速降线实验平台，以更好地观测最速降线实验；也可以是通过探究的方式获得相关知识、技能后，再运用所学知识、技能设计一件作品，如先通过信息搜集或者观察最速降线实验，理解最速降线的原理，然后运用该原理设计一个下滑最快的滑梯；也可以是通过探究发现、明确问题，再设计一个作品或者方案来解决问题，如学生通过社会调查和科学实验发现故宫太平缸腐蚀的原因之一是雨雪为铁、铜生锈提供了条件，就设计了一把智能雨伞，当下雨或下雪时，雨伞自动打开保护太平缸。

设计学习是指设计具有挑战性的情境，让学生在设计中学习科学知识，发展解决复杂问题的能力。在这个过程中，学生需要合作交流，设计调查、实施调查、分析数据、得出结论，学习科学方法和科学性的推理，应用他们正在学习的概念和技能。[1]

基于设计的学习流程是基于项目和学生认知需要而设计的。该流程遵循基于项目学习的基本环节。在此基础上，根据学生认知需要，加入必要的学习支架，并使之一般化。基于设计的学习目的是提高学生科学理解、推理、项目实践和设计作品的能力，用有效的方式帮助学生和教师解决教和学当中的困难。

基于设计的学习可以帮助学生和教师发展自己的能力。问题的真实性使得学生的学习更加有趣和持久。基于设计的学习包括两个最基本的循环：设计与再设计循

---

① Kolodner J. L.，"Learning by Design™：Iterations of Design Challenges for Better Learning of Science Skills,"*Cognitive Studies*，2002(9).

环，调查与探索循环(见图 5-13)。

图 5-13　基于设计的学习流程图①

两个循环之间存在逻辑联系。设计制作一件作品，需要先理解挑战，包括理解作品的功能、需要解决的问题、限制条件和要求等。在理解挑战之后，学生在了解某个新事物时，需要进行调查与探索，调查与探索循环包括澄清问题、提出假设、设计调查、实施调查、分析结果、最后展示与分享。展示与分享环节，全班学生和教师以小组为单位，分享交流探索结果，总结一般原则。一般原则会成为设计与再设计循环应用的内容。之后进入计划设计、展示与分享、建模与检验、分析与解释、展示与分享。②

从以上过程中我们可以发现，设计与再设计循环注重应用知识设计与制作，而调查与探索循环注重经过探索获得知识。前者在设计中发现问题，后者用科学方法探索解决问题的途径与一般原则。每个循环都整合了科学、设计、合作沟通交流实践、公开展示与反思几个阶段。在设计、探索、检验、再设计的过程中，学生逐步优化设计方案，提高对学科概念与跨学科概念的理解。

需要注意的是，基于设计的学习流程不是线性的。在活动过程中，学生会遇到许多问题。解决问题需要经历猜想、调查、验证、改进等过程。这就需要重复执行两个循环中的一个或者几个步骤。

---

①　Kolodner J. L. ，"Learning by Design™: Iterations of Design Challenges for Better Learning of Science Skills," *Cognitive Studies*，2002(9).

②　张君瑞：《"基于设计的学习(DBL)"理论与实践探索》，硕士学位论文，扬州大学，2011。

第六章
STEM 与研究性学习

随着科学技术的飞速发展，人类文明已经进入第四次工业革命时期，社会对创新型复合人才（同时具备科学素养、团队合作精神和创新能力）需求不断提高。这一需求催生了新的课程形态，一线教师尝试将 STEM 教育理念与研究性学习深度融合，目标直指基于核心素养的学生自主力与探究力提升、知识教育向综合素质教育转变，以及学生社会基础能力的建构。

一、　STEM 与研究性学习的关系

研究性学习的设置致力于打造素质教育理念下学生全面发展的格局，培养顺应时代发展的 21 世纪人才，这与 STEM 教育理念不谋而合。对比二者不难发现，STEM 与研究性学习都是通过课程整合提升学生的综合素养，培养学生的实践能力。

（一）研究性学习的内涵与特征

1. 研究性学习的内涵

"研究性学习"一般有两种理解：一是将"研究性学习"视为一种与接受式学习相对应的学习方式；二是将"研究性学习"视为一种类似于科学探究的学习活动。

作为一种学习方式的"研究性学习"是与接受式学习相对应的，这种学习强调学生的主动探究和自主学习，其主要特征是通过高水平的思维来学习，基于问题解决来建构知识。

作为一种学习活动的"研究性学习"，与社区服务与社会实践、信息技术教育、劳动与技术教育共同构成了综合实践活动，强调学生通过实践学习，增强探究和创新意识，学习科学研究的方法，发展综合运用知识的能力。

研究性学习作为综合实践活动的基础，倡导探究的学习方式，并渗透于综合实践活动的全部内容之中。社区服务与社会实践、信息技术教育、劳动技术与教育则是研究性学习探究的重要内容。

研究性学习是指学生在教师指导下，从自然、社会和学生自身生活中选择和确定研究专题，主动地获取知识、应用知识、解决问题的学习活动。研究性学习主要是从学生的兴趣出发，以主题活动形式为主，根据学生自身的知识和能力，引导学生完成提出问题、确定主题、制订方案等过程，学习文献研究、观察研究、调查研究、实验研究等研究方法，以及项目设计、科学建模的基本规范和操作要领，逐步学习分析与综合、归纳与演绎、分类类比与比较、概念判断推理等逻辑思维方法，养成探究习惯，形成科学态度和创新精神。

　　研究性学习是一种以学生为主的新型学习模式。在教师的帮助下，由学生规划、执行和自我评估。学生在研究特定主题的同时，利用现有的知识和技巧来重新整合。通过一些具体的活动，学生可以自主构建知识，然后学习这个新的主题，并达到学会学习的目的。研究性学习的定位是一种实践性较强的教育教学活动。与现有的学科教学不同，研究性学习从不局限于对学生进行纯粹的书本知识的传递，而是让每个学生参与实践活动，在实践活动中学会学习、获得各种实践与创新能力。

2. 研究性学习的特征

（1）实践性

　　研究性学习以活动为主要开展形式，强调学生的亲身经历，要求学生积极参与到各项活动中去，在调查、考察、实验、探究、设计、制作、服务等一系列活动中发现和解决问题，体验和感受生活，发展实践能力和创新精神。

（2）开放性

　　研究性学习超越了封闭的学科知识体系和单一课堂教学的时空局限，面向学生的整个生活世界，其课程目标和内容具有开放性。研究性学习强调富有个性的学习活动过程，关注学生在这一过程中获得的丰富多彩的学习体验和个性化的表现，其学习活动方式与过程、评价与结果均具有开放性，容易激活学生的主体意识。

（3）自主性

　　研究性学习作为一种探究式学习，改变了传统的讲授式学习，改善了师生关系，让学生变身为学习的主人，由被动接受者变为主动探究者，通过自主思考、讨论、观察、实验、调查等方式获取知识、习得方法。学生是天生的探究者，对外界持有强烈的好奇心。探究是学生的本能，也是他们认识世界的方式。研究性学习以学生自主探究为主，尊重学生的天性，遵循学生的认知规律。研究性学习有别于传统课堂教学，以学生自主探究为主。教师作为引导者与"研究伙伴"，在研究性学习进行的过程中，要适时给予引导、适时放手让学生自主学习。

（4）生成性

　　研究性学习在活动过程中注重发挥自主建构和动态生成的作用，能够处理好课程的预设性与生成性之间的关系。一般来说，学生的活动主题、课题或活动项目来自对生活现象的观察和问题的分析，随着实践活动的不断展开，学生的认识和体验不断丰富和深化，新的活动目标和活动主题将不断生成，研究性学习的课程形态也随之不断完善。

（5）系统性

　　研究性学习聚焦某个主题，将零散的知识串联在一起，让学习内容变得集中，让思维结构变得完整，能够有效地培养学生的系统性思维。

(6)合作性

研究性学习是教师指导下的探究学习，是师生合作、生生合作的过程，为学生提供了交往合作的机会，有利于培养学生的合作意识与团队精神。

在具体实践中，这些特征都有着明显的体现。例如，在开展"关注身边的公共设施"主题研究性学习时，教师组织学生清洁社区的体育健身器材，在实践的过程中学生发现了社区体育健身器材的保养与维修问题、体育健身器材的功能和使用方法问题、体育健身器材的利用率问题，以及小区居民的健身意识问题等。而后，学生根据不同主题开展相应的研究性学习活动，最终学生的研究成果又服务于社会，突出了研究性学习的实践、开放、自主、生成、系统、合作的特点。

（二）基于研究性学习的 STEM 活动的意义与价值

1. 基于研究性学习的 STEM 活动的意义

研究性学习与其他学校课程相比，具有课程整合、打破学科壁垒、提升学生知识整合运用和动手实践能力的优势，与其他课程教学模式相比，别具一格。但是研究性学习一直处于"三无"(无课标、无国家教材、无专职教师)的尴尬境地。缺乏政策支持、教材编写缺乏标准、教学内容陈旧等现象，使其难以在学校课程教育中立足，课程培养目标也难以实现。

STEM 教育的学习特点是以学生为中心，设计驱动性问题，促使学生对真实的问题进行自主探究，从而全方位提升学生的综合素质。研究性学习也是通过实践的形式，让学生掌握更丰富、更全面的知识，以提高学生的知识运用能力。STEM 教育与研究性学习的理念、目标、活动形式高度相符，可用于实现"问题解决、创意物化"方面的目标，活动方式可以结合"考查探究、设计制作"等。[①]因此研究性学习可依托 STEM 教育先进的教学理念、教学实践经验克服自身发展局限。同理，STEM 教育可以借助研究性学习，在我国的实践经验、教学环境、教学设备等基础上，发展适合中国本土的内容，两者相辅相成、共同进步。

(1)提升学生的学习主动性

基于研究性学习的 STEM 活动，可以大幅度提升学生的学习主动性。在传统的研究性学习中，虽然部分内容能够激发学生的学习积极性，但是从整体而言，教师因为教学理念和方法落后，难以通过课程教学让学生对研究性学习课程产生浓厚的兴趣。

---

① 范佳午、李正福：《STEM 融入学校课程体系的途径和策略》，载《中小学信息技术教育》，2021(1)。

STEM 教育理念重视学生的全面发展，在研究性学习活动中，教师基于此融合学生感兴趣的、突破教材限制的教学内容，能有效地激发学生个人内在驱动力，有助于学生对跨学科知识的深度理解和内化，有效形成促进自身学习与发展的场域，促进学生高阶思维能力、批判性思维、实践操作能力、创新能力等核心素养的全面提高。[①]

(2)丰富研究性学习课程内容

在传统的研究性学习活动中，教师出于对学生知识水平、生活经验等因素的考虑，在课程教学内容的选择上，往往倾向于操作简单、知识量少的实践活动。基于研究性学习的 STEM 活动在教学的过程中则倾向于选择教育意义更强、知识量更丰富的内容。研究性学习可以考虑加入以项目解决为背景的 STEM 课程，改变以往教学活动中内容选择的随意性，提升研究性学习内容的深度，锻炼学生将多学科知识融会贯通的能力。

(3)丰富 STEM 教育的育人价值

STEM 教育集合科学、技术、工程、数学等学科知识，是一门偏理工性质的课程，基本能够实现"问题解决""创意物化"这两个目标，但其课程中缺乏对于学生"价值体认""责任担当"的培育。以研究性学习为主要方式的综合实践活动恰恰能解决这一问题。基于研究性学习进行 STEM 活动设计，要服务于学生核心素养的培育，应特别关注社会责任感及创新能力的提高。在研究性学习课程中，项目开展要从学生的生活情境出发，聚焦学生的研究性学习，引导学生解决生活中的实际问题，促使学生在项目推进的过程中形成社会发展所需的能力。

北京教育科学研究院丰台实验小学于 2017 年引进了美国比较成熟的 STEM 教育进行本土化的实施。本土化强调基于国情的真实情境创设、立足五育并举的课程调整，更重要的是在本土化过程中综合利用知识解决生活中的实际问题，这些知识源于学生的自我经验及在教师引导下的自主学习。研究性学习与 STEM 课程的融合不仅提升了学校研究性学习课程实施的品质，而且与新课标提出的"三有"(有理想、有本领、有担当)的培养目标具有较高的契合度。

例如，"我是桥梁设计师"主题研究性学习是 STEM 经典课程"桥梁悬臂"的升级版。在本土化过程中，教师保留了课程中关于科学、技术、工程、数学的学习目标，转换知识获取的方式，调动学生的经验，引导学生围绕任务自主进行知识学习。同时，创设了"我为凉水河设计行人通过的桥"这一真实情境，让学生在任务驱

---

① 葛恩杰：《STEAM 教育理念驱动下的小学综合实践活动课程探讨》，载《求知导刊》，2023(2)。

动下主动获取知识。学生利用网络、采访专家、发放调查问卷等多种形式开展探究活动。教师基于桥梁设计让学生通过动手制作"悬臂梁桥"感知桥梁设计与制作的相关知识。在最后的作品设计中，学生基于生活实际(行人的需求、环境的特点等)进行桥梁设计与模型制作。曾经的由吸管做的假桥变成仿真的桥梁模型，真正打通了学生学习与生活之间的联系。

2. 基于研究性学习的 STEM 活动的价值

(1)立足学生成长，开发动态课程

STEM 教育理念是以学生体验为中心建构教学与活动交互的过程，尊重学生发展兴趣和认知需要，能充分发挥学生的主观能动性。研究性学习课程实施中，教师需要以学生实际为中心，从生活出发，设置情境性问题，通过各种方式使学生参与问题解决的过程，使学生获得丰富的实践经验。在课程实施过程中，教学情境是复杂多变的，学生的心理活动同样是难以预知的，如果按照预设的方案开展教学，会使教学过程墨守成规，缺乏灵活性。教师要根据具体实施情况动态调整实践活动，将动态性、生成性的原则贯穿教学活动全过程，这是一种具有创生取向的课程实施，能够体现出以学生为中心的教育理念，展现出动态生成的教学过程。[1]

(2)立足跨学科，建立知识与生活的关联

《义务教育课程方案(2022 年版)》强调，"加强课程与生产劳动、社会实践的结合，加强知行合一、学思结合，倡导'做中学''用中学''创中学'"，注重"引导学生参与学科探究活动，经历发现问题、解决问题、建构知识、运用知识的过程"，让认识基于实践并通过实践得到提升，克服认识与实践"两张皮"现象。STEM 教育与研究性学习具有共同的跨学科背景。STEM 教育把科学、技术、工程和数学四个领域有机结合起来，打破了传统学科的界限，形成了强大的跨学科学习环境。综合实践活动强调跨越学科界限，在掌握多门学科知识的基础之上融会贯通，有助于促进多学科之间的交叉融合，教会学生内化整合多学科相互关联的知识，解决现实生活中的问题，正确处理个人、社会与自然的内在联系。[2]

(3)立足未来人才目标，培养学生创新思维

基于研究性学习开展 STEM 教育，立足学生熟悉的情境，开展体验式教学，

---

[1]　陈安琪：《基于 STEAM 教育理念的小学综合实践活动课程实施》，载《西部素质教育》，2023(3)。

[2]　王文凤：《STEM 教育理念下中小学综合实践活动课程设计框架研究》，载《兵团教育学院学报》，2020(5)。

鼓励学生从兴趣出发自建活动的目标、过程、评价方式，使学生在小组活动中利用学习工具实现创意物化，提升创新意识、创新思维和创新能力，满足国家对德智体美劳全方面发展的创新型、复合型人才的需求。学生在研究性学习活动中自觉运用多学科知识解决实际问题，并在问题解决的过程中实现不同学科知识的多维整合，自我建构学科知识体系。跨学科解决生活性问题不仅要求每个学生具有运用相关学科知识的能力，而且要求学生具备跨学科解决问题的创新意识，这对学生和教师都是极大的挑战。

二、 基于研究性学习的 STEM 活动设计

（一）基于研究性学习的 STEM 活动设计原则

1. 核心素养导向原则

《义务教育课程方案(2022 年版)》指出："基于核心素养发展要求，遴选重要观念、主题内容和基础知识，设计课程内容，增强内容与育人目标的联系，优化内容组织形式。设立跨学科主题学习活动，加强学科间相互关联，带动课程综合化实施，强化实践性要求。"核心素养是学生在接受教育过程中，逐步形成的适应个人终生发展和社会发展需要的必备品格与关键能力。具体到基于研究性学习的 STEM 活动的设计上就是学生"在什么情境下运用知识能做什么事(关键能力)，是否持续做事(必备品格)，是否正确做成事(价值观念)"。

2. 跨学科课程整合原则

跨学科课程整合原则是 STEM 教育与研究性学习共同的实施理念，也是课程改革的关键词之一。《义务教育课程方案(2022 年版)》在"课程实施"第二条"深化教学改革"中提出："探索大单元教学，积极开展主题化、项目式学习等综合性教学活动，促进学生举一反三、融会贯通，加强知识间的内在联系，促进知识结构化。"教师在进行活动设计时，要以大概念统合和重构内容，将多学科知识进行融合，打破学科之间的壁垒，促进学生知识整合理念的形成，将课程教学理念贯彻到实处。

跨学科课程整合前提是"为学习需要而整合"，脉络要清晰，体现多维互联。一个好的跨学科课程要有自己的主线，每个学科要有自己独特的学习方式(即辅线)，主辅之间又有指向核心目标的交集，产生互联互动。如"八绝畅想之京绣"主题研究性学习，"京绣传承"是主线，每个学科选择什么内容、用什么形式和路径来辅佐主线，这就是辅线。主辅相成，形成跨学科理念下的"传承方案"。这样的整合课是立

体的，学生可以通过整合实现立体认知，也可以达成多元体验。①

3. 真实情境创设原则

核心素养的发展需要精选学科知识并置于真实的学习情境中，通过学生的自主学习活动，在持续建构和螺旋式上升中形成和发展。美国学者恰瑞罗特(Chiarelott)在其《情境中的课程：课程与教学设计》中提出，情境化教与学的特征是将学习内容跟学生的经验联系起来，促使学生积极地主动学习，完成被动学习到主动学习的转换。

情境是探究的抓手。离开情境，探究活动就会枯燥乏味，就会缺乏支撑，失去生命活力。设计基于研究性学习的STEM活动，要创设真实的情境化环境，帮助学生在情境中发现问题，继而进行深入探究。教师在设计研究性学习主题时，要将问题融入生活情境，让探究有情、有趣、有形，进而增强探究的体验性，提高研究性学习的质效。真实情境创设不仅帮助学生将探究问题生活化、情境化，还有效地告知学生问题源于生活，鼓励学生多观察实际生活中的难题并想办法解决。

STEM课程"小鼓咚咚响"最初的活动设计就是带领学生通过小鼓制作理解"声音是由于震动产生的"这一原理。在结合研究性学习进行设计时创设了"科技节创意鼓队大赛"这样一个情境。学生在这个情境中主动探索，不仅了解了科学原理，而且迸发出精彩纷呈的新点子。

4. 驱动问题引导原则

主题研究性学习需要以对学生有意义且重要的问题为线索来组织和推进教学活动，可以说，驱动性问题是研究性学习展开的核心和灵魂。驱动性问题是指围绕主题设计的、契合课程标准的具有凝练意义的问题，是能够引发学生自主探究和推动学生问题解决的关键性问题。

驱动性问题是开放性的问题，不仅需要学生找到信息，而且需要学生提出观点、分析推理、得出结论。驱动性问题可推动学生自主探究实践，直接影响实践的过程和结果。② 例如，"防震高塔"主题研究性学习以"如何设计防震的建筑物"这一驱动性问题，引领学生学习建筑物防震的知识并设计出防震的建筑物。一个好的驱动性问题能营造一种由求知欲驱动的学习氛围，鼓励学生积极地寻找问题的解决方

---

① 潘照团：《多学科整合课应深植于学习的刚需》，载《中国教育报》，2022-01-7。
② 林雪梅：《STEM教育理念下有效开展综合实践活动的策略》，载《创新人才教育》，2022(5)。

案、计划和开展探究、记录和理解数据、收集证据和辩论观点、构建和共享学习成果，实现深度学习。

5. "教—学—评"一体化原则

2022 年版义务教育新课标在各学科的"课堂教学评价建议"中，明确提出了"教—学—评"一体化要求。落实"教—学—评"一体化设计的评价理念，评价设计要先于教学设计，并将评价融于教学，促进素养目标达成。基于素养的教学设计所关注的是，什么任务使学生具备达成目标所要求的品质，什么学习结果可作为证明学生已经理解所学东西的有效证据。教师在确定主题研究性学习目标的同时，就要为自身或学生决定什么学习成果能作为表明单元学习目标达成的证据，即根据既定目标确定最终的任务、具体的评分规则。接着，才是安排各种教学活动。这就是我们平常说的逆向设计——在设计具体的教学过程之前，先设计目标与评价，把学生达成素养目标需要"输出"的证据想明白。

除了终结性评价外，我们应该更加关注表现性评价。在活动实施中，教师主要运用表现性评价，将评价融入课程中，从而潜移默化地激发学生学习动力，促进学生深度学习。

（二）基于研究性学习的 STEM 活动设计模型

1. 课程开发模型

(1)打破学科壁垒，生成活动主题

学校层面通过"核心素养目标—主题/项目—跨学科概念—实践优化"四个步骤生成学生的主题活动，在制定目标时，深入挖掘育人本质，明确课程的价值取向、重点领域，基于学生核心素养目标，做出开发规划、计划、指南等；教师再通过大量的国内外文献研读与分析学生发展需求确定主题，并将其分解成可行的小课题或项目，进行教学的实施与优化。

(2)组建跨学科团队，集体分解主题

跨学科团队根据任务用良好的知识与技巧去整合跨学科专业范畴的横向知识、高级思维能力发展与真实问题解决之间的关联，选择典型的、实践性强的活动进行结构化设计，以此打破学科壁垒。这些活动不是简单拼凑的集合体，而是将创新思维培养作为"做中学"成果的高级表现形式，从而有效推动学生高阶思维能力，有效强化学生的工程素养、设计素养、创新素养与责任担当等综合素养。

(3)围绕开发模型，整体构建课程

确定了探究主题后，我们对项目主题进行逻辑拆解：学生首先了解"是什么"，其次探究"为什么"，接着研究"怎么做"，然后反思"什么样"，最后落到"怎么创"。

在不同的研究阶段，确定驱动性的研究问题并将其转化为研究课题，教师通过分析和引导学生共同梳理项目逻辑，将研究问题化解为具有内在逻辑关系的系列"小问题"，提示探究的方向和路径。随后确立"学习目标""学习难点""融合学科"及开展的"学生活动"及"项目成果"呈现方式，通过横纵主题架构，形成完整的课程框架（见表 6-1）。

表 6-1　课程开发框架

研究阶段	研究课题	小问题群	学习目标	学习难点	融合学科内容	学生活动	成果呈现方式
是什么							
为什么							
怎么做							
什么样							
怎么创							

2. 课程实施模型

基于研究性学习的 STEM 课程的实施模型如图 6-1 所示。在进行结构化项目教学设计与实施时，我们应注重打磨细节，对课程教学方式进行深度开发与完善。[①]

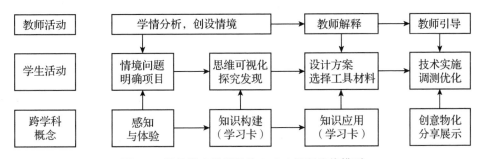

图 6-1　基于研究性学习的 STEM 课程实施模型

下面以"校园储物柜巧设计"主题活动为例进行说明。

(1)情境问题，明确项目

基于研究性学习的 STEM 课程以跨学科知识为载体，以科学知识、实践技术、工程活动和数学运算为核心。教师通过创设情境，引发学生思考并提出问题，从而

---

① 余丽：《STEM 教育融入综合实践活动中的路径与方法探索》，载《求知导刊》，2020(15)。

确立研究的课题，明确项目研究的驱动性问题。

活动伊始，教师出示课前完成的"校园规划我参与"的调研统计图，引导学生围绕校园储物柜设计展开思考，从而顺理成章地归纳出驱动型问题："如何设计美观、安全、实用、创新且具有校园文化特色的储物柜?"为了帮助学生打通与生活的联系，教师以四色纸牌分发的形式随机形成 4 个"设计公司"，面向 4 个"设计公司"发布招标任务。

(2)思维可视化，探究发现

深入主题探究，拓展相关知识，为后续项目活动提供理论基础。此阶段教师要注重学生已有知识经验，引导学生回忆旧知，学生要在线上线下搜集资料，了解项目背景。师生共同对项目背景进行分析，明晰项目需要解决哪些问题，绘制思维导图或者流程图进行问题梳理，将学习成果可视化，整合利用跨学科的知识经验。

各个"设计公司"进行了有针对性的考查，分别记录不同的问题，并通过表格完成思维可视化的过程(见表 6-2)。

表 6-2   储物柜现有问题汇总表

发现问题	期望解决效果
边角锐利，铁皮有生锈情况	安全，不会因意外碰撞产生伤害
移动困难，单体收纳柜过大	大小合适，方便移动
设计过于单调，不能体现学校特色	结合班级整体装修进行设计，融入"欢学园"学校元素
收纳柜柜门容易变形，耐久性低	设计合适的收纳柜柜门，方便开关

为了拓宽学生视野，激发学生的设计灵感，学生上网搜集储物柜的图片。在这一过程中，教师引导学生分析各种储物柜的优势和问题及可借鉴的设计要素(见表 6-3)。

表 6-3   储物柜设计汇总表

公司名称	合欢储物柜设计公司			
序号	储物柜图片	来源	优势	问题
①		校园原有储物柜	造型规整、储物空间大	边角尖锐、容易生锈

②		同学家中使用的同款储物柜	轻便易组合、边角圆润	稳固性一般、承重能力一般
③		同学家中现有的储物柜	坚固耐用、造型美观	自重过大、造价高昂
④		网络搜索图片	造型有特点、对家居有装饰效果	储物空间小，储物空间存在浪费

可借鉴的设计要素
①可以设计圆形边角，减少磕碰危险；
②使用抽拉设计可以更方便取用物品；
③要足够稳定牢固，有一定的叠放能力

(3)设计方案，选择工具材料

学生以小组为单位针对项目所要解决的问题，积极寻找解决方法，确定初步设想，制订项目解决方案。1.0版项目解决方案可以不完善、不健全，但是目标指向性要明确，尽量关注项目的每个细节。在方案制订中，除了人员分工、方法选择、推进安排外，还需做好工具材料的选择，为后续的实施打下基础。此阶段注重对跨学科知识的重组与运用。

设计图的绘制并不是一蹴而就的，学生要结合美术、数学的学科知识，绘制合理的设计图。由于活动制作的是"模型"，所以在绘制设计图之初，教师要为学生引入"比例"的概念，让学生明白在绘制图纸的过程中，按比例绘制会使设计图更准确、更贴合生活实际。为了更好地展现成果，有的小组选择超轻黏土制作，有的小组选择废旧纸箱制作，有的小组选择 3D 打印呈现。为了能够打开学生的思维，使学生获得更多的灵感，教师举办了"设计交流会"。在交流会上，学生从"安全性""创新性""实用性""美观性"这些维度对其他组的设计图进行点评，同时也能吸收其他组设计中优秀的设计元素。

(4)技术实施，调测优化

该环节是 STEM 研究性学习的重要组成部分。在教师的指导下，学生自主有序地实施项目方案，运用科学、技术、工程和数学知识完成项目任务，在进一步的动手实践过程中调测优化、不断完善实施方案，提升问题解决的能力。在项目探究结束后，教师组织学生进行交流、发表观点并总结，学生将知识进行内化迁移，融会贯通。

各"设计公司"修改设计图后开始进行模型实际制作，并在制作过程中根据实际情况不断调整设计方案。招标会上，各"设计公司"分别阐述自己的设计，其他"设计公司"围绕前期制定的校园储物柜巧设计评价量规进行评价。随后，各"设计公司"走进校园推广自己的设计，由其他学生为其投票。最后，教师综合投票情况，确定中标的"公司"。

三、 基于研究性学习的 STEM 教学案例

（一）案例一：操场改造我参与

1. 指导思想与理论依据

中国学生发展核心素养的核心是要培养全面发展的人。《教育部关于全面深化课程改革落实立德树人根本任务的意见》在"着力推进关键领域和主要环节改革"中明确指出："要在发挥各学科独特育人功能的基础上，充分发挥学科间综合育人功能，开展跨学科主题教育教学活动，将相关学科的教育内容有机整合，提高学生综合分析问题、解决问题能力。"

综合实践活动课程是面向学生的整个生活世界，从学生的真实生活和发展需要出发，从生活情境中发现问题，将其转化为活动主题，通过探究、服务、制作、体验等方式，培养学生综合素质的跨学科实践性课程。综合实践活动课程引导学生学以致用，将所学的知识和方法迁移到真实的情境或其他领域中，或者是将学习过程中形成的积极的态度、创新的精神、行为的规范、正确的价值观以不同的形式迁移

到日常生活及未来的学习和生活中。在综合实践活动中，学生充分理解综合的力量，体验人与自然、社会的各种联系，获得融合与综合能力、跨学科思维习惯和整体思维能力，发挥其创造潜能。

"双减"背景下更应加强教学的有效性，综合实践活动应该从课程整体设计、课程实施、课程评价多维度进行统整，尤其要关注作业的有效设计，利用实践任务单等引导学生完成跨学科的自主探究和实践活动，让学生运用高阶思维将所学的知识和技能应用到新的复杂情境中。

2. 主题活动背景分析

(1)活动内容分析

"操场改造我参与"这一主题是学校六年级综合实践活动"校园规划我参与"系列的活动之一。这一活动的产生源自学校操场亟待改造这一问题。学生调研了解到当前学校操场存在的问题，如草皮脱落、塑草高度降低、塑草不能覆盖胶粒等一系列问题，给学生在操场的体育活动造成了困扰。针对这一问题，学生对操场改造开展研究，通过文献搜集、采访、发放问卷等一系列活动，最终完成方案并参加学校操场改造项目招标会。

通过"操场改造我参与"的研究，学生利用跨学科知识解决操场改造的问题，从而实现真实世界与理想世界之间的沟通，在设计问卷、发放问卷、整理问卷的过程中提升语言表达、数据统计与分析的能力。学生在对常规操场标准的文献搜集中提炼、确定本校操场的改造方案，同时结合学校文化进行操场文化的设计。在这个过程中，学生提升了信息搜集与整理能力、设计规划能力、文化理解与传承能力。"未来操场设计"放眼未来，让学生依据科技发展畅想"未来"的操场元素，提升学生的创新能力。

本活动更重要的价值体现在活动过程中学生思维品质的提升。依据 SOLO (structure of observed learning outcome)分类理论，学生从最初研究阶段的单点结构逐步过渡到多点结构，在对搜集到的数据进行分析、设计学校操场改造设计图、参与项目投标的过程中进行证据关联，从而过渡到关联结构。这其中包括分析综合、抽象概括、推理论证等思维方法，可以有效提升学生的高阶思维能力。

(2)学生情况分析

六年级学生通过各个学科的学习已经具备了一定的知识基础，在之前的综合实践活动学习中已经基本掌握了信息搜集与整理、调查问卷、访谈的方法，同时也在其他活动中进行过设计制作活动。数学课的统计图表、比例尺的学习，五年级科学课中标书的撰写方法学习，成为本活动学生研究的基础。

　　学校一直进行思维课堂的打造，因此学生掌握了一定的思维方法，尤其在思维可视化的表达方面，这对于学生进行结构化思考是有很大帮助的。六年级学生已经初步具备了一定的抽象思维的能力。本活动中还需要利用多种研究方法，如比较、分析、概括等，学生在运用多种研究方法方面还有待加强。

　　大部分学生综合分析能力较弱，往往思考不深，关联能力较差，在进行投标方案撰写时，需要在教师引导下进行整体分析，完成整体建构，从而更好地表达自己的观点。

3. 活动目标

　　第一，按照研究的基本流程开展项目研究，能够考虑到项目研究所涉及的各个因素，并选择恰当的方法解决生活中的实际问题。

　　第二，知道项目设计需要考虑到各种因素及各因素之间的关联，在参与投标的过程中体验项目运作的基本流程。

　　第三，积极参与项目研究，能够在小组合作的设计过程中表达自己的创意和构想，提高参与校园建设的积极性。

4. 整体教学流程

　　活动整体教学流程如图 6-2 所示。

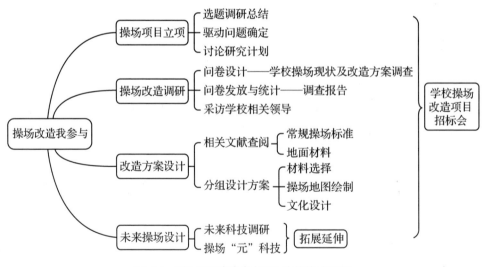

图 6-2　"操场改造我参与"活动整体流程图

5. 活动过程分析

(1)操场项目立项

课前调研小结："校园规划我参与"研究方向课前调查，调查结果如图 6-3 所示。

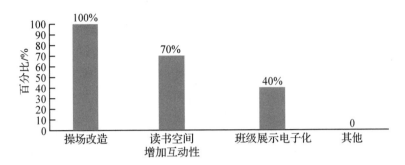

图 6-3　课前调查结果

　　根据课前调查情况，大部分同学认为操场改造问题是学校目前亟待解决的问题。因此本次的研究方向确定为学校操场改造。

　　讨论：请围绕操场改造确定我们需要研究的驱动性问题。

　　小结：驱动性问题——如何设计操场改造方案，满足学校功能性、文化性的需求？

　　头脑风暴：完成这个项目的设计需要考虑哪些因素，你打算如何开展研究？（用思维导图形式呈现，见图 6-4）

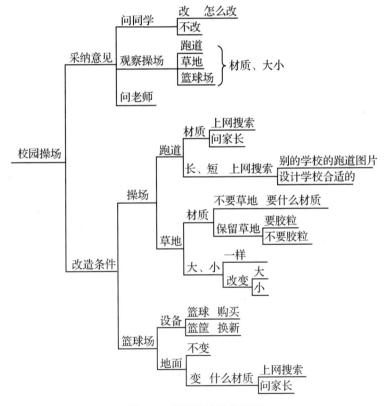

图 6-4　项目设计思维导图

(2)操场改造调研

第一，问卷设计。

问卷包含前言、主体和结束语三部分。

前言置于问卷的开头，用来说明调查的目的、意义及有关填写问卷的要求等内容。

问卷主体部分包括调查的问题和回答的格式，以及如何回答问题的指导和说明等内容，它是问卷的主要组成部分(见图 6-5)。

结束语置于问卷的最后，一般是简短地对被调查者的合作表示真诚的感谢，也可以征询一下被调查者对问卷设计和问卷调查本身有何看法和感受。

问卷设计指南

1. 问题的选用。首先要将与调查有关的问题尽可能地列出来，再逐个推敲筛选，决定问卷选用的问题。所选的题目一则必须符合客观实际；二则必须是围绕调查目的的必要题目，设计的问题不可过于简略或过于烦琐。

2. 问题的排列。问题的排列组合方式，一是要按问题的性质或类别来排列；二是要按问的难易程度来排列，要从易到难，由浅入深。

3. 问题的表述。问题的表述，第一要注意语言的简洁性、通俗性；第二要持"中立"立场，不能带任何倾向性或暗示；第三要做到一个问号前只问一个问题，不要在一个问号前设多个问题。

图 6-5　问卷设计指南

小组讨论：问卷主体部分设计哪些问题？你打算怎么设计？为什么这么设计？

集体讨论：师生共同筛选出有价值的问题，确定呈现形式，最终完成一份完整的调查问卷。

第二，问卷发放与统计。

问卷发放需要注意的问题有：发放对象、发放时间、发放地点、发放形式。

采用数据统计软件对问卷数据进行统计处理。

(3)改造方案设计

第一，相关文献查阅。

讨论：在进行设计之前我们需要了解哪些知识？（常规操场标准、材料选用、优质厂家的方案、设计图的绘制等）

信息搜集量规解读，具体如表 6-4 所示。

表 6-4　信息搜集量规

指标	水平一	水平二	水平三
获取信息	不了解任何一种搜索信息的方法。找出的信息量明显不足，有大量的无关信息	只了解一到两种搜索信息的方法。能通过搜索找出相关信息，但信息量稍显不足，信息类型单一，有部分无关信息	知道大多数搜索信息的方法（报纸、广播、电视、搜索引擎、专业网站、学术期刊、书籍、咨询专业人士等）。能通过变换搜索方式、检索不同的关键词，找出绝大部分与主题相关的不同类型的信息
储存信息	不了解任何一种储存信息的方法。无法利用储存信息的方法储存需要的信息	只了解一到两种存储信息的方法。利用已知的方法储存需要的信息	知道大多数储存信息的方法（摘抄、复印、下载、收藏等）。利用已知的方法分类储存需要的信息
评价信息	不能判断信息的真伪。不会根据主题的需要筛选有用的信息	能够初步判别信息的真实可靠性，但方法或角度比较单一。可以根据主题的需要筛选部分有用的信息	能够从资料的作者、出处、日期、组织机构、具体内容等多个角度判别信息的真实可靠性。根据主题的需要，可以从大量的信息中筛选有价值的信息
处理信息	对信息重新组织后，信息内容不完整、不准确	对信息重新组织后，内容完整、准确，但表达方式不恰当或主题不鲜明	对信息重新组织后，主题鲜明，内容完整，表达恰当
使用信息	不能利用所获取的信息支持和解决问题	能利用所获取的信息支持和解决问题的一部分	能利用所获取的信息支持和解决问题

　　召开"信息搜集交流会"，在信息共享的基础上依据评价量规对各组的信息搜集报告等进行评价，如图 6-6、图 6-7 所示。

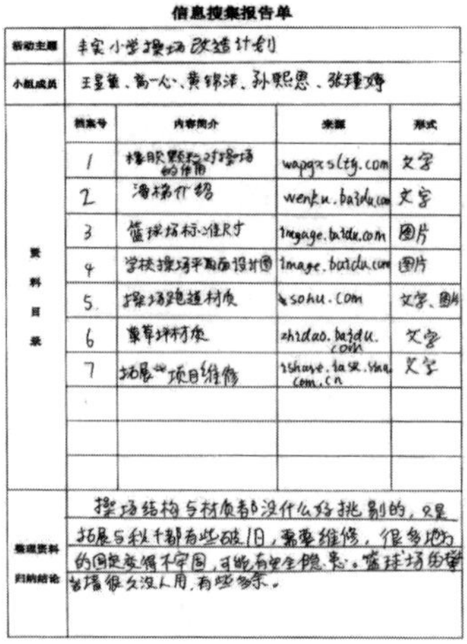

图 6-6　信息搜集报告单及评价一

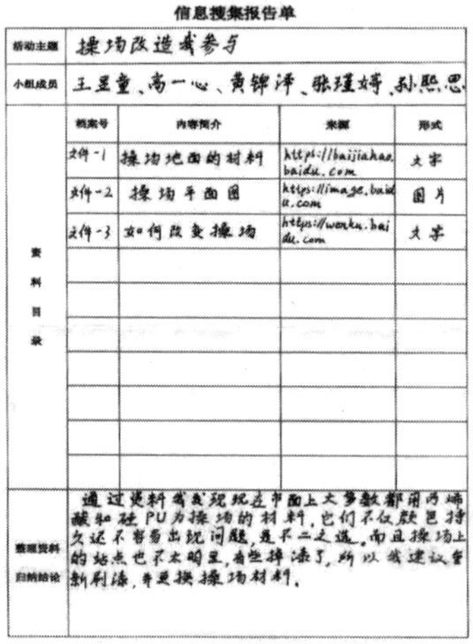

图 6-7　信息搜集报告单及评价二

第二，分组设计方案。

方案设计需要考虑哪些核心因素？（操场功能区域划分、学校文化体现、材料选择、环保等）。

设计图的元素包括什么？（见图 6-8）

图框——画图的界限，图框是装订和画图的参考。

图 ——想要设计的操场的形状、尺寸等，是图纸最核心的组成部分。

标题栏——填写各区域名称、所用材料、图形比例、单位名称及设计者。

技术说明——这里需要对操场设计的其他无法用线条表示的特性进行文字说明。

材料明细——要列出使用材料的名称和数量。

版本号——图纸要有版本号，便于识别新旧图纸。

小组完成设计：小组围绕核心因素开展讨论，寻找最优方案，为后面的竞标标书的制定打下基础。

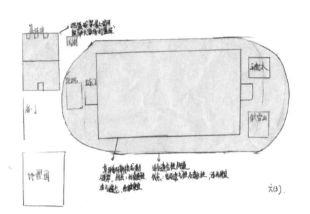

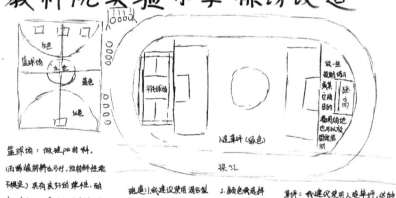

图 6-8　各小组操场设计图

项目投标指导：标书要注重项目的可行性、功能性；标书要注重项目的创新性、文化匹配度；标书要写得细致、完整，如操场设计图及细节设计等方面标注清楚；标书可以以文字、画图、标注等多种形式表达；因项目较大，本次竞标不考虑成本预算。

　　小组活动：以"设计公司"为单位制定标书。(教师提供基本格式供学生参考，见图 6-9)

操场改造竞标标书

　一、操场设计说明

（包括操场功能区域划分、地面材料选择、学校文化体现，重点阐述可行性、功能性、创新性和文化匹配度）

　二、操场设计特色

（与众不同之处，有助于竞标的成功）

　三、施工周期

　　附件：设计图

　　　　　　　　　　　　　　　　　　　　　　　　　　　××公司
　　　　　　　　　　　　　　　　　　　　　　　　年　　月　　日

图 6-9　竞标标书基本格式

　　操场改造项目招标会：对各个"设计公司"的项目进行论证，由专家委员会进行项目评价(见表 6-5)。

表 6-5　项目评价指标清单

指标	评价
可行性	☆☆☆☆☆
功能性	☆☆☆☆☆
创新性	☆☆☆☆☆
文化匹配度	☆☆☆☆☆

（4）未来操场设计

小组讨论：你对未来操场有哪些畅想？当前科技的哪些发展能够运用到学校操场的设计上？

作业：开展科学技术大调研，并初步完成"科技'元'操场"的设计说明、设计图或科幻作文等。

6. 活动效果分析

（1）以"问题解决"思想，引领学生开展研究

活动内容源自学生身边的实际问题——操场亟待改造，学生需要综合利用所学知识解决身边的实际问题。学习活动的情境立足于真实世界的驱动性问题，学科知识与真实情境中的问题密切相关。在真实情境中运用所学知识和技能解决实际问题，学生才能有效地发展核心素养，产生学习动力，调动多种感知在"做中学"，在解决问题的过程中，建构"项目竞标"的重要概念，进而形成设计思维及责任担当的意识。

（2）设置项目投标任务，驱动学生开展研究

本主题实践活动是以一系列任务为驱动而展开的探究性学习，通过终极项目任务——设计操场改造方案　参与竞标活动，让学生综合利用知识开展研究。通过项目作品，让学生展示他们学到的知识和技能。探究活动的方式多种多样，项目作品的形式也并非千篇一律，活动与成果相辅相成。学生在参与项目活动、创建项目作品的过程中，需要有效地获取、处理并利用信息，发展信息处理的基本素养；需要采用多种科学思维方法，发展高阶思维的能力。活动中以小组合作的形式展开，在个人自主学习的基础上相互鼓励分享、沟通与合作，有效解决冲突、有序推进项目、协作完成任务，提升了学生的自我管理与团队协作的能力。小组成员集思广益，创造性地制作出能解决问题的项目作品，发展了创新思维与学科实践的能力。学生在项目评价和反思的过程中，升华了学科情感，发展了社会责任感。

（二）案例二：奇特的纸牌屋

1. 指导思想与理论依据

综合实践活动是从学生的真实生活和发展需要出发，从生活情境中发现问题，转化为活动主题，通过探究、服务、制作、体验等方式，培养学生综合素质的跨学科实践性课程。综合实践活动课程强调学生亲身经历各项活动，在"动手做""实验""探究""设计""创作""反思"的过程中进行"体验""体悟""体认"，在全身心参与的活动中，发现、分析和解决问题，体验和感受生活，发展实践创新能力。综合实践活动课程面向学生的整个生活世界，具体活动内容具有开放性。教师要基于学生已有经验和

兴趣专长，打破学科界限，选择综合性活动内容，鼓励学生跨领域、跨学科学习。

设计制作指学生运用各种工具、工艺进行设计，并动手操作，将自己的创意、方案付诸现实，转化为物品或作品的过程，注重提高学生的技术意识、工程思维、动手操作能力等。在活动过程中，鼓励学生手脑并用，灵活掌握、融会贯通各类知识和技巧，提高学生的技术操作水平、知识迁移水平，让学生体验工匠精神等。

2. 教学背景分析

(1)教学内容

衣食住行是人生活的必备条件，住房与学生的生活紧密联系，地震使得当前人们非常关注房屋结构和抗震能力。选择"建筑"作为活动主题，结合当前普遍关注的问题，可以让学生从小对建筑进行研究，提高安全防范意识。了解和搭建研究建筑模型，可以非常好地锻炼学生的设计和动手能力，使学生在活动中有目的地学习并尝试运用很多学过的知识和技巧。纸牌是人们日常生活中喜爱的娱乐工具，通过使用纸牌搭建房屋结构，可以让学生在娱乐时了解工程建造领域中设计、实验、反思与改进的思维模式。纸牌搭建涉及测量方法、绘图方法、设计建造等一系列知识与概念，学生需要习得工程师的思维方式，在限制条件内通过尝试，不断完善解决问题的方案。这种任务驱动的方式，可以锻炼学生综合运用知识的能力，激发他们的创新热情。

(2)学生情况

参与此次活动的是六年级学生，他们有了一定的研究性学习的基础，有一定的小组合作能力，而且动手能力较强，在以前的活动中了解了设计制作活动的基本过程，有一定的设计制作基础，但是如何结合生活实际进行创造性设计的能力还有待提升。

(3)教学方式与教学手段

任务驱动法：紧紧围绕纸牌屋搭建这个任务展开活动，在强烈的问题动机的驱动下，通过对纸牌的积极主动应用，进行创造性的设计。

体验式学习：学生在亲自设计纸牌屋方案、反思修改、体验建造等一系列活动中去发现和解决问题、体验和感受生活、发展实践能力和创新能力。

合作学习：全班每六人一组，小组成员共同参与纸牌屋的设计、制作，每个成员都承担一定责任，成员之间交流、融合，学会交往，学会参与，学会倾听，学会尊重他人，增强团队精神。

技术准备：多媒体课件、纸牌六副、胶枪六把、剪刀若干。

3. 教学目标

(1)活动目标

知识与技能：能利用纸牌进行创意纸牌屋的设计、制作，从而提升学生的动手制作、创新思维和交流合作的能力。

过程与方法：小组合作制订纸牌屋设计方案，并在论证修改后进行制作。在制作、调整的过程中，发现设计制作与细节处理对纸牌屋稳定性的影响，使学生形成"发现问题—形成方案—遇到问题—探讨问题—修改方案—解决问题"的探究意识。

情感、态度、价值观：在设计、制作纸牌屋的过程中体验成功解决问题的快乐，在小组合作过程中体会思想碰撞带来的乐趣。

(2)活动重点与难点

重点：能利用纸牌进行创意纸牌屋的设计、制作。

难点：功能性的探索与自己的主题相互配合。

4. 教学流程示意图

具体教学流程如图 6-10 所示。

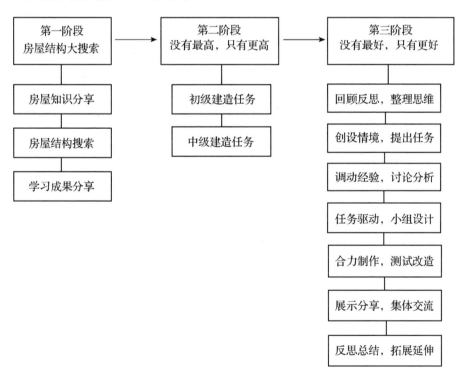

图 6-10　教学流程示意图

5. 教学过程

(1)房屋结构大搜索

第一，谈话引入。"衣食住行"是我们生活中最基本的元素，其中"住"(住房)更是人类赖以生存的基本条件。人们不断为营造适合居住的环境而努力，生活略有节余，就为自己建设坚固耐久、舒适、气派的房屋而忙碌。

第二，头脑风暴。

讨论：你了解房屋的哪些相关知识，请与同组的伙伴分享一下。

小结：在同学们的分享中我们了解到房屋的种类、房屋的结构、房屋的历史等知识。

第三，聚焦深思。房屋的稳固性是建造过程中大家考虑最多的。房屋的稳固性与房屋的结构有很大的关系。大家肯定玩过积木或者乐高，也肯定搭建过房屋，对于房屋结构，我们是不是还有很多疑问呢？我们可以怎样解决疑问？(网络搜索、采访、实地参观等)今天课上我们一起采用网络搜索的方法解决自己的疑惑。(学生利用网络进行搜索，并以组为单位将搜索的资料制成 PPT)

第四，集体分享。分组展示"房屋结构研究"成果。

(2)没有最高，只有更高

第一，谈话引入。

了解了房屋的结构，大家想不想亲手建造房屋呢？今天的课上我们建造房屋的材料很特殊，就是我手中的纸牌。这一张张纸牌将实现你作为一名建筑师的梦想，希望大家在一个个建造任务中会有新的体会和发现。

第二，初级任务。

发布任务：教师发给每个小组一副纸牌，告知学生，使用纸牌搭建一个至少高30 厘米的房屋。

小组讨论：第一次的尝试并没有很多要求，只要达成 30 厘米这个高度即可，对于纸牌的使用方式也没有特别说明。教师应当巡视观察各组情况，用以下问题进行引导：要求里有没有提到，怎样使用纸牌是正确的？纸牌能不能折叠？打孔？撕开？使用胶水是否被允许？使用胶带是否被允许？可以使用多少张纸牌？你认为是用尽量少的纸牌好，还是使用整副牌好？

小组展示：小组将搭好的纸牌屋进行展示，并描述设计的思路、制作的过程、制作过程中遇到的问题和解决方案。

第三，中级任务。

发布任务：教师宣布课程任务，使用一副纸牌和热融胶棒，制作出高度至少为

40厘米的房屋。房屋需要承受至少一本16开数学教科书的重量而不倒塌。

小组讨论：各个小组需要识别限制条件产生了哪些变化，在第一次设计的基础上进行改进。中级任务在使用材料、需要达成的目的、任务方面都发生了变化。教师应当引导学生进行头脑风暴，选取较为合理的创意方案，然后进行进一步的设计，并告知学生中级任务的评价量规(见表6-6)。小组达成一致后，开始制作设计图纸，要求结构完整、搭建步骤完整、使用材料标注清楚。

表6-6　中级任务的评价量规

项目	1分	2分	3分
房屋功能结构完整	基本结构不完整	基本结构完整	有墙、地板、天花板、房顶和地基
房屋高度	不达标	达标	达到40厘米
房屋强度	结构松散，不能承压	能够承受一本数学教科书重量	能承受三本以上的数学教科书重量
材料使用	使用了超过一副纸牌	使用了一副纸牌	使用了40张以内的纸牌
设计图	设计图不合格	有基本的结构设计	设计图完整，建造步骤合理，标注清晰，有使用材料预估
团队分工合作	无分工合作	团队成员有分工	团队成员有清晰的分工，如设计师、建造工程师、监理、材料员等
讲解和展示	粗略讲解	讲解比较简单，仅仅介绍成品，没有介绍步骤，没有反思	团队进行讲解，思路清晰，步骤描述清楚，有反思

制作：各组按照设计图进行制作。教师进行巡视，如果发现需要修正的设计，可以协助学生进行修正，并修改设计图纸，请学生记录下修改的全过程。

测试：测量房屋尺寸，使用数学教科书测量房屋承压能力，统计使用纸牌数量。

小组展示：给每个小组至少5分钟的时间，介绍制作的过程。从识别限制条件开始，询问学生课程任务的变化对小组制作方案的影响。其他小组可以自由提问，组内成员需做出解答。

总结反思：教师可以补充讲解房屋的基本知识，选取一到两组具有代表性的作品作为补充讲解的样品，用以下问题引导学生进一步思考：某个纸牌屋的建造是否合理？什么地方合理？什么地方不合理？在不同位置的纸牌分别承担了什么角色？

房屋的功能需求是什么？结构需求是什么？房屋是尽量高好？还是矮好？

(3)没有最好，只有更好

第一，回顾反思，整理思维。

谈话导入：上节课的纸牌屋制作大家一定还记忆犹新吧？这节课让我们再次走进纸牌屋，再次感受纸牌屋制作的魅力。这是大家上节课制作的纸牌屋(图片)，下课后各组针对自己的设计和制作进行了反思，哪个组先来分享一下？

学生拿着自己的作品和反思图，反思有哪些不足和可以改进的地方。

追问提升：这个纸牌屋的建造是否合理？合理在什么地方？不合理之处是什么？在不同位置的纸牌分别承担了什么角色？房屋是尽量高好？还是矮好？

小结：更多考虑的是承重，对于房屋的功能需求、结构需求考虑得不多。

第二，创设情境，提出任务。

地震使我们的家园变成了一片废墟，余震过后，我们需要重建我们的家园。这节课让我们再次设计制作纸牌屋，为在地震中失去家园的居民进行灾后的重建工作。

第三，调动经验，讨论分析。

提出问题：重建家园中最重要的就是"房屋"的设计。面对着灾后重建，我们需要哪些类型、哪些功能的房屋？请用思维图表示。(教师可出示相关建筑的图片引导回答：居民楼、医院、警察局、购物中心、消防队、酒店……)

小组讨论：要建造哪种类型的房屋？这类房屋有哪些特点？建造这类房屋需要注意什么问题？

第四，任务驱动，小组设计。

解读任务，识别限制条件：每组使用不超过 200 张纸牌和热融胶枪，不改变纸牌的形态，制作出具有功能性的房屋。房屋坚固，能承受至少 5 本数学教科书的重量而不倒塌，同时接受上下、左右的震动测试能保证结构完整。

解读评价表，识别评价要素，具体评价量规如表 6-7 所示。

表 6-7　第三阶段任务评价量规

项目	1分	2分	3分
设计图	基本结构不完整	设计图结构设计完整	有特色功能设计，建造步骤合理，标注清晰，有使用材料预估
材料(纸牌)数量	150 张以下	150～180 张	180 张或以上

续表

项目	1分	2分	3分
牢固实用	承重 3 本以下数学教科书	承重 3～4 本数学教科书	承重 5 本或以上数学教科书
	结构松散，一晃就散	能承受上下或左右晃动之一	既能承受上下晃动也能承受左右晃动
美观	杂乱无美感	视觉舒适	配色与构造精巧
合理完善	结构不全	简洁合理	功能齐全(包括标志)
团队分工合作	无分工合作	团队成员有分工	团队成员有清晰的分工，如设计师、建造工程师、监理、材料员等
讲解和展示	粗略讲解	讲解比较简单，仅仅介绍成品，没有介绍步骤，没有反思	团队进行讲解，思路清晰，步骤描述清楚，有反思

依据任务进行设计：设计图要有平面图和立体图(分楼层设计)；要根据不同建筑的不同使用功能来设计，如医院要有应急通道、运送病人的电梯等；材料合理分配使用(根据纸牌数量和大小进行设计)。

设计图展示，交流答辩。

第五，合力制作，测试改进。

各组按照设计图完成建造。在进行建造之前，大家商量一下分工，怎么才能更好地合作？(分楼层制作、一人扶着一人黏合……)

小组制作(提醒学生注意胶枪使用的安全)。

测试改进(承重、震动)。

填好"竣工验收单"。

设计汇报方式和语言。

第六，展示分享，集体交流。

小组展示，其他小组提问，并依据评价量规打分。

第七，反思总结，拓展延伸。

同学们知道布莱恩·伯格吗？他是世界有名的纸牌建筑师。据说他不用任何黏合剂，而是利用建筑力学的原理，就能将一张张纸牌垒叠成一座座著名建筑，其中有迪士尼的灰姑娘城堡，华盛顿的白宫，北京的鸟巢、水立方等。课后我们也可模仿他进行无黏合纸牌屋的设计与建造。

6. 学习效果评价设计

对学习效果的评价贯穿整个教学过程，穿插采用自评、组评、师评多种方式。此外，还对各组创作作品采用展示比赛的形式进行评价。多种评价形式可以帮助学生认识自我，建立自信，发挥评价的教育功能。

7. 本教学设计与以往或其他教学设计的差异

(1)活动内容契合学生兴趣，符合年龄实际

搭建游戏是学生最为喜爱的游戏之一，学生有着强烈的对于建造的热爱。将这一主题与"为地震中失去房屋的人建造房屋"这一内容相结合，以任务驱动学生去研究、去探索。要培养学生的探究意识和能力，必须要有一个具体的操作点，尤其是学生生活的现实环境，值得加以关注并及时摄取利用，从而使学生产生学习和探究的欲望。

(2)形成设计思维，以活动促进学生的发展

问题解决是综合实践活动的目标要素，综合实践活动课程的实施，强调发展学生在自己的生活中发现问题、解决问题的能力，学会设计解决问题方案，发展动手能力，形成探究学习的态度和习惯。本教学设计能够培养学生协助探究、交流合作及创新思维，形成从自己的生活中主动发现问题并独立解决问题的态度和能力，并以问题的解决为突破口，增强学生积极正向的体验和感受。

(3)小组合作的需求产生于学生自主活动的需要

合作学习是学生之间互教互学、彼此交流知识的过程，也是互爱互助、相互沟通情感的过程。小组成员之间必须相互了解、彼此信任，经常进行交流，互相帮助和支持，还需要妥善地解决可能出现的各种矛盾，同学之间建立起一种融洽、友爱的亲密伙伴关系。本教学设计要求学生能够互帮互助，而且增加了学生发言的机会，培养学生倾听别人意见的习惯，更重要的是培养了学生合作意识、团队精神，使学生深刻体会到，在整个活动中，每一个成员都是小组不可缺少的一员。

(4)心灵与思维碰撞，培养学生的创新意识

综合实践活动强调学生探索和研究活动的主动性，因此学生在活动中能体验到探索、发现及创造的乐趣，在设计时能开拓思维、集思广益。在思维的创造中，学生也可以学会沟通与合作、宽容与协助，学会欣赏他人。

第七章
STEM 与跨学科
教学

《义务教育课程方案(2022 年版)》从整体上突破了 2011 年版的内容，具体体现在课程目标素养化、课程内容结构化、学习方式实践化、学业质量标准化，强调了综合育人和实践育人。从培养目标统领上，要求在"坚定理想信念、厚植爱国主义情怀、加强品德修养、增长知识见识、培养奋斗精神、增强综合素质上下功夫"。从基本原则导向上，强调"注重培养学生的爱国情怀、社会责任感、创新精神和实践能力，奠基未来"，强调"加强课程内容与学生经验、社会生活的联系，强化学科内知识整合，统筹设计综合课程和跨学科主题学习。加强综合课程建设，完善综合课程科目设置，注重培养学生在真实情境中综合运用知识解决问题的能力。开展跨学科主题教学，强化课程协同育人功能"，强调"突出学科思想方法和探究方式的学习，加强知行合一、学思结合"，倡导"做中学""用中学""创中学"。从课程设置规范上，要求"各门课程用不少于 10% 的课时设计跨学科主题学习"。《普通高中课程方案(2017 年版 2020 年修订)》强调课程内容的"关联性"，注重学科内容选择、活动设计与学生发展核心素养养成的有机联系，关注学科间的联系与整合，增强课程内容与社会生活、高等教育和职业发展的内在联系。

无论是义务教育阶段的课程，还是高中阶段的课程，从育人的视角是要培养学生的必备品格和关键能力；从课程内容选择上，强调真实的情境；从学习方式上，强调"学生主体，学为中心"，强调学生的深度参与；从评价的视角上，强调学生学习的过程评价，强调学生成长的可视化。这些目标要求我们从根上改变教学的方式，设计适切的学习支架，为学生的学习搭建桥梁。STEM 课程的建设和学习就是基于真实的情境，让学生在解决问题的过程中创造学习成果，其要义是对当下的教学具有启发、借鉴意义，用课程资源建构和谐关系，创造学生学习和发展的良好生态。本章内容主要以义务教育为例，探讨 STEM 与跨学科教学。

一、 STEM 在教学中的跨学科基本取向与整合模式

不难发现，STEM 课程的学习体现五个进阶：第一层是具体课程知识、能力等学习；第二层是学科间建立一些关联的学习；第三层是多个学科初步融合的学习；第四层是以某一主题开展的跨学科融合的学习，尝试发现并借鉴问题；第五层是学生形成自主学习的思维习惯和自主探究的行为习惯。当学生达到这种状态时，他们在面临真实的问题情境时，就能利用已养成的综合素养开展新的学习。当我们的教学深度内化 STEM 的教学要义，为学生营造在真实情境中解决真实问题的学习生态，努力做到学生的学习始终与真实社会对接，与他们的生活相互印证时，学生进

入社会就可以少些屏障，这对学生的成长具有积极意义。

（一）STEM 在教学中的跨学科基本取向

1. 课程标准对跨学科学习的要求及教学建议

各个学科对跨学科学习进行了具体的要求，不同学段、不同学科的课程标准对跨学科学习的要求不同，采用的教学方式也不同，但都给出了明确的建议。以《义务教育数学课程标准(2022 年版)》为例，其跨学科学习内容组织与呈现方式的要求为："以培养学生综合运用所学知识和方法解决实际问题的能力为目标，根据不同学段学生特点，以跨学科主题学习为主，适当采用主题式学习和项目式学习的方式。"第一、第二、第三学段主要采用主题式学习，将知识内容融入主题活动中；第四学段可采用项目式学习。第四学段的项目式学习明确提出跨学科学习的要求，其教学建议中提出"项目式学习的关键是发掘合适的项目，要关注问题是否是现实的，还要关注问题是否是跨学科的；要关注学生是否能够解决问题，还要关注学生是否能够提出问题；要关注解决问题过程中的数学计算，还要关注解决问题过程中的数学表达""注重引导学生通过小组合作或独立思考，经历发现和提出问题的过程""注重引导学生经历分析和解决问题的过程""要引导学生解释数学结论的现实意义，进而解决问题"。其他学科虽然表达方式不同，但基本按照体现"跨学科"的要求选择学习的内容，并给出相应的教学提示。总体而言，就是以真实问题为载体，选择适当的主题，通过综合运用某一学科加其他学科的知识与方法解决真实问题，培养学生的核心素养，培养学生的实践能力、创新意识、社会担当等综合品质。同时，教师在做教学设计时，要有明确的目标、有效的教学支架、科学的评价量规，关注信息技术的应用，提升教学设计的质量，夯实跨学科教学的基础。

2. 新教材中跨学科学习内容的特征分析

新课程方案颁布后，新教材修订工作正式启动。各个学科课程标准给出了教材编写的要求。根据各个学科课程标准的文本分析，未来新教材中跨学科学习内容呈现如下特点。

(1)体现素养导向

素养导向是新课程改革的方向。体现跨学科的课程内容选择坚持素养导向，在教材中涉及跨学科主题学习的内容，从内容结构上强调核心素养的一体化，从内容组织上强调核心素养发展的整合性，从内容要求上强调素养发展的阶段性。

(2)体现问题导向

用真实可信的情境引导学生发现问题、提炼问题、探究问题、解决问题、拓展问题是新教材编写应关注的地方。学生根据教材提供的素材，结合教师补充的素材，经历从现实情境中归纳学科知识、方法，发展学科思维、抽象能力、推理能力等，在生活现实、学科现实、关联的其他学科现实交织的情境中成长。

（3）体现思维导向

教材是提供给教师教的素材，也是学生自主学习的主要阅读素材，尤其是涉及跨学科的内容，既要讲清楚问题的来龙去脉，又要能激发学生兴趣；既要使学生确定问题并能分解问题，又要适合学生自主探索；既要体现学科要素，又要跨学科关联，小梯度地引发学生思考，选择诸如查阅资料、校外调查、自主探索等方法形成思维链条，让学生在一点点的思维进阶中，分析问题，提出解决问题的方案。

（4）体现多元导向

跨学科主题学习的内容是新课程改革创新之举，教材中的学习素材要与时俱进，多选择我国社会、科技、经济、人文等领域的素材，突出真实性、时代性、典型性、科学性等特点。同时，充分研究素材呈现的形式，如文字、图表、图片等呈现的案例、故事，确保学生利用丰富多样的素材开展学习，积极构建学科知识、能力等基本素养体系，积极构建跨学科解决问题的跨学科素养体系，促进学生在学习过程中感悟，在真实问题解决的过程中实现价值构建，形成素养。

（5）体现整合导向

教材内容选择着力于体现各个学科在人类文明发展中的地位和作用，但任何事物的发生、发展都不是一维的，体现着综合性，即跨学科最原始的状态。各个学科教材内容选择素材时，既要突出学科要义，又要呈现其他学科相关的信息，这样有利于引导学生"身临"真实情境，开展有意义的实践探索，为自主学习提供机会，为创新学习提供可能。

（二）STEM 在教学中的跨学科整合模式

1. 学科课程标准中跨学科整合模式分析

"跨学科"一词在《义务教育课程方案和课程标准（2022 年版）》中高频出现，成为学界和一线教师研究的热点。从实践层面来看，跨学科需要结合学科课程标准涉及的课程目标、课程内容等，系统构建跨学科的课程研发、教学设计、课程实施与评价等体系。从一线教师的实际需求看，跨学科需要从基本理念、基本方法与技巧、一般实施原则、案例分析、课程建设流程、课程各个要素的设计与表达等给予具体的、明确的实例，才能引导教师们"为什么""如何做""做得怎么样"中深度探寻。

如何开展跨学科课程建设？需要从学科课程标准中跨学科整合的模式进行深度

分析。一般地，可以从两个维度三个层次来理解跨学科整合的模式。

第一个维度是根据各学科新课标中跨学科课程对知识、能力等素养养成的程度来界定，可以分成三个层次，即"利用跨学科主题来学习知识、培养能力""利用知识解决常见问题，形成基本经验""运用知识解决真实的问题，形成综合素养"。

例如，《义务教育数学课程标准(2022年版)》中，第一学段(1～2年级)主题活动涉及认识货币单位、时间单位和基本方向，尝试用数学方法解决问题，积累数学活动经验，形成初步的量感和应用意识，这是第一层次"利用跨学科主题来学习知识、培养能力"；第三学段(5～6年级)尝试在真实的情境中发现和提出问题，探索运用基本的数量关系，以及几何直观、逻辑推理和其他学科的知识、方法分析与解决问题，形成模型意识和初步的应用意识、创新意识，这是第二层次"利用知识解决常见问题，形成基本经验"；第四学段(7～9年级)探索在不同的情境中从数学的角度发现和提出问题，综合运用数学和其他学科的知识从不同的角度寻求分析问题和解决问题的方法，能运用几何直观、逻辑推理等方法解决问题，形成模型观念和数据观念，这是第三层次"运用知识解决真实的问题，形成综合素养"。其实，从微观上，每一个学段关于跨学科学习都会经历上述三个层次，只有这样，学生的学科综合素养才能被培养出来。

第二个维度是根据主导学科的门类来界定，也分为三个层次，即"单学科＋模式的跨学科主题学习""学科＋学科模式的跨学科主题学习""跨学科综合应用模式的跨学科主题学习"，前两个层次强调学生基本知识、技能、情感态度等基础素养的培养，重在夯实学业基础，第三个层次强调学生在前两个层次基础上自主解决真实情境的问题，培养和提升综合素养。

例如，在"节约粮食"主题下，"会用条形统计图、折线统计图表达数据，并作出简单的判断"，就是以数学学科为主，做好数据统计分析，同时利用营养学、道德与法治等学科辅助，开展跨学科学习，体会节约粮食的价值和意义，在充分利用数学分析得出结论的基础上开展"节约粮食从我做起"的行动。在"湿地"主题下，开展地理＋生物的跨学科学习，同时研究地理位置、气候、物候、水、土壤等，体现真实问题的综合性。在"绘制公园平面游览"主题下，学生自主选择某一场景，并开展客户参观喜好的调研，提炼相应主题，综合运用数学、地理、美术等知识，绘制公园平面游览指示地图，创造性地完成活动任务。

2. STEM 在教学中的跨学科整合模式

STEM 在教学中的跨学科整合分无形和有形两种形态。所谓"无形"，即利用 STEM 学习的精神要义开展的跨学科学习，而非完整的 STEM。所谓"有形"，即在教学中用完整的 STEM 来引导学生学习。

　　用 STEM 精神统领的"无形"跨学科整合，就是要深度理解 STEM 学习的整体性、过程性、创造性、成果性等特点，选择能体现上述特点的学科知识进行整体的教学设计，形成完整的课程形态。结合跨学科的特点，跨学科教学设计中具体关照的要素如图 7-1 所示。

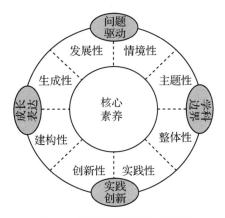

图 7-1　跨学科教学设计的要素

　　以地理和生命科学为例，在学科领域内可以选择多种主题，开展丰富的跨学科学习。生物和地理学科之间的知识交叉主要是常识性的基础知识和同一知识在不同学科有不同侧重点，同时还体现在科学方法和能力上的交叉及情感态度价值观上的交叉，以此构建跨学科主题学习的逻辑基础。董瑞伶从上述视角，以地理八年级下册教材中"三江源地区"为研究情境，选定学科交叉内容：生物多样性和生态系统的保护为学科整合的主题，以生物多样性、生态系统等建立起生物与环境的关联，引导学生开展学习；用真实的情境理解知识、运用知识，从而提高学生分析、解决复杂问题的能力，提升学生的高阶思维；传播环境保护、可持续发展观念等，激发学生的社会责任感。[1] 在教学过程中，还可以以地理、生命科学为主，关联其他学科开展跨学科教学，如在研究生物多样性、气候特征等时可以引入数学，通过数据的统计、分析等强化地理、生命科学的知识，还可以与语文学科结合，多种形式表达、宣讲课程学习的成果等。

　　STEM 在教学中的跨学科整合的"有形"模式，就是以学科知识为基础，严格按照 STEM 课程结构设计教学。当然，与学科结合的 STEM，从一定程度上讲是

---

① 董瑞伶：《初中地理生物跨学科单元教学的实践与思考——以"三江源地区"为例》，载《地理教学》，2019(20)。

STEM 的简化版，起决定性作用的 STEM 会受到时间、空间、人员等制约，因此，教师既需要考虑课程结构的完整性，又需要考虑学科学习的特殊性，既需要考虑 STEM 在学科教学中的积极因素，又需要考虑 STEM 在学科教学中的不利因素等。所以，STEM 在教学中的"有形"模式要找到不同学科的"大概念""大主题"，以此统整、设计基于学科融合的主题学习，用 STEM 作为外显的形式，提高教学质量。

仍以人教版地理八年级下册教材中"三江源地区"为研究情境，我们选择"帮某种鸟搭建一个家"为主题，设计跨学科主题学习方案。在教学的支架搭建中，教师需要引导学生分析当地的气候、物候、水、植物、动物生态链等，需要引导学生分析某种鸟的生理结构、生活习惯等，需要引导学生了解某种鸟对"家"的基本需求等。在做好基础的知识、能力储备之后，教师引导学生组建团队、分工合作、制订"帮某种鸟搭建一个家"的方案、开展研究等，到最后为某种鸟制作实物的或虚拟的"家"，并向同伴介绍其原理。学生根据解决问题的实际需要，开展逆向学习，因需而学，做到定向攻克，也是提高学习质量的有效方式。

二、 基于核心素养的跨学科 STEM 设计

（一）跨学科 STEM 建设的理论与建设逻辑

坚持素养导向，《义务教育课程方案(2022 年版)》着眼于培养面向未来的人，从课程内容和结构进行了与时俱进、大刀阔斧的变革，"遴选重要观念、主题内容和基础知识，设计课程内容""设立跨学科主题学习活动，加强学科间相互关联，带动课程综合化实施"，坚持跨学科的课程教学，进一步挖掘跨学科学习的本源，从基础上提供创新人才培养的土壤，为国育才。面向新方向，我们开展跨学科课程建设，首先要厘清新课程方案中的跨学科与以往课标中"综合课程""综合实践活动"等跨学科方案的联系与区别，把握其内涵，做好课程研发、实施、评价等工作，发挥跨学科课程高质量育人的功能。

1. 从不同视角理解跨学科

跨学科教育从培养目标、课程内容、课程实施方式、师生关系等方面改变了传统的教育模式。美国国家跨学科研究委员会指出：当单一学科或领域难以解决某一问题时，可通过两个或两个以上的学科或专业知识体系的整合提出解决问题方案，形成新的知识和经验。到目前为止，从理论和实践层面，跨学科的育人价值得到大家的认同，只是在具体认知和实践过程中，视角不同对跨学科的认知形成的结论就不同。从汉语的构词来看，基于整体，从词性来分析，对于"跨学科"中的"跨"可以

从三方面来分析：若从动词来看，"跨"就是包括两门及以上的学科；若从形容词来看，体现了几门学科之间的关联；若从名词来看，体现了几门学科呈整体性特点。因此，从"跨"的对象来看，可以有跨学科能力、跨学科态度及跨学科素养等；从"跨"的方式不同，衍生出跨学科研究、跨学科教育、跨学科课程等；从"跨"的结果来看，包括用创新的方法解决某一问题、创造出解决某一类问题的方法等；从"跨"的程度来看，包括"比较学科、边缘学科、软科学、综合学科、横断学科及超学科"[1]等不同学科组合结构。

经过不同路径、方式的传播，中小学一线教师对于跨学科并不陌生，关于跨学科的产生、发展等耳熟能详，但真正用于教学实践中，还处于起步阶段。在新课程标准中，各门学科类课程均设置了跨学科主题学习，不同学科表述不同，但其基本内涵一致。数学沿用了 2001 年版、2011 年版课标的传统，称其为"综合与实践"，采用主题学习和项目学习的方式，强调数学与其他学科知识融合。化学称其为"化学与社会·跨学科实践"，生物称其为"生物学与社会·跨学科实践"，物理称其为"跨学科实践"，语文称其为"跨学科学习"，历史和地理称其为"跨学科主题学习"。虽然不同学科关于跨学科有不同名称，但跨学科的基本功能和教育意图是一致的，即在课程分科设置的条件下，通过主动跨界去观照学生的完整生活，将学生未来可能的创新实践活动提前到义务教育阶段。同时，在所有学科中，只有《义务教育地理课程标准(2022 年版)》明确提出了跨学科主题学习的定义，即"基于学生的基础、体验和兴趣，围绕某一研究主题，以地理课程内容为主干，运用并整合其他课程的相关知识和方法，开展综合学习的一种方式"。2001 年，我国印发的《基础教育课程改革纲要(试行)》中强调要"设置综合课程"，新方案强调"推进综合学习"，强调"综合学习"，体现教育"整体人"，是我国教育在传承中的发展。"综合"的实质是"联结"，将我们的教育指向对生活经验、正式学习、不同观点和学科知识等的整合，克服分科教育的割裂，倡导教与学方式的变革[2]，落实以学生为主体、学为中心的教育理念[3]，跨学科学习能充分体现这种"综合"和"联结"，充分实现和强化课程协同育人功能。

---

① 章成志、吴小兰：《跨学科研究综述》，载《情报学报》，2017(5)。

② 郭洪瑞、张紫红、崔允漷：《试论核心素养导向的综合学习》，载《全球教育展望》，2022 (5)。

③ 钟启泉：《基于"跨学科素养"的教学设计——以 STEAM 与"综合学习"为例》，载《全球教育展望》，2022(1)。

2. 跨学科 STEM 建设的逻辑

在新课程标准的指引下，"跨学科"的取向包括跨学科课程整体建设、跨学科主题学习、跨学科教学。基于对一线教师教学实践的启发性，这里主要分析跨学科教学。我们知道，STEM 是义务教育阶段实现跨学科教学的重要途径，通过主题式、项目式等教学模式将真实问题抽象化，利用科学、技术、工程、数学等学科知识，以游戏化、可操作性强的学生群体性任务来完成。

(1)跨学科教学的价值逻辑

宏观上，跨学科教学是建立高质量基础教育的诉求。随着党的二十大报告对教育功能的定位，积极探索教育改革、提升教育质量成为基础教育的首要任务。跨学科教学以主题为导向、以问题为路径、以协同合作为策略、以科学评价为工具，引导学生在真实学习中提升综合素质，锻炼"跨界"创新能力。麦娜松咖等学者对跨学科教育的研究表明：跨学科教育可以通过情境性创设或问题导入等方式为学生创造跨学科对话的关系和空间，使学生能在理解本学科的同时，进一步思考本学科与其他学科的联系与冲突，有助于高阶思维和元认知能力的培养，也能使学生突破学科相对主义文化，形成更开阔的认知视野[1]。

中观上，跨学科教学是培养学生核心素养的必由路径。随着社会的发展，尤其是科学技术的发展，教育对人的作用就是培养其核心素养。如何高效率培养？将学生置身于真实生活情境，选择具有跨学科性质的主题开展学习，丰富的跨学科学习经历让学生的核心素养在自然中形成。这就意味着教师在教学中不能将课程与教学的重点放在某个特定学科或者过于关注学科界限，而是要引导学生适度跨越边界，利用学科相互关联的知识探索解决问题的新路径，引导学生在解决问题的过程中学习学科知识，体验学科知识的应用，综合应用学科知识解决问题[2]。

微观上，跨学科教学是引导学生改变学习方式的载体。教师的跨学科教学是基于深度理解学科核心素养基础的学科学习指导活动，引导学生亲自参与实践，在实践中从"学了"转变成"学会了"，从而真正理解教材中的命题、理论，使之变成自己的经验，同时，利用自己的经验进一步参与实践，在实践反思中重构、深化、升华自己的认知。教师的跨学科教学成就学生跨学科的学习。"新课标"倡导以主题活动的学科实

---

① Manathunga C., Lant P. & Mellick G., "Imagining an Interdisciplinary Doctoral Pedagogy," *Teaching in Higher Education*, 2006(3).

② 李学书：《STEAM 跨学科课程：整合理念、模式构建及问题反思》，载《全球教育展望》，2019(10)。

践变革学科学习方式，将静态的知识转化为动态的学习活动过程，鼓励"做中学""用中学""创中学"，让学生获得直接经验、感性经验，自主建构自己的知识体系。

(2)跨学科教学实践的逻辑

跨学科教学让学生感知学科从独立到关联，认识现实世界的整体性。现实世界是多维的、复杂的，特别是科技的发展让现实世界呈现综合化、整体性。学生无论是学习知识还是运用知识，都需要在教师的真实案例引导下逐步形成自己的经验。跨学科教学弥补了单一学科的线性思维的短板，培养学生的跨学科思维和跨学科解决问题的能力，促进学生从整体上认识世界，系统地思考世界。

跨学科教学让学生的知识的学习变为知识的应用，回归学科价值的本源性。从教学层面来看，跨学科教学将知识的学习与复杂问题的解决融为一体，学生在真实问题中反思知识是什么，通过寻找知识的根源的过程完成学习，与此同时，学生也经历了用知识解决问题的过程，让知识的学习呈现自然而然的状态。

跨学科教学让学生的学习态度从被动变为主动，激发学生学习的自主性。跨学科教学就是在某一主题下，引导学生合作学习，让每一名学生沉浸在学习之中，开展动手实践、思考解决问题的策略、提出解决问题的方案等，体现学生主体、学为中心的教育理念，营造利于学生成长的教育生态环境。

(3)跨学科教学的学科逻辑

立足学科本质，实现学科融合。基于学科的跨学科学习应以学科为中心，指向学科内容、学科思维、学科方法。基于落实学科教学的素养目标，将目标细化分解到各个学科之中，用其他学科促进主学科的学习，用主学科深化其他学科的学习，相互作用、互为工具、彼此成全。在跨学科教学中，根据解决问题、达成任务所需选择跨学科的界限，搭建以主学科实践活动为主线、融合其他学科学习活动的学习支架；明确主学科内容统领，整合运用其他学科知识，找到解决问题的方向；选择思维方式主导、其他学科协助的主学科的学习方法引导学生开展学习，达到"1+1>2"的学习效果。

（二）依据课程标准的跨学科 STEM 设计

1. 新课标中跨学科 STEM 设计的整体思考

新课标背景下跨学科 STEM 设计需要从整体上明晰各个学科之间的链接点和链接方式，基于学科进行跨学科的整体把握。我们从学科育人目标、学科核心素养、课程内容呈现、案例、学业质量等课程建设的关键要素，思考跨学科教学的基本路径(见图 7-2)，整体规划真实的学习项目和跨学科 STEM 的教学框架(见图 7-3)。

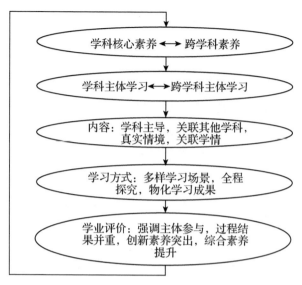

图 7-2　跨学科教学的基本路径

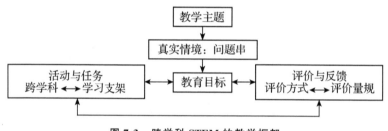

图 7-3　跨学科 STEM 的教学框架

2. 新课标中跨学科 STEM 设计的关键点

（1）一体化规划："跨学科"融入"跨学段"

《义务教育课程方案（2022 年版）》修订原则中强调"坚持问题导向""遵循学生身心发展规律，加强一体化设置，促进学段衔接，提升课程科学性和系统性"。跨学科往往会受到学科学习进度的制约，要做好跨学科教学，就需要一体化规划，系统构建学科间关联的大概念，通过"跨学段"实现"跨学科"，打破时间、空间的壁垒，为学生的整体学习做好设计。当然，在具体的实施过程中，我们可以采用整体设计，分段实施，也可以在不同学段采用分层次推进的方式来实现。

（2）核心素养导向：确定可见的教学目标

"坚持素养导向，体现育人为本"是《义务教育课程方案（2022 年版）》定制的基本原则，核心素养是学生适应终身发展和社会发展需要的"必备品格和关键能力"，是个体在与现实世界的特定任务或需求互动过程中所蕴含的各种能力、个性特征、价值观念或动机意志等的整合性特征，教学目标、教学任务、教学过程和评价是一体的，确定可见的跨学科教学目标具有多层次性，课程标准和相应的能力指标是主要目标来源，主要体现为学业质量标准。同时，还应关注跨学科教学中"爱国情怀、社会责任感、创新精神和实践能力"的目标要求。

（3）课程内容结构化：探索跨学科的方式

2001年、2011年的课程标准对学科本位强调比较深，科目多且相互之间的整合程度比较浅。新课程标准对其中的不足进行了优化、调整，体现时代的需求、新的教育理念，通过课程内容的结构化设计，从更深层次反映育人目标、教、学的关系，从而从内容、经验等方面探索跨学科教学的方式，构建教学新秩序。

（4）大概念统整：整合课程内容的途径

《义务教育历史课程标准（2022年版）》中提出"运用大概念对教学内容进行整合"，《义务教育科学课程标准（2022年版）》中提出"围绕学科核心概念和跨学科概念，理解教材设计"，其他学科也有类似的观点。新课程标准中学科中的主题、任务、任务群等都被称为大概念，大概念是统整学科内容的上位概念，具有基础性、交叉性、集成性等特点。通过不同学科的大概念的统整，我们可以发现、选择跨学科的内容，从而开展跨学科教学。因此，在规划跨学科主题教学时，首先需要厘清的是各个学科的大概念，通过抽象的、简洁的大概念更容易确定跨学科的内容；其次是通过大概念的链接，建立网状的、循环互通的学科间联系的渠道，由不同学科概念的交叉，合力形成新的概念，创造性地解决新问题，其工作的原理如图7-4所示。

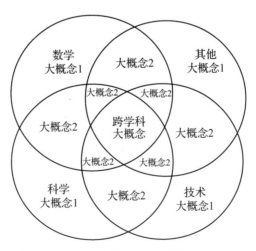

图7-4　跨学科STEM教学设计工作的原理

(5)大单元、项目化、任务群：形成跨学科教学新模式

"探索大单元教学，积极开展主题化、项目式学习等综合性教学活动，促进学生举一反三、融会贯通，加强知识间的内在关联，促进知识结构化"，这是新课程方案对教学的建议，与大概念统领课程内容是相辅相成的。在设计过程中，一方面以大概念组建概念教学任务群，利用真实的情境，围绕教学任务群，将概念的前提假设、背景条件、内涵、应用场景等具体化，通过教学的引导，帮助学生"入境"，对学生综合素养培养产生全景式的影响。一般地，学科课表中的主题、任务群等均体现了基础型、发展型和拓展型三个层级，同时还考虑了三个层级之间的内在联系和螺旋式上升，让针对不同学段学生的教学更具针对性，对学生素养的培养更加符合教育的规律。另一方面，探索大概念统整下的教学过程，即在教学中为学生搭建适切的学习支架，用大单元、项目化等方法落实任务群，借鉴 STEM 的教学模式，形成跨学科教学的若干模式，其基本模式如图 7-5 所示。

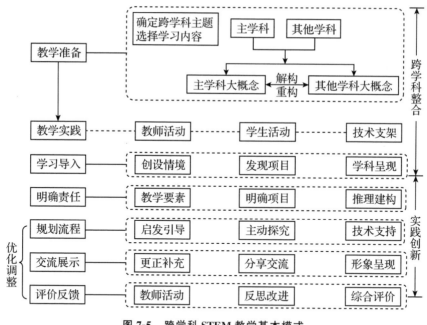

图 7-5　跨学科 STEM 教学基本模式

(6)主题式学习：改变学习的方式

跨学科主题学习是新课标的新提法，是对综合学习的具体诠释，是对培养创新人才的回应，是顺应时代需求、遵循人的学习规律的实践。"加强课程内容与学生经验、社会生活的联系，强化学科内知识整合，统筹设计综合课程和跨学科主题学习""探索大单元教学，积极开展主题化、项目式学习等综合性教学活动，促进学生

举一反三、融会贯通，加强知识间的内在关联，促进知识结构化"，即用主题的形式将学习内容整合起来，引导学生将知识与学生的生活经验关联起来，让学习在真实情境、主动参与、综合实践中发生。

(7)教学的评价：设计跨学科教学的评价方案

新课程方案明确提出对课程学习的评价要求。在评价中，从两个维度来思考评价，一是对教学设计的质量评价，二是对学生学习结果的学业评价，主要依据是学业质量标准和实施跨学科教学的要求等。教学设计的评价主要包括教学目标的可行性、内容结构的要求、学习支架的合理性、教学策略适切性、评价量规的操作性等。学业评价参照学业质量标准，关注学习过程、参与程度、学习情感等，同时要关注学生跨学科学习能力的测评(参照 STEM 学习中的评价)。整体上，跨学科学习的评价方案要关注学生形成普遍联系的意识与能力、关照学生综合运用知识去解决真实问题的意愿或能够提出创造性的构想、关照学生学习成果的育人价值。

(8)教学实施的条件：选择教学的资源

"跨学科主题学习"具有共同性、全面性，当我们在设计跨学科教学时，需要思考选择教学的资源。一般地，我们在开展跨学科教学设计时，首先要思考学科知识的相容性和关联性，其次要考虑"跨学科"的必要性，最后要考虑"跨学科"的适切性。不是任何学科、任何知识点都可以采取"跨学科"的方式来教。当教师决定采取"跨学科"的方式来帮助学生学习时，在教学资源选择上会主要考虑一些很难用本学科的知识和方法来讲解明白的教学内容、学生能明白的学习主题和学习材料，以及教师自身的跨学科素养，做到有目的、有机会、有方案、有过程、有结果地"跨学科"。基于新课标，我们在确定教学设计的条件时，不妨从跨学科学习目标设计、真实情境中基于问题的任务、跨学科学习过程设计和跨学科学习评价设计来确定(见图 7-6)，从而形成相对成熟的、可行的思维模式。

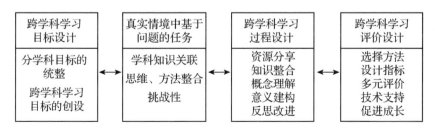

图 7-6　跨学科教学设计的思维模式

三、 基于学为中心的跨学科 STEM 的建设流程

跨学科教学和主题式教学是两个独立的教学方式。跨学科教学的基本表征是在跨越单一学科的基础上，围绕一个"主题"展开设计与实施。主题式教学的基本表征以学生为中心、教学主题为枢纽，让各要素齐发力，实现整体育人的教学。跨学科教学强调对学科界限、学科逻辑与学科视角的跨越，主题教学强调超出学科界限的教学目标、内容、环节、资源、评价等诸要素在主题上的统一。因此，"跨学科教学"与"主题式教学"具有相同旨意，均是对分科教学课程结构与教学方式的变革。我们将二者整合，以促进学生成长为目的，统筹教学视角的"跨学科性"与教学模式的"主题统筹性"，坚守学科立场，打破学科边界，围绕某一主题将两门及以上学科的内容进行整合，用主题统筹教学目的、内容、资源、方式及评价诸要素，通过问题导向的整体性设计与实施，促进学生在真实情境中开展有意义学习，实现人的全面发展的教学行为，构建跨学科主题教学。将 STEM 教育的精神融入学科教学，用学科教学的"跨学科""主题式"诠释 STEM 教育。

义务教育新课程方案的跨学科主题学习，就是坚持学为中心，培养学生综合素养和创新能力，跨学科 STEM 的建设是其中的主要形式之一。在实践的基础上，根据跨学科主题教学的内涵，我们可以采用跨学科教育"四引导六环节"模式来开展教学活动。"四引导"包括素养引导、问题引导、活动引导、项目引导；"六环节"包括梳理知识整合表、确定教学主题、设计教学流程、设计教学方案、确定实施方案、跨学科主题学习评价与反馈。其中，"四引导"渗透在教学设计的各个环节。

（一）梳理知识整合表

推进"学科＋"跨学科主题式教学是新课程标准提供的路径，以此推进跨学科 STEM 课程资源开发，设计教学方案，需要清楚理解 STEM 的相关学科的课程标准对知识的要求，以及与学科知识相关的其他学科知识，从而构建可以开展跨学科主题教学的大概念。在大概念统领下逆向分解子概念，设计教学方案。要实现这个循环过程，首先需要依据课程标准，结合教师的跨学科素养，整理学科整合表，寻找、确定跨学科教学的最初资料。从学校整体的跨学科主题课程建设来看，学校应组织各个学科教研组系统梳理知识，整理学科整合表。教师根据学科整合表，一是根据个人跨学科素养，独立建设跨学科主题课程，并开展教学；二是在学校教学部门统筹下，由相关教师组成动态的课程建设合作组，即不同的主题采用不同的组

合，合作设计跨学科主题课程，并开展教学。教学可以由主导的学科教师主讲，也可以由合作的教师并联式主讲，还可以根据跨学科教学不同阶段的主导学科不同形成教师串联式主讲。表 7-1 是一个以数学为主题的例子，可供借鉴。

表 7-1　初中数学知识与关联学科知识表举例

数与代数		关联的其他学科及知识点
数与式	有理数、实数	地理：极地地区(温度)；语文：龟兔赛跑；数学史：毕达哥拉斯
	代数式	生物：细胞分裂；体育：投球
	整式与分式	地理：人口、资源；数学：长方形面积
方程与不等式	方程(组)不等式(组)	数学史：希腊文集；化学：铁的冶炼、液体的浓度；物理：天平秤物体的质量、串联与并联；语文：诗歌
函数	函数	音乐：旋律线；物理：电功率、压强；地理：降水量
	一次函数	物理：平均速度等；生物：青春期(身高、器官增长速度)
	反比例函数	物理：测量物体的密度、欧姆定律、重力
	二次函数	物理：抛物运动

学校系统建设跨学科主题教学，需要教师沉下心来，合力做好学科整合表的梳理工作，以夯实后续研究与实践的基础。在学科整合表的基础上，教师根据 STEM 课程建设的模式，绘制跨学科 STEM 的课程图谱，为确定主题做好准备工作。图 7-7 是数学学科的一个样例，供一线教师在实践中参考。

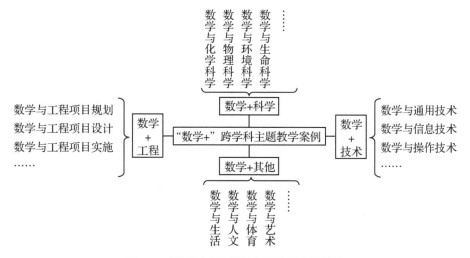

图 7-7　"数学＋"跨学科主题教学关联学科

（二）确定教学主题

主题是跨学科 STEM 的"心脏"，即由一个大概念统领，基于某一个指定的真实情境问题，设计具有挑战性的系列学习活动，引导学生在自主参与的实践中、解决问题的过程中、创新思维中开展学习。在一个主题下，不同学科可分解成不同的若干个小的主题，并由此衍生出一个个教学的支架，引导学生在解决具有挑战的问题中学会学习、学到经验、学会思考、学会创新。

一般地，跨学科主题教学的主题来自三个方面：从内容来源上说，或来自课标的案例或教材上现成的主题，或来自学生学习过程中的真实需求；从组织形式上说，或来自学校课程资源库中成熟的典型案例，或来自对以往不成熟、不成功主题的重构、加工和改造；从主题的主导性上说，或来自教师为某一确定的教学目标而新开发的主题，或来自由部分学生的兴趣爱好拓展的创新性的主题。从一线教学的实践看，我们以课程标准中的案例或教材上现成的主题为主，以新开发的主题为辅来推进跨学科教学。以数学为例，课程标准中给出了"绘制公园平面地图"，其主题就是"绘制平面图"。而要绘制一张高质量的平面图，学生需要考虑公园自身的地形地势、自然环境、文化环境等，按照某一目标(经过的文化景观最多)来设计，这样就会涉及数学作图、美术、地理、历史等学科，并且这些学科均在"绘制平面图"这一主题下，自然而然地被引进来，为这个主题服务。在实现"绘制平面图"的目标后，这些学科的学习自然而然地完成，该主题整体衍生的子主题(子任务)构成的关系如图 7-8 所示，这样我们就能整体了解在"绘制平面图"的主题下跨学科教学应该如何设计、如何实施了。

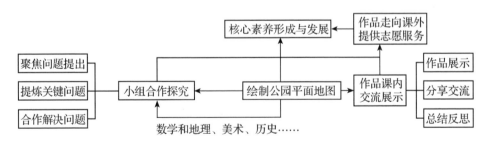

图 7-8　"绘制公园平面地图"的教学设计逻辑

再如，我们可以某一主题出发，研发跨学科主题教学方案，如以"认识赵州桥"为主题，可以从不同学科分解(见表 7-2)，然后根据教学的需要进行选择，设计满足学生学习需求的跨学科教学方案。

表 7-2 "认识赵州桥"主题活动学科分解

学科	概念	主要内容
物理	加速度、向心力	桥承受的重量、车的速度
数学	函数	二次函数
地理	表层岩性	土质、石头的硬度
	地理环境	地势、河流、地势、气候、水流量等
美术	美术史、黄金分割	敞肩、单孔、坦狐、隋唐雕刻艺术鉴赏
结构	建筑结构	曲式结构
历史	历史人物、人文	建筑师、与人文相关的历史人物等
音乐	音乐韵律	单三部曲式

（三）设计教学流程

确定了教学的主题之后，教师应根据 STEM 跨学科教学基本流程（见图 7-9），整体规划跨学科主题教学，考虑"教—学—评"的一致性。

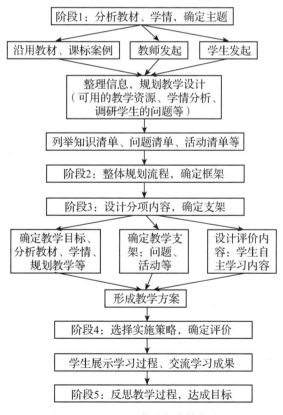

图 7-9 STEM 跨学科教学基本流程

（四）设计教学方案

这里所说的教学方案的设计，是在大单元教学的方式下，将主题拆解成若干个子主题，实现跨学科设计教与学的活动。教学方案的设计主要是设置问题、设计任务、设计单元教学逻辑、设计评价方案等。问题设置包括学科目标分析、跨学科知识分析及学情分析等。利用真实的情境，教师将课程内容转化为围绕主题的探究实践任务，用恰当的教学方式引导学生围绕驱动任务，综合运用多学科知识分析问题、探究问题、创造性解决问题，引导学生在实践中体验反思，在合作交流中领悟思想、积累经验、提升素养。教师要做好整体的教学方案的设计，需要考虑各个环节、各个学科自己的设计，需要对主题进行解构和重构，组建完整的教学体系。

如何解构？我们可以借鉴图 7-10 展示的路径来分析、挖掘跨学科中各个学科的子主题，思考、设计对应的活动，形成认知地图。

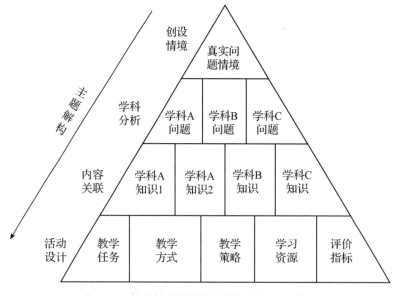

图 7-10　基于某主题的跨学科子课题分解模型

如何重构？用跨学科大概念统整，将各个学科与大概念相关的信息关联起来，绘制认知图谱。以数学课标附录中提供的"水是生命之源"为例，在"用两位数乘除——节约用水"主题中可找到学科内容支撑①，进行设计。首先根据问题，分析学科与之关联的信息(见表 7-3)。

---

① 李明伟、黄莹、张晓蕾：《2022 版数学课标背景下跨学科主题学习设计与操作范式》，载《教育评论》，2022(10)。

表 7-3　"用两位数乘除——节约用水"活动的学科关联

主题	问题	学科关联
节约用水	为什么要节约用水	数学：统计水浪费的量 语文：身边浪费水的现象 科学：水资源现状
	如何节约用水	数学：各种方式节约水的量，对环境、社会产生的影响 语文：节约水宣传 科学：水循环利用 艺术：节约水宣传 信息技术：制作节约水的数字资源并宣传

在上述表格的基础上绘制重构的认知地图(见图 7-11)。

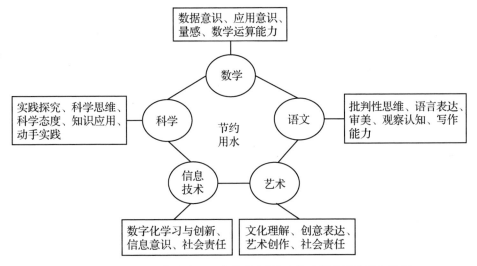

图 7-11　"用两位数乘除——节约用水"活动的跨学科重构认知地图

将上述重构的认知地图中具体的活动内容、任务解决等用表格的形式给予呈现(见表 7-4)。

表 7-4　教学设计模板

教师团队		学校	
涉及学科		年级	
实施时间			
实施对象			
教学目标			

续表

教材分析			
学情分析			
活动概述	课程标准关联	素养目标	问题和任务
教学活动流程设计			
教学环节	教学活动实施	成果展示	评价计划

　　当上述工作完成后，跨学科主题教学的全貌就被勾勒出来了，为后续的实施做好了保障工作。

（五）确定实施方案

　　完美的教学设计需要良好的教学实践来实现其育人的价值，教学实践是将教学设计理念付诸行动的过程。跨学科主题教学往往是单元教学，根据第四步的设计，通过教师的个性转化，将上述的设计方案转化为教师教学实施的方案。在教学活动中，教师要紧密联系学生的生活经验，选择恰当的学习方法，引导学生自主探究，启发学生创造性解决问题。同时，对学生学习过程中可能出现的各种情况做好预设和应对预案，保障教学设计高质量实施，落实课程育人目标。例如，以"云与生活"为主题，我们可以用图 7-12 简略设计教学实施方案。为了更好地指导教学，除了用图示来设计教学实施过程外，一线教师更多采用文本的方式设计实施方案，具体见本章第四节的案例。

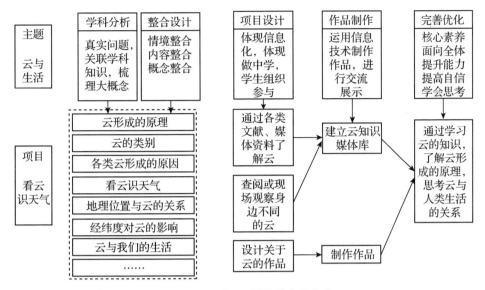

图 7-12　"云与生活"教学实施方案

（六）跨学科主题学习评价与反馈

　　跨学科 STEM 的教学引导学生开展跨学科学习，既有自主学习的过程，又有"产品"或"成果"的学习，跨学科学习的评价应体现全程性、全员性、全景性，采用定量评价和定性评价相结合、形成性评价和终结性评价相结合的评价方案。同时，从跨学科学习的目的出发，在评价过程中要将学生跨学科学习中的参与性、创新性、知识的理解与运用迁移等作为重点。从总体上看，评价方案中的评价主体、评价方法都相对好确定，最难的是评价指标的确定。任何教学的有效评价指标都是以促进核心素养形成和发展为目的的，因此，评价指标的设计总体上包括表 7-5 所呈现的内容。

表 7-5　跨学科主题学习评价框架

评价维度	评价内容	评价指标
核心素养	数学	数学核心素养的具体体现
	科学	科学核心素养的具体体现
	技术	技术核心素养的具体体现
	……	……
跨学科素养	合作能力	如积极参与小组学习、听取他人意见、提出个人观点等
	迁移能力	用已有的知识创新地提出解决问题的方案
	知识应用	用所学知识解决问题
	……	……

续表

评价维度	评价内容	评价指标
态度与价值观		如坚持学习、积极参与解决问题、认识所学知识的价值等
知识与能力	数学	如所涉及的数学知识掌握的程度，用知识解决问题的情况
	科学	如所涉及的科学知识掌握的程度，用知识解决问题的情况
	技术	如所涉及的技术知识掌握的程度，用知识解决问题的情况
	……	……
学习过程		如积极表达自己的观点、积极与同伴讨论等
交流展示		如交流的语言表达、文明礼仪、成果展示等
作品		如作品能准确表达自己的观点、作品某些要素的评价等

在教学实践中，除了做整体的评价外，还要关注某一目的的评价方案的设计，如围绕学科知识深化培养学生问题观察和思考能力的评价①。以浙江省杭州市学军小学"清河坊·访河坊"主题学习为例，其评价量规如表 7-6 所示。

表 7-6 "清河坊·访河坊"主题学习评价量规

分项	评价指标		评价星级		
	很棒：☆☆☆　较好：☆☆　一般：☆				
	一级指标	二级指标	个人	小组	总计
过程性评价	主动参与	积极参与每一次的讨论活动	☆☆☆	☆☆☆	
	协作交流	能完成小组中我应承担的任务	☆☆☆	☆☆☆	
		活动中听取他人意见，主动帮助他人	☆☆☆	☆☆☆	
		讨论时提出核心观点	☆☆☆	☆☆☆	
		能加工他人观点，产生更好的想法	☆☆☆	☆☆☆	
	探究学习	能分析问题，设计可行的探究方案	☆☆☆	☆☆☆	
		通过自主学习获得解决问题的信息	☆☆☆	☆☆☆	
		结合数学与生活合理加工、分析信息	☆☆☆	☆☆☆	
		能主动对项目和个人进行反思、调整	☆☆☆	☆☆☆	
	创新意识	提出了与众不同的想法和创意	☆☆☆	☆☆☆	

---

① 李俊堂、钱玮：《跨学科主题学习的评价设计要点》，载《中小学管理》，2023（5）。

续表

分项	评价指标			评价星级	
	很棒：☆☆☆　　较好：☆☆　　一般：☆				
终结性评价	一级指标	二级指标	教师	伙伴	
	科学有据	作品中体现考查的过程与结果，真实、科学、有理有据	☆☆☆	每人贴☆，选5幅最佳作品	
	表述有理	清晰、有条理地介绍项目成果，并提出合理化建议	☆☆☆		
	艺术美观	作品形式丰富、图文并茂，能体现河坊街特色	☆☆☆		
综合评价	教师、同伴的描述评价		个人各项评价数据分析		

　　显然，在过程性评价中的"探究学习""创新意识"板块就是考查和引导学生在活动过程中全面反省自己的学习过程，用评价引导学生学会观察、学会思考、学会合作学习，积极投入解决问题的实践中。

　　再如紧扣学科核心知识拓展评价。以浙江省杭州市学军小学"校园清凉数据地图"主题学习效果为例进行说明，具体评价量规如表7-7所示。

表7-7 "校园清凉数据地图"主题学习效果评价量规

评价指标	评价星级			综合评价
	很棒：☆☆☆	较好：☆☆	一般：☆	
	自我评价	组内评价	教师评价	
能否在校园中发现数据的存在				
能否用合适的工具得到校园地图的数据				
能否准确说出工具的特点和使用方法				
能否设计测量方案				教师评语
能否找到验证测量方法合理性的方法				
是否知道记录采集数据的方法				
是否知道选用哪些数据来绘制地图				
是否明确用哪些数学方法处理数据				
能否完成地图绘制				
能否用地图向别人说明地图传达的信息				

立足学科教学中的核心知识，思考核心知识与核心素养在价值内涵上的关联性，结合具体活动任务设计评价指标，做到"教—学—评"一致，体现核心学科——数学的核心素养的养成。这个量规充分实现了"知道在现实生活中，有许多问题应当先做调查研究，收集数据，感悟数据蕴含的信息"的目标，构建了"发现数据—测量数据—使用数据—分析数据—解释数据"的评价逻辑链。

关于跨学科 STEM 的评价指标的设计，在实践中我们往往是根据教学的实际需求来设计，无论采用什么视角设计评价指标，其目的都是促进学生深度学习，培养学生的核心素养，提升学生学习的品质。

四、 基于 STEM 的跨学科教学案例

以学科为本，基于 STEM 的跨学科旨在跨越学科界限，以某一学科或某几个学科为主，建设跨学科的课程，并开展跨学科教学。在课程设计过程中，我们要将学习、实践和创造三体合一，在继承历史中创造未来，在创新中延续历史，在应用中创新，在创新中继承。在课程设计过程中，坚持有学科才能跨学科，在学科的基础上才能跨学科，否则，我们的课程设计将避免不了庸俗化和浅表化的局面。

以数学为例，新课标提出"综合与实践"学习领域内的跨学科学习主要包括主题活动和项目学习等，其分类与案例整理如表 7-8 所示。

表 7-8 "综合与实践"学习领域的分类

类型	分类	学段	案例
主题活动	融入数学知识学习的主题活动	小学全学段（1～6 年级）	学段 1：数学游戏分享、欢乐购物街、时间在哪里、我的教室、身体上的尺子、数学连环画 学段 2：年月日的秘密、曹冲称象的故事、寻找"宝藏"、度量衡的故事 学段 3：如何表达具有相反意义的量、校园平面图、体育中的数学
	运用数学知识及其他学科知识的主题活动		
项目学习	以问题解决为导向，整合数学与其他学科的知识和思想方法解决现实问题	小学第三学段（5～6 年级）	营养午餐、水是生命之源
		初中全学段（7～9 年级）	体育运动与心率、绘制公园平面地图、国内生产总值（GDP）调研

数学新课标要求教师在选取教学内容时，要聚焦真实情境，选择恰当项目，确定跨学科问题，关注学生学习的全过程。以数学为主的跨学科教学，就是坚持数学学科基本立场，整合地理、物理、化学、生物、语文、艺术、美术等学科知识解决生活或科学情境中实际问题的教学活动。基于上述认识，本案例根据《义务教育数学课程标准(2022年版)》附录1课程内容实例中的例35、例50、例56、例90进行梳理，设计以"绘制地图"为主题的跨学科STEM教学案例。

（一）梳理案例

根据数学课程标准中提供的案例进行梳理(见表7-9)，做好基本内容、基本教学任务、关联学科的整理，为整体的教学设计厘清知识、方法、过程、思维等，画出基本的结构图。

表7-9　义务教育数学课程标准中综合实践案例

案例	主题	内容	任务建议	跨学科
35	回家路线示意图	描述从学校回家的路线示意图，注明方向和途中的主要参照物	学生用日常语言描述回家的路线； 学生绘图； 学生交流分享及改进	数学 美术 地理 语文
50	我的教室	在具体场景的描述中学习上、下、左、右、前、后等词语描述物体的位置，并了解位置具有相对性，方向是用来描述位置的，能够在生活中使用这些词语表达方位	介绍我的教室； 绘制我的学校示意图； 介绍我的房间	数学 地理 美术 工程 语文
56	寻找"宝藏"	通过寻找"宝藏"的情境，继续学习东北、西北、东南、西南四个方向，认识八方，并能够在平面上进行表达，发展空间观念	寻找"宝藏"； 制作藏宝图； 交流分享藏宝图	数学 地理 语文 美术 生物

续表

案例	主题	内容	任务建议	跨学科
60	校园平面图	通过实地测量校园，学生经历相对复杂的测量过程，尤其是对校园的占地形状不规则、建筑物墙体太长不好测量、怎样将立体的校园画在平面上等诸多问题要进行深度思考，将校园的形状、校园内的建筑用合适的比例尺画在纸上，知道事先规划、分步实施的重要性，体会测量误差的取舍及其现实意义，积累数学实践活动经验，发展量感，学会创新，感悟小组合作的重要性	明确绘制任务，分析、讨论可能遇到的问题；开展实地测量活动，研究不规则、不好测的地形、建筑物等测量方法；绘制校园平面图；组织展览，交流反思	数学 地理 语文 美术 生物
90	绘制公园平面图	通过绘制公园平面图的实践学习，学生学会利用方位、直角坐标系等知识解决问题，学会从学科的视角观察现实世界，用数学和跨学科思维分析问题，运用数学与艺术等多种语言形式表达自己的想法和观点，感悟数学美，发展数学抽象和几何直观等数学关键能力；形成分析问题、解决问题、合作交流、实践探索、批判反思、组织协调等共通性素养；了解中华优秀传统文化的历史渊源、发展脉络、精神内涵及人文景观和地理地貌，增强文化自觉和文化自信，养成热爱劳动、自主自立、意志坚强的生活态度	调研游客个性化需求，明确任务——公园常常需要提供不同主题的地图；组建团队，分析、讨论绘图可能遇到的问题；开展实地测量活动，研究不规则、不好测的地形、建筑物等测量方法；绘制公园主题旅游地图；组织分享，交流反思；组织志愿者活动	数学 地理 语文 美术 生物

（二）梳理知识

教师在数学跨学科主题教学时，构建真实情境中的问题，引导学生理解数学本质，在实践中掌握学科知识、应用数学知识和培养创新意识。跨学科决定了数学应与现实生活联结起来，解决的问题应具有复杂性和综合性，这就强调跨学科的教学不再是单一的知识维度，而是从知识、方法、思维等多角度深度解析背景中的待解决的数学，以及相关联的其他学科对应的知识。"回家路线示意图""我的教室""寻找'宝藏'""校园平面图""绘制公园平面图"这五个子主题，根据学习阶段的不同、知识的不同、方法的不同、思维的不同等因素，呈现"绘制地图"主题的阶梯上升的过程。在整个过程中，学生越来越精确地应用知识，思维越来越缜密，关联学科越来越多，也越来越深入，具体如表 7-10 所示。

表 7-10　"绘制地图"主题活动跨学科进阶

主题	数学知识	关联学科
回家路线示意图	东、南、西、北	地理：方位 美术：构图、识别参照物
我的教室	上、下、左、右、前、后等，介绍物体之间相对位置关系	地理：方位、位置 美术：构图、识别参照物 工程：建筑物
寻找"宝藏"	东北、西北、东南、西南，确定位置	地理：方位、位置，在平面认识的基础上发展空间观念 美术：构图 生物：植物 语文：迁移与表达
校园平面图	比、比例、测量、确定位置、长方体、正方体、圆柱、圆锥	地理：方位、位置 美术：几何图形的认识、构图 工程：建筑物 语文：迁移与表达 生物：植物 信息：虚拟图示
绘制公园平面图	上述数学知识	地理：方位、位置、地貌等 美术：构图、文化古迹、景观等赏析 工程：景观、建筑等 生物：古树分布、植物分布、动物分布等 语文：文化赏析与表达 信息：虚拟图示

（三）确定目标

在主题明确、知识基础明确的基础上，教师在设计教学时，立足于核心素养的培养，通过联系现实生活，引导学生在真实的活动中，完成一个个的挑战性任务，在解决问题的过程中实现育人。学生的培养需要一定目标的指引，因此，根据上述的准备，制定大单元教学设计下的教学目标(见表 7-11)。

表 7-11 "绘制地图"大单元教学目标

主题	案例目标	单元目标
回家路线示意图	学生用日常语言列举关键参照物，描述回家的路线； 学生能画出简易路线图，在图上标出方位，标明主要参照物； 学生相互讨论各自路线图的优点与不足，在共同学习中形成对物体的几何直观认识和对空间位置的认识	能用日常语言、图示等语言描述回家的路、学校地图、公园地图等，在具体的任务中，学会选择绘制地图的参照物、数学知识等，并利用这些知识绘制满足某一目标的地图，形成对方位、比例等知识的基本认识，形成对基本的相对位置、空间的认识； 学会组建学习小组，明确任务内容，研究解决问题的方案，在解决任务的过程中体会解决问题的方法，形成思维，学会合作； 感悟爱国、爱家乡的情感，认知到每个人应该从爱学校做起，参与各种力所能及的活动，承担起自己的责任，如绘制公园主题地图，宣传家乡，做志愿者； 经历发现问题、探究解决问题的方案等，培养创新精神、合作意识和解决问题的能力，提升综合素养
我的教室	通过向他人介绍"教室里有什么""我在教室里的位置"等，能正确使用上、下、左、右、前、后等词语描述物体的位置，辨别自己的东、南、西、北方向分别是谁，体会方位的相对性； 通过观察学校周围的标志性建筑，用东、南、西、北等词语向他人介绍自己学校所在的位置，并能制作学校周围建筑的示意图，结合图用东、南、西、北等词语介绍学校周围建筑物之间的相对位置，形成空间感； 通过对建筑、地理特征的发现和介绍语言的打磨，准确表达空间位置，形成系统思维、批评思维等，提升综合素养	
寻找"宝藏"	学生在模拟寻宝场景中依据指令或者提示信息寻找"宝藏"，认识东北、西北、东南、西南四个方向，能识别实际场景中描述一个物体所在的方向，以及物体之间的方位关系； 明确制作藏宝图的任务，组建小组，制作一张藏宝图，并在藏宝图上留有一些关于"宝藏"方向的提示信息，学会绘制地图； 小组间互相阅读，发现其他小组藏宝图上的方位信息，在推理判断中应用方位，在模拟团队寻宝活动中，认识"宝藏在我 4 点钟方向""某同学在我 9 点钟方向"等描述传递的信息，形成空间观念	

续表

主题	案例目标	单元目标
校园平面图	学生能明确绘制校园平面图的任务，经历实地测量、构建比例尺、依据比例尺进行绘制等，体会绘制校园平面图应考虑的要点，为解决更复杂的问题奠定基础； 学生根据问题，组建小组，制订具体测量方案，合理分工，开展实地测量活动，选择标志性物体，绘制校园平面图，真实体验解决问题的复杂性和创新性； 学生开展校园平面图交流展示活动，并对所绘制的平面图进行相互评价、相互建议和借鉴，培养协作能力、创新精神和积极参与学校建设的责任感	
绘制公园平面图	根据绘制湿地公园个性地图任务，学生从不同视角提出开放性的研究问题，综合利用几何、直角坐标系等数学、地理、美术知识提出解决方案； 学习用数学语言讲述现实世界的故事，表达自己的想法和观点，感悟数学美，逐步积累数学活动经验； 发挥团队合力，以湿地地图绘制任务为载体，发展分析问题、解决问题、实践探索、批判反思能力，培养勇于创新的优良品质； 了解湿地优秀传统文化、人文景观和地理地貌，增强文化自觉和文化自信，养成乐于助人、与自然和谐共处的生活态度	

（四）规划任务

围绕主题推进测量、规划路线、构图、绘制平面图等任务，学生跨学科解决问题的能力是分阶段完成的，这需要分阶段的教学。根据上述案例的整体视角，我们可以将教学任务分三个阶段完成，而这三个阶段完整地体现了学生跨学科素养的养成过程(见图7-13)。在每个阶段，教师需要规划具体的任务。

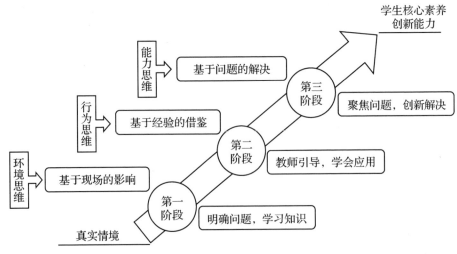

图 7-13　"绘制地图"教学三阶段进阶图

在第二阶段，我们确定主题为"设计校园路线"，根据目标将其分解为三个递进式任务链(见表 7-12)。学生经历系列的学习实践活动，逐步像一名建筑绘图师那样思考问题，从而在具体的任务中养成学科核心素养。

表 7-12　"设计校园路线"任务框架表①

任务名称	学习实践	数学/跨学科概念理解
任务一： 绘制草图	了解校园实际距离(实地测量、数据调查)； 绘制校园草图(美术构图、小组作图)； 草图交流(组际分享、质疑反思)	立体建筑与平面图形的空间转换； 三维视角转换成二维视角会存在一定误差； 理解美术概念"构图"的因素
任务二： 精准制图	学习比例、比例尺等相关内容(自学＋互学＋指导)； 确定合适的比例尺(讨论商定＋汇报质疑＋调整改进)； 利用比例尺计算各建筑大小(组内分工)； 修正平面图(精准的数据、美术着色)； 平面图交流(组际分享、对比)	理解数学概念"比例""比例尺"，并会灵活运用于实际问题的解决； 数据的变化会引发图形的变化，数据可使图形更精准； 相同的建筑使用不同的比例尺，绘制出的平面图大小也不同，但形状是相同的； 理解美术概念"绘图"的要素

---

① 庄治新：《小学数学跨学科主题学习的内涵、意义及实践路径》，载《江苏教育》，2023(9)。

续表

任务名称	学习实践	数学/跨学科概念理解
任务三：路线规划	规划合适的路线（学习确定位置）；撰写介绍词（数学方位＋语文写景）；参观讲解	理解数学概念"用方向和距离确定位置"，并能结合比例尺灵活规划路线；理解语文概念"移步换景"

教师可以在学生学习"绘制地图"的基础上，增加问题的复杂性、综合性，以提升学生解决复杂问题的能力。例如，根据"1米距离"的要求，在学校空间有限的情况下，引导学生制订"学校的出操方案"（见表7-13）。

表7-13 "学校的出操方案"任务框架表

任务名称	学习实践	数学/跨学科概念理解
任务一：确定标准	分析出操要求、学校体育锻炼场地情况，思考能否设计一套新方案；思考当前学生的需求，即希望到操场上快乐运动；确定制图的目标	用数字分析政策文本和学校校情；体育运动与场地的关系
任务二：方案研讨	数学、体育、信息学科共同分析方案的可行性；确定方案设计中需要收集的数据；选择数据获取的方式	理解数学概念与其他学科结合过程中的运用，尝试解决实际问题；构图与相关数据、图形等关系；理解美术概念"绘图"的要素
任务三：测量、设计、制图	综合运用图形位置、测量、比例和数据收集等知识，测量相关数据；设计合适的路线图；小组合作绘制地图	用数学概念"用方向和距离确定位置"，结合比例尺灵活设计路线；体会数据与图形之间的关系，几何图形与美术中的几何构图之间的关系，体会数学方法的应用
任务四：交流评价	撰写介绍词，制作PPT；交流汇报，进一步研讨方案、修改方案；组织最佳方案评选活动，将最佳方案提供给学校参考	语文的表达能力；小组合作与人际交往能力；主人翁意识

（五）编制实施方案

教师在分阶段完成教学任务设计后，用主题、目标等将各个教学任务有机融

203

合，形成教学的实施方案，并依此开展教学。一般地，我们按照单元教学设计的模式制订实施方案，包括教学主题、情境任务、教学目标、教材分析、学情分析、教学重难点、教学规划(即教学内容的划分，确定课时内容)、教学策略、评价量规、教学过程及教学活动支架、课后练习等。

（六）定制评价量规

数学跨学科教学中对学生学习的评价，应坚持素养导向，关注小组合作、创新思维与实践等方面的内容，既考虑学科的基本素养，又考虑跨学科培养的综合素养。同时，在基本的评价逻辑下，结合每一个主题学习的方式、过程等不同，应有针对性地设计评价量规，体现"定制"属性，提升评价育人的质量。例如，"设计校园路线"案例中的交流分享环节制定了如下评价量规(见表 7-14)，很好地体现了"定制"属性。

表 7-14　"设计校园路线"评价量规①

评价内容	评价标准
概念理解	灵活运用比例、比例尺、确定位置等数学概念及构图、着色等美术概念解释平面图的绘制过程，会解释数据与平面图形之间的关联
运算能力	能利用比例、比例尺等数学概念准确计算，同时能选择合适的方式展开运算，如估算、使用工具等
数学表达	会从数学的角度描述平面图绘制的过程，能讲清思考的过程，对碰到的问题能理性分析，同时能条理清晰地运用数据进一步解释、说明
团队合作	积极参与团队活动，认真完成所承担的职责；会主动地与同伴探讨问题，并勇于发表自己的想法；敢于在公众场合表达见解
学习状态	服从团队安排，接受同伴的建议并及时调整学习行为，遇到问题和困难能积极寻求解决的方案

---

① 庄治新：《小学数学跨学科主题学习的内涵、意义及实践路径》，载《江苏教育》，2023(9)。

第八章
STEM 与项目式学习

项目式学习以学生为主体，让学生在真实的问题情境中实践，并在探究和解决问题的过程中获得基本知识和技能、关键能力和必备品格，其理念和目标都与当前基础教育教学改革相一致，是促进核心素养融合发展的有效教学方式，更是推动教育发展范式转型的重要抓手。

一、　项目式学习的内涵与特征

（一）项目式学习的历史渊源

一百多年前，在完成近代工业化、推动社会现代化发展的背景下，美国掀起规模宏大的进步主义教育改革运动，倡导"学校即社会""儿童中心""做中学"等主张。在追求"进步"的精神感召下，美国教育家威廉·克伯屈提出了"设计教学法"，鲜明地体现了进步主义教育改革的思想，也在一定程度上奠定了美国 20 世纪现代学校教育发展的方法论基础。项目式学习正是由"设计教学法"演变而来，在历经百年的变革和发展之后成为欧美国家学校教育领域盛行的教学方式[①]。

越来越多的研究发现，通过"设计"的方法开展教育教学并不是克伯屈的首创。美国学者迈克尔科努尔认为，作为一种制度化的教学方法，"设计"教学并不是进步主义教育改革的产物，而是源于 16 世纪晚期意大利的建筑和工程教育改革。它经历了五个发展阶段：第一阶段（1590—1765 年），欧洲的一些建筑学校开启了"设计"教学的先河；第二阶段（1765—1880 年），作为一种常规的教学方法被移植到美国；第三阶段（1880—1915 年）美国的手工培训和一般公立学校大量开展"设计"教学活动；第四阶段（1915—1965 年），被重新界定，再次从美国传回欧洲；第五阶段（1965 年至今），理念复兴并开始了在世界范围内传播的第三次浪潮。

"设计"一词有着鲜明的工业文明色彩，它与建筑、手工、制造、制作等密切相关，这种方法意味着动手操作，而不是听讲座、做笔记；其次，"设计"教学的思想在不同历史时期被不断改造并赋予新的内涵，迎合了特定时期教育发展的需求，由此具有了长久的生命力。例如，19 世纪中后期，美国完成了第二次工业革命，社会需要大批能够进行工业设计、制造能力突出的劳动力，以"设计"的方法进行学习恰恰迎合了当时社会发展的需求。1879 年，美国教育家卡尔文伍德沃德在圣路易

---

① 　杨明全：《核心素养时代的项目式学习：内涵重塑与价值重建》，载《课程·教材·教法》，2021(2)。

斯城创办第一所手工训练学校，主要运用"设计"的方法开展教育活动，学生学习的场所是木工车间、车床、铁匠铺、铸造厂和机械车间，先是学习基本的工具使用和操作，然后独立开发并完成自己的"项目"。因此，从项目式学习的历史渊源上就可以看出，利用项目式学习展开 STEM 教育具有天然的场域。

（二）素养导向下项目式学习的内涵

不同学者对项目式学习的界定不同。项目式学习(也被称为基于项目学习、项目制学习等)是以学科的概念和原理为中心，让学生通过参与真实的活动项目，进行调查、研究、协作，最终形成产品或解决问题，从而建构知识的学习活动。项目式学习是一种探究性学习，它能促进学生自主投入学习，提高学生终身学习的能力和素质。关于项目式学习的内涵，需要明确以下几点。

第一，项目是学习的起点，学生的一切学习内容是以项目问题为主轴架构的。在日常教学中经常会出现一种现象，让学生先学习知识，然后再进行应用，如学习传热知识后，利用传热的相关知识设计制作保温杯，这种不是严格意义上的项目式学习。项目式学习希望以"设计制作保温杯"为驱动问题，在对任务的拆解中形成解决问题的思路，在完成此项目的过程中习得传热知识，在动手动脑中实现能力提升，并完成保温杯的制作。

第二，项目必须是学生在其未来的专业领域可能遭遇的"真实世界"的非结构化的问题，没有固定的解决方法和过程。学生的项目式学习是通过驱动问题黏合在一起的。因此，基于真实情境的驱动型问题的设计是项目式学习的核心要素。

第三，以学生为中心，学生必须担负起学习的责任，要经历问题解决过程，能通过社会交往发展能力和协作技巧。这一部分体现的是项目式学习作为"学习"的特质，教师要关注学生的学习过程、学习效果，让学生有充分的机会展示自己的学习成果。

（三）素养导向下项目式学习的特征

关于项目式学习的特征，国内外不同研究者和团队从不同角度出发给出了不同的表述方式，他们都强调：以具有挑战性和驱动性的问题推动学生展开探索，以项目作品为学习成果，在项目推进过程中注重学生深度参与，鼓励学生进行合作，从而更好地促进素养发展。

夏雪梅从课程的要素角度出发，从素养目标、驱动性问题、持续探究、全程评估阐释项目式学习特征。①项目式学习指向核心知识的再建构，项目式学习中学习的是核心知识，并能促进核心知识的迁移与创造。②要创建真实的驱动性问题和成果。③用高阶学习带动低阶学习。项目式学习从一开始就用挑战性任务来创造高阶思维的情境，学生在复杂问题的分析解决、创造、系统推理中创造一个真实作品，在完成作品的过程中，在与各种材料和文本的互动中进行低阶的学习。低阶的学习包裹在高阶学习中，具体的知识和技能以合理的方式融合于任务的解决过程中。而且，因为学生知道了所需内容的意义与价值，其内驱力被更好地激发出来。④强调持续的探究实践。学生在完成作品时，需要经历一系列在真实生活中面临的实践活动，如不断地核实任务界定问题，积极查找相关背景资料，面对不同人的意见学会权衡并达成共识，选出更为适合的方案，更好地宣传自己的产品等。①

魏锐等从项目式学习突出真实的问题、真实的问题解决过程和思路的角度，将真实性的特点在每一个要素加以凸显，认为项目式学习的关键特征是：① 基于社会发展和现实生活的"真情境"设计项目驱动问题；②基于问题解决者实践中的"真作品"设计项目成果作品；③基于综合复杂问题解决的"真需求"设计项目式学习目标；④基于长周期的科学探索的"真过程"设计项目任务活动；⑤基于问题拆解与解决中的"真挑战"设计项目指导策略；⑥基于培养学生核心素养的"真发展"设计项目评价方式。②

（四）项目式学习是 STEM 教学的重要模式

基于问题的学习、基于项目的学习等都是开展 STEM 教育的重要模式。在现阶段，学科教师开展 STEM 教学，要结合学科中适合开展 STEM 学习的素材，利用项目学习重构教学内容，在真实情境下，以产品为驱动，让学生在真实项目的完成中建构核心知识，同时不避讳劣构性真实问题解决中所涉及的跨学科知识、真实问题解决的思路方法，为学生探究能力、解决问题能力、创新能力的培养奠定基础。也正是这种育人理念使项目式学习作为一种有张力的教学模式在 STEM 教学中发挥比较大的作用。

基于项目的 STEM 教学，要满足项目式学习的基本特征，同时凸显 STEM 学习的特征，因此，基于真实问题解决过程的角度更需要外显，同时注重"真作品"所带来的真实的影响力，为学生搭建更为真实的平台，体现任务的真实性。例如，北京市海淀外国语实验学校在教科版课程"船的研究"中结合学校的科技比赛，展开校

---

① 夏雪梅：《项目化学习设计：学习素养视角下的国际与本土实践》，9～12 页，北京，教育科学出版社，2018。

② 魏锐、唐珑畅：《青少年科技创新项目式学习课程开发的思路与方法》，载《中国科技教育》，2021(12)。

内的船模载重比赛；北京市海淀区第四实验小学在"校园植物大搜索"活动中，以"献给母校的毕业季礼物"为项目，引导学生熟悉母校的一草一木。

二、 项目式学习的 STEM 活动设计

钱雨提出了项目式学习设计的三阶段——确定主题、项目探究、课程展示与评价，符合基于项目课程"主题—探究—表达"的基本范式。在此基础上，钱雨提出了项目式学习的 STEM 活动设计模型(见图 8-1)。[①]

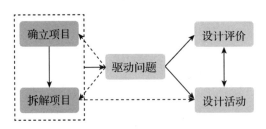

图 8-1　项目式学习的设计模型

模型中主要涉及确立项目、拆解项目、设计评价、设计活动四个基本步骤，驱动问题作为项目的真实载体，是确立项目和拆解项目后的结果，又作为中间联系点起到对活动、评价设计的连接作用。正如进行工程的产品设计时经常会出现步骤的迭代，如果把设计的项目式学习案例作为我们的产品来看，我们在设计此产品时也会出现步骤之间的交叉、重叠、迭代，因此，这些步骤之间也不是线性的关系，如驱动任务的设计有时候会反馈至项目的确立与拆解环节。

（一）基于素养目标下的真情境确立项目

这一阶段的重点是寻找并初步确定项目的任务。在确定项目任务的过程中，可以采用不断分析聚焦的方式：教师在深入研究课程标准、核心概念结构等基础上，从与现实问题(可以是社会热点问题、生活常见问题、生产核心问题、科研关键问题)的关联中确定项目领域；结合具体的学生经验和核心知识确定问题情境，选定项目载体；根据项目的可操作性和学生的认知发展确定项目的具体任务[②](见图 8-2)。

①　钱雨：《项目课程的内涵、特征与生成》，载《全球教育展望》，2022(8)。
②　支瑶：《化学学科项目学习实验区 2023 暑期总结暨研修活动高中分会场项目学习再认识讲座》，2023-08-25。

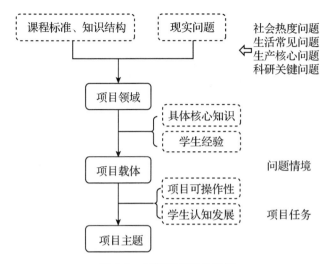

图 8-2　如何确定项目任务

在确定项目主题时，教师要注意自己和学生在项目式学习中是平等的。主题可以由学生自主选择，也可以由教师引发，但它必须源于学生的真实生活和兴趣，并由学生与教师共同讨论，最终由学生的兴趣决定。

"解读自来水缴费单，合理规划家庭用水"活动是在小学中高年段实施的项目式学习。以其中主题的确定与筛选为例进行倒推：和水相关的主题有很多，我们为什么将"自来水缴费单"作为问题情境，将"家庭节约用水规划"作为项目任务？

水对人类生存的重要性不言而喻。我国淡水资源人均占有率低，仅为世界人均淡水占有率的 1/4。存在人均水资源匮乏、供需矛盾加剧、水资源利用率低、污染及浪费严重等问题①。2019 年 4 月 15 日，国务院发展改革委水利部发布了《国家节水行动方案》，将"提升节水意识"作为国家节水行动的保障措施之一。然而，在现实生活中，我们发现学生的节水意识依然薄弱。因此，建立对水资源的关注既是社会热点问题，也是学生生活常见的问题。此外，在小学阶段，《义务教育科学课程标准(2022 年版)》核心概念 11——"人类活动与环境"中要求学生建立对"自然资源"的认识，意识到水是重要的资源，树立节约用水的意识，在 3～4 年级的学习活动建议中让学生"调查家庭一日用水情况，提出节约用水方案"。《义务教育道德与法治课程标准(2022 年版)》也要求 3～4 年级的学生"参与节水、节能、垃圾分类等活动，或者组织节水、节能、垃圾分类等宣传活动"。

---

① 刘玉明：《我国水资源现状及高效节水型农业发展对策》，载《农业科技与信息》，2020(16)。

选择城市生活用水缴费单作为切入点主要有以下考虑：第一，城市生活用水缴费单是国家水费标准的其中一项，我们对自来水缴费单的解读其实是了解国家层面水资源使用的途径。国家对各种用水都制定了相应的水费标准，如居民生活用水，行政事业用水，工商业用水，宾馆、饭店、餐饮业等用水，洗浴业用水，洗车业用水，纯净水用水，农赔水等。城市生活用水就是居民生活用水的一种。以学生对城市生活用水水费的关注，引发学生对国家层面水资源使用的相关政策的关注，也方便学生从关注生活用水迁移到关注其他方面的用水。第二，每个家庭都会收到自来水缴费单，自来水缴费单的产生和学生生活的每项用水行为息息相关，和学生的生活实际紧密关联。自来水缴费单建立起了国家和个人之间的桥梁，促进学生关注个人、关注家庭，进而持续关注水在生活中的应用，关注不同方面(农业、工业等)水的应用。因此，选用"自来水缴费单"作为问题情境，选用"制订家庭节约用水方案"作为项目任务。

（二）基于问题解决中的真问题拆解项目

确定项目任务之后，需要将具体的任务解决路径转化为学生的学习程序，而这一过程即"拆解项目"。拆解项目使得项目任务解决从实际操作走向学习活动和认识发展，形成真实任务解决的一般性方法，帮助学生超越问题解决步骤，形成问题解决思路，超越具体的认识，形成可迁移的能力(见图 8-3)。

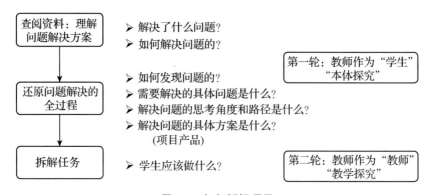

图 8-3 如何拆解项目

拆解项目时，教师需要查阅大量资料，理解问题解决方案，而这一过程也给教师带来比较大的挑战。教师要先理解"原型"，即在实际生产、生活、科研等真实场景中要解决的真实问题，解决了什么问题，以及是如何解决问题的，进而还原问题解决的全过程，追问："如何发现问题的？需要解决的具体问题是什么？解决问题的思考角度和路径是什么？解决问题的具体方案是什么？"在此基础上，教师简化真实问题，思考"学生应该做什么"，形成拆解后的子任务。此阶段教师经历了身份的转换：

教师作为"学生"进行"本体探究"，教师作为"教师"进行"教学探究"。

以二十四节气为主题进行研究时，教师要先搞明白二十四节气是如何产生的。二十四节气是中国古人顺应农时，通过观察天体运行、自然现象，认知一年中时令、气候、物候等方面变化规律所形成的知识体系，千百年来在指导中国人的生产生活实践方面发挥了巨大作用。二十四节气的产生遵循观察现象，对现象进行分类归纳，形成认识规律，进而运用规律的过程。因此，二十四节气就是人们在面对纷繁复杂的现象解决问题时得到的规律模型，每个节气都表示着气候、物候、时候的不同变化。

根据季节的不同变化，二十四节气又可以分为几类。表示寒来暑往变化的有立春、春分、立夏、夏至、立秋、秋分、立冬、冬至，这八个节气的变化是古人依据日影变化，反映"时候"的相关信息；反映气候信息的节气可以分为三部分：象征温度变化的有小暑、大暑、处暑、小寒、大寒；反映降水量的是雨水、谷雨、白露、寒露、霜降、小雪、大雪；反映物候现象或农事活动的节气有惊蛰、清明、小满、芒种。因此可基于核心要点，设计重走节气发现之旅的项目，以节气的研究报告为项目任务，将其拆解为以下核心子任务。

开展日影观测，初步划分节气；

记录气候数据，寻找规律，细分节气；

结合物候变化，再次划分节气；

二十四节气适用地域再研究。

（三）基于具体任务创设驱动问题

在真实任务转化为驱动问题的过程中，教师可以利用如下的句式帮助思考：

在＿＿＿＿＿＿＿场景下，作为＿＿＿＿＿＿＿＿＿＿＿＿＿（角色），我们如何＿＿＿＿＿＿（完成、创造、设计、创建等），达到＿＿＿＿＿＿＿＿（目的）。

转化的核心是明确"在什么样的限定条件下""什么样的人来做""如何做""做到什么程度"等，包含了在真实生活中去"做事"的逻辑。真实生活中不同人做事的考虑方面不同、限制条件也不同，因此，强调在限定条件下的"什么样的人"做到什么程度，能更好地实现在真实生活中的能力迁移。

创设驱动问题时，需要注意以下几点。

1. 驱动问题的真实性

与其绞尽脑汁在课堂中开发一个真实情境，不如思考那些让情境变得真实的关键要素，从而思考如何在常态课堂情境中去创建。

（1）不同真实身份的代入，会使得情境更加真实

如在讲解与燃烧相关的项目中，挖掘真实世界有哪些身份的人会关心相关的话题，从而去挖掘不同的身份，如可以以"安全检查员"身份切入、也可以以"消防灭火指挥员"的身份切入。

（2）同样的身份，用不同的视角切入也会使得任务更加真实

如描写大兴安岭的风景：同样都是守林人，工作了 20 年的守林人，在林的最后一天，眼中的风景是怎样的？新来的护林工人，刚从大城市过来，他看到的大兴安岭的景色是怎样的？两个驱动问题用不同的视角切入，看到的风景不同，也蕴含了不同的情感要素。

（3）用实践类的问题来代替认知类的问题，凸显其做事的逻辑

如"地理学的五大主题是什么？"和"我们如何利用地理学的五大主题来判断我们小镇是否有特色？"这两个问题都指向地理学的五大主题，但是前者属于建构认知，后者属于用实践驱动认知，在实践中检验认知程度。

2. 驱动问题要体现核心知识的建构

项目式学习既可以拆解为项目要素，也就是关注项目的产品，也可以拆解为学习要素，也就是更关注在形成项目产品的过程中聚焦核心知识，在任务解决中建构核心知识。比如，在设计制作类的项目中，要明确其不是手工课也不是劳动课，而是要体现出对核心概念建构的意义。

以教科版小学四年级科学"设计制作小车"项目为例的驱动问题设置如下。

为了丰富学生的课余生活，教师计划在班级内举办一场自制玩具车竞赛。现场提供有相应定价的材料（见表 8-1），每组有 10 元经费。要求学生在不超过 10 元经费的前提下，设计制作一辆参赛小车；小车车身稳固，长度不能超过 25 厘米；安装动力驱动，能够自主前行；直线行驶平稳；在规定距离内尽量用时少。

表 8-1 "设计制作小车"材料价目表

价目表（单位：元）											
	价格	所需		价格	所需		价格	所需		价格	所需
马达组含电池	5		饮料瓶	0.5		大宽轮	0.5		粗吸管	0.3	
拉绳弹簧发条	3		牙膏盒	0.5		中宽轮	0.4		细吸管	0.3	

续表

价目表（单位：元）								
橡筋螺旋桨	3		泡沫板	0.5	大窄轮	0.3	彩纸	0.1
气球反冲套装	2		学具板	0.5	小窄轮	0.2	经费合计：	
螺旋桨	1		长轴	0.5	短轴	0.3	一经售出，概不退换	

教师通过对任务的描述，将学生的任务具象化为一场比赛，要求学生在一定限制条件下设计制作一辆参加比赛的小车。学生需要掌握的核心知识包括科学认识中的"运动与力"、工程实践中的"结构与功能"。学生在对小车项目的拆解中自然而然地包含了对核心知识的建构过程（见图8-4）。

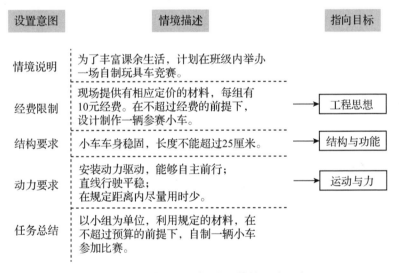

图 8-4　"设计制作小车"真实情境设计思路

（四）基于实践探索的真过程设计项目式学习活动

1. 根据项目式学习的不同阶段设计学习活动

巴克教育研究所认为项目式学习大体可以分为四个阶段：引入阶段、建构知识和技能阶段、作品完成阶段、作品呈现阶段。不同的阶段需要不同的学习活动。在引入阶段，教师可以呈现真实或模拟的情境，对真实情境进行发散讨论，引起学生兴趣或认知冲突；确定目标，明确项目任务时间线，明确最终必须和可能的产品等；建构知识与技能阶段则是教师讲解，师生讨论，学生观察、调研、模型模拟、实验设计等一系列的实践；在作品完成阶段，学生需要经历设计、制作、测试、改进、解释、讨论评价等活动；在作品的呈现阶段，学生需要进行作品的书面口头报告、对产品的评价过程，以及对整个项目的反思，完成学习的迁移等。

2. 以核心问题线索的设计引领项目式学习活动的设计

在对任务进行拆解后，基于"做事"逻辑设计活动是教学设计中重要的内容。有逻辑的核心问题线索的设计能够很好地帮助教师进行教学活动设计。教学任务的拆解过程需要师生达成共识，而这一过程也能比较好地帮助教师完善驱动任务的表述。在设计核心问题线索时，教师要做前测，可以用纸笔作答的方式，也可以用小范围发声测试的方式了解学生的基本想法。

例如，"给父亲设计电子贺卡"活动整合教科版四年级科学"电"单元，成为一个包含电学知识、技术与工程、数学的项目式学习。为了更好地了解学生如何拆解问题，教师让学生围绕驱动任务写一写：你会如何解决这个问题？需要做哪些事情？

驱动任务：父亲节快到了，我们一起来做一张新颖的贺卡，表达你的爱意，同时让爸爸感受科技的进步，要求贺卡在被打开的同时播放录制的声音或者你选择的音乐，并带有彩灯装饰，贺卡被合上后灯灭，声音或音乐立刻停止。

不同学生对完成这件事情有不同的看法（见图 8-5）：有的学生以产品实现的一般流程为主线，把任务需求中的具体要求外显在环节中；有的学生关注产品实现的核心要素是完成电路，因此将"完成电路"列入环节。根据学生的任务拆解，教师需要结合任务情境和科学原理梳理学生的任务拆解逻辑，形成有逻辑的问题线索，需求中涉及的关键词有"彩灯装饰""音乐响起来""打开、合上""表达爱意"，这些关键词指向了"电路通路""简单电路—串联并联""电路控制—开关""贺卡外围设计"等。依据这些核心知识和需求形成的问题线索如图 8-6 所示。

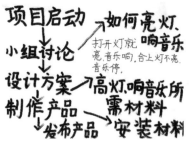 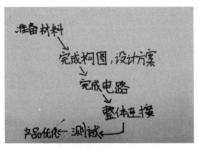

a　　　　　　　　　　　　　　b

图 8-5　"给父亲设计电子贺卡"问题流程

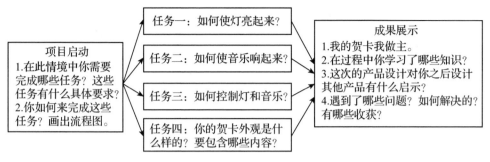

图8-6 "给父亲设计电子贺卡"的核心问题线索

3. 依据学生的实际能力设计项目式学习活动开放度及活动形式

第一，活动设计要多样，需要分清主次，确保核心活动的活动时间和空间。

北京市海淀区中关村第三小学三年级学生做过"给低年级小朋友绘制动物绘本"的活动，用绘制动物绘本的形式整合"动物"单元的教学。因为任务非常有趣，所以学生会花大量的时间与精力制作绘本。此活动中核心知识是对动物特征的描述，基于动物特征对动物进行分类、形成关于"生物与非生物区别"的认识，因此，教师在课堂上要确保学生有足够的对动物特征进行观察与描述的时间，基于韦恩图(比较思维)梳理不同动物的相同与不同特征，进而基于其相同特征建立"生物与非生物区别"的基本认识。教师在教学中通过对绘本主人公的限定(即课标教材中要求的典型动物)，让学生聚焦在对典型动物的观察上，而对典型动物的观察其实包含了课内的观察和课下的观察与调查(去找寻哪些地方会有蜗牛)，实现课内外的相结合和活动方式的多样性。

第二，要根据学生的能力来控制学习活动的开放度。

在技术工程领域设计产品教学中，教师可以给出真实世界中设计师完整的设计思路及设计产品，让学生分析其中的核心关键点，提炼出设计师的核心问题及解决思路；也可以提供几种符合要求的方案进行评估，让学生在对不同方案的分析与筛选中提炼解决思路；也可以在解决思路外显的基础上，让学生在教师的指导下完成具体设计；也可以在确定思路的基础上，让学生去自主设计；甚至进一步开放，完全由学生自主找思路、自主具体设计。不同的开放度对学生的挑战是不同的。

（五）基于学生的真发展设计项目评价方式

持续的评价对于基于项目的STEM教学具有重要的作用，因此，设计项目的评价方式对于促进个人和小组的共同进步具有重要意义。

1. 设计项目式学习结果的评价方式，使"目标—作品—评价"相一致

设计项目式学习结果的评价方式时，要考虑基于目标来评定产品。项目式学习的作品是整个项目的成果，因此需要设计项目作品的评价。同时，项目式学习的"学习性"也需要

进行评价，因此，在设计作品时要设计包含学生思维成长的产品，对思维成长进行评价。

在"制作双头路灯"①活动中，以双头路灯为问题解决的作品，以说明书(说明如何连接、如何形成通路)体现对核心概念、对科学思维的理解程度。在对项目式学习进行评价时，需要体现基于目标定评价，既有对作品的评价，也有对思维成长的评价。在终结性评价中经常会用到评价量规，来评价学生的表现。评价量规中有评价框架和具体的水平描述。评价框架的设计中需要体现项目产品和思维成长成果两个大方面，具体的展开内容可以不面面俱到，而是考虑在目标和限制条件下对核心点的考查。对水平的描述可以以教师划定的最好的表现标准为最高水平，然后依据学生实际表现或者行为递减来划分其他水平。

"制作双头路灯"活动的评价量规如表 8-2 所示。

表 8-2 "制作双头路灯"活动评价量规

"制作双头路灯"说明书的评价量规		
	水平一 ☆	水平二 ☆☆	水平三 ☆☆☆
说明书内容	画出安装小路灯需要的导线、电池、灯泡等部分材料，按照顺序画出小路灯的连接步骤，标注了制作过程中的注意事项，配有电路连接图	正确画出安装小路灯需要的导线、电池、灯泡等材料，按照顺序画出小路灯的连接步骤，标注清楚注意事项，并配有电路连接图和电流流动情况示意图	正确画出安装小路灯需要的导线、电池、灯泡等材料，按照正确的顺序画出小路灯的连接步骤，标注清楚每一步的注意事项，并配有清楚的电路连接图和电流流动情况示意图
说明书形式	内容板块有分割，有图片帮助理解	内容板块有分割，分割合理，图文并茂	内容板块清晰，重点突出，图文并茂
说明书试用效果	说明书在科技节上被使用，得到至少 3 个贴画的反馈(1 个贴画代表一个使用者的肯定)，并用文字或者视频记录3 名使用者提出的建议	说明书在科技节上被使用，得到至少 5 个贴画的反馈，并用文字或者视频记录 5 名使用者提出的建议	说明书在科技节上被使用，得到至少 10 个贴画的反馈，并用文字或者视频记录 10 名使用者提出的建议
"制作双头路灯"产品评价量规		
功能	双头灯可以被正常点亮	双头灯可以正常被点亮、关闭(实现控制)	双头灯可多次正常被点亮、关闭
外观	外观不够美观，如导线外漏	外观比较美观，导线不外漏，连接处比较严实	外观美观，导线有合并捆绑，连接处严实

---

① 该案例源于北京市海淀区永泰小学芦慧稳。

值得注意的是评价量规不是只能由教师设定，也可以是师生共同讨论，如在"给低年级小朋友绘制动物绘本"的教学中，师生可以开放式讨论"你觉得好的绘本有什么特点"；教师也可以给出两本绘本，通过学生评价绘本，去找寻好的绘本的特点，形成评价角度；教师也可以直接给定评价标准，并将这样的产品评价标准应用于整个项目中。开放度越大，课堂需要的时间也越长，教师需要根据不同的项目特点和教学时长等进行权衡。

2. 以项目任务单为载体，基于核心任务与学生表现设计过程性评价

任务单贯穿于整个项目式学习，项目的管理、核心任务的解决、项目成果的不断迭代都呈现在任务单上，因此，项目任务单的设计其实体现了对项目式学习整个过程的监测，同时也体现了对学生项目式过程的评价。

项目式学习的过程性评价，往往是与学习活动融为一体的，活动任务即评价任务。

教师在"解读自来水缴费单，合理规划家庭用水"活动中，提出发散性问题："面对自来水缴费单你有哪些想研究的问题？结合家庭合理用水规划，你还可以提出哪些问题？"这些问题指向了任务拆解。教师通过对学生提出的问题的分析可以评价学生的问题解决能力，即面对改进类问题，是否符合"通过调研明确现状—发现问题(发现用水不合理之处)—基于问题进行改进"的基本思路。

三、 项目式学习的 STEM 教学案例

（一）案例一：校园船模载重比赛①

1. 项目背景分析

(1)分析真实情境

船是现今生活中比较常见的交通运输工具，是人类认识自然、遵循自然规律的产物。船的出现使得人类具有了远航大海的能力和更好地改造自然的能力。

船是水路主要运输工具，但船的起源尚无定论。人类以舟筏为运输、狩猎和捕鱼的工具，至少源于石器时代。从史前刳木为舟起，船舶经历了独木舟和木板船时代。1879 年世界上第一艘钢船问世，以钢船为主的时代开始了。船舶的推

---

① 案例由北京市海淀外国语实验学校科学教学团队设计与实施，是海淀区小学科学项目式学习工作坊研究成果之一。团队主要成员：于学清、杨惠仪、杨宁、赵越、周一龙；实施教师：杨惠仪。

进也由 19 世纪的依靠人力和风力(即撑篙、划桨、摇橹、拉纤和风帆)发展到使用机器驱动。从远古的独木舟发展到现代的运输船舶,船舶大体经历了四个时代:舟筏时代、帆船时代、蒸汽机船时代、柴油机船时代。船舶产业已然成为现代综合性产品,也是军民结合的战略性产业,能够为海洋开发、水上交通运输、能源运输、国防建设等提供必要的技术装备,是国家装备制造业中不可缺少的组成部分,是现代化大工业的缩影,也是关乎国民经济发展和国防安全的战略型产业。因此,船的材料、结构、动力的变化及发展可以作为技术工程发展的缩影,让学生体会技术工程产品的产生与变化,从而可以很好地承载材料特性、浮力等核心知识。

(2)分析课程标准、教材

《义务教育科学课程标准(2022 年版)》中 5～6 年级的具体内容要求如表 8-3 所示。

表 8-3 《义务教育科学课程标准(2022 年版)》5～6 年级内容要求

学段	学习内容	内容要求
5～6 年级	13.1 工程需要定义和界定	①定义简单工程问题,包括材料、时间或成本等限制条件,提出验收标准
	13.2 工程的关键是设计	②利用示意图、影像、文字或实物等多种方式,阐明自己的创意,初步认识设计方案中的各影响因素间的关系 ③基于有说服力的论证,认同或质疑某些设计方案,并初步判断其可行性和合理性
	13.3 工程师设计方案的物化结果	④利用工具制作简单的实物模型,根据实际反馈结果进行改进并展示

"船的研究"单元隶属于技术与工程领域,以"造船"贯穿始终。前 5 个课时由教师提供船只,从船的发展演变历程,从浮的材料到沉的材料"造船",从自然动力到机械动力,从增加载重量、稳定性、安全性等方面不断探究,使学生积累设计、制作船模的知识与经验。后 2 个课时由学生自己动手设计制作船模。这种课时安排符合"学习知识—知识应用"的逻辑。教材课时及内容安排如表 8-4 所示。

表 8-4 "船的研究"单元课时及内容安排

课时	课题	关键目标	意图
1	船的历史	观察比较不同时期的船在建造材料、船体结构、运动动力方面的特征； 通过实验，认识船形、结构和稳定性、阻力之间的关系	研究设计、制作船的因素
1	用浮的材料造船	设计、制作、测量与完善竹筏（木排）模型，获得更多稳定性和载重的相关知识	
1	用沉的材料造船	试着用橡皮泥或铝箔制造船模； 发现用重的材料做船，船的体积越大，越容易浮在水面上	
1	增加船的载重量	发现船模的载重量与体积大小有关，相同重量和体积的材料，制作的船模体积越大，船模的载重量就越大	
1	给船装上动力	了解船的动力系统经历了人力、自然力（风力）、电动风轮、蒸汽装置等发展阶段； 通过实验可以解释船行进方向与舵之间的关系	
1	设计我们的小船	了解工程设计一般会经历"问题—设计—制作—测试—完善"的过程； 能将自己设计的想法转化为设计草图； 能对自己或他人的设计想法提出改进意见	学生亲自动手设计、制作"小船"
1	制作与测试我们的小船	能按照设计方案制作小船； 能在测试中发现问题，不断调整和优化小船； 能从多角度评价小船的制作过程	

为了更好地促进学生学习活动的发生，教师采用项目整合单元教学方式。首先，解决真实性问题，船是生活中学生可以接触到的真实素材，但是无法被搬进课堂，所以活动只能采用生活中易得材料制作船模的方式；其次，需要在任务的完成中建构知识，改变之前先学习后应用的模式，让知识的建构更有意义。结合学校可以提供的展示平台(评价方式的考量)，和学校科技节相整合，设计船模进行载重比赛。

2. 项目学习目标

分析比赛通知等系列文件，定义简单工程问题，包括材料、时间或成本等限制条件，提出验收标准，可以将这样的分析思路迁移到别的工程问题的定义上。

知道工程项目会经历"明确问题—设计—制作—测试—完善—参加比赛"的过程。体会工程师利用模型的研究方法——通过对参赛船模简化、缩小的模型的设计、制作、测评、改进，从而对参赛船模的设计进行有依据的改进。工程师会利用设计图等方式表达设计结果。

通过材料在水中的沉浮实验，识别物体在水中的沉浮，认识到材料的沉浮是材料的特性，与大小无关；通过实验探究，了解船的载重与船的体积大小有关，解释物体在水槽中水位上升高度与物体排开水的体积相关；认识到船的结构与船的动力会影响到船在水中的阻力，进而影响船的运动。

乐于用多种方式表达设计方案，乐于和同学交流、讨论设计方案，筛选最优方案满足比赛要求、实现船的功能；能如实记录相关信息和正确对待参赛船模和小船模出现的问题和不足。学会相互学习，从他人或他组的设计图和小船模、参赛船模中学习和借鉴，获得启发。

3. 驱动任务的设计及任务的拆解

教师在之前的活动中已然发现船的材料、结构、动力这三部分对于学生的学习、学生对真实船只的认知都具有重要的作用，因此，需要引导学生在任务拆解后形成对这三部分的认识。项目中的驱动任务的描述和任务的拆解是相结合的。

通　知

校园船模载重比赛

校园船模载重比赛要开始啦！该比赛贯彻落实科学发展观，以竞赛的形式激发学生参与科技创新的热情，鼓励学生多关注、多学习科学知识，多锻炼动手能力，实现全面发展。

校园船模载重比赛将于 2023 年 4 月启动，该项竞赛由北京市海淀外国语实验学校小学科学组承办，现将有关事项通知如下。

1. 比赛时间：在项目发布会上公布(具体时间以任课教师通知为准)。

2. 具体比赛地点以任课教师的通知为准。

3. 比赛规则：

(1)本次比赛以 6 人组队参加。

(2)制作船模材料由承办方提供，见附件 1。

(3)赛道尺寸(单位：米)：长×宽×高为 10×3×0.22，水深为 0.2，障碍桥高为 0.5，具体见附件 2。

(4)赛前要求：

参赛组在指定日期前上交船模作品及设计图，参赛船模上交后至比赛结束期间不得进行改进性修改。

比赛当日，参赛组队长领取自己的参赛船模，按照领取先后顺序对参赛船模进行统一编号。

抽签决定参赛船模放航位置，每个参赛船模有一条赛道。

赛前可对参赛船模进行最后调试。

最终成绩由搬运成绩、视频汇报成绩和外观制作成绩三部分组成(满分共计：100 分)。

搬运成绩满分 40 分。

船模每船一道，从起点线出发，沿赛道分割线方向运输货物，从航道一端到另一端搬运重物一次，船身任意部位触碰到水池另一端，视为到达目的地。根据搬运重物重量排名次，从 80 分依次递减系数 5（视参赛船只数量决定）计算搬运成绩。

介绍船模视频成绩满分 50 分。

请你结合你们的参赛船模，说一说：1. 用什么方法让船浮起来？2. 如何增加船载重量？3. 给船安装了什么动力系统？4. 在设计制作过程中，遇到了什么问题？如何解决的？5. 在这个项目学习中有什么感受？6. 积累了哪些经验？视频时长在 2 分钟内。

外观制作成绩满分 10 分。

由全体科学教师和学生根据设计图完整性，船模制作工艺等方面评分。（附件 3）

附件 1

船模材料清单

制作船体材料	连接材料及动力材料
塑料泡沫板、2 mm 厚的木板、1 mm 厚的 PVC 板、木片（雪糕棍）、铝箔、吸管	透明胶带、热熔胶、电动马达动力装置材料包或蒸汽动力装置（二选一且每只船模限一个动力装置）、铁丝、砂纸、粗棉线、卡纸、A4 纸

温馨提示：选择材料要与参赛船模实际制作使用材料保持一致。

附件 2

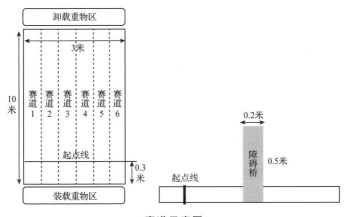

赛道示意图

温馨提示：船模尺寸（长度、宽度、高度）要依据水池一端到起点线的距离，赛道宽度（实际赛道用绳子做出分割线），障碍桥高度设计。

续表

船模外观制作评分量规

测试/评估项目	1 分	3 分	5 分
设计图及文字说明	缺少文字和图画，其他小组完全看不懂图纸，也不能按图纸制作模型	设计了文字和图画，但是说明较混乱，缺乏条理，没有数字进行定量说明。其他小组询问后，可以看懂设计图，并按图纸制作模型	合理地设计了文字和图画说明，对设计结构的表述条理清晰，对每个部分使用材料进行了加工和用量的介绍。其他小组可按图纸制作模型
美观及制作工艺	船模结构欠佳，制作粗糙	船模结构较为合理、外形比较美观	船模结构合理，外形美观

附件 3

项目任务与课程标准核心概念的对应关系

5~6 年级内容要求	项目学习内容
定义简单工程问题，包括材料、时间或成本等限制条件，提出验收标准	比赛通知中，参赛船模材料的选择范围、赛道尺寸和障碍桥高度限制了参赛船模的结构尺寸，比赛任务要求参赛船模可以运动，有一定的载重量，赛道长度(10 米)限定了船动力装置需要持续供应等内容。这些不仅是设计、制作要考虑的限制条件，也是测试、改进、验收的标准
利用示意图、影像、文字或实物等多种方式，阐明自己的创意，初步认识设计方案中的各影响因素间的关系	小组参赛船模和小船模的设计方案图(尺寸、材料、结构等)；用视频记录参赛船模的设计理念，考虑设计因素，过程中遇到的问题与解决方案等，在通知的得分项中加入"船模制作视频"，要求学生输出学习成果，将学习成果的评价纳入项目的结果性评价中，保证学生有足够的机会进行核心知识的输出；小船模和参赛船模的成品等项目学习内容和成果
基于有说服力的论证，认同或质疑某些设计方案，并初步判断其可行性和合理性	项目启动，通过头脑风暴讨论参赛船模的概念设计；利用比参赛船模小 1/2 的小船模设计、制作、测试、尝试、改进，不断完善参赛船模的初步设计
利用工具制作简单的实物模型，根据实际反馈结果进行改进并展示	制作过程中会用到美工刀、剪刀、胶枪等工具；每个任务都会安排学生汇报完成进度，说出遇到的问题，分析问题原因，提出改进方案等；学生会定期巡视，学习他组经验

4. 项目核心活动的设计

项目的核心任务是设计并制作一只可以参加载重比赛的船模。核心驱动问题是："我们制作的参赛船模怎么将更多的重物运送到目的地？"学生在制作参赛船模前，利用设计、制作、测试、改进、完善小模型，设计参赛船模的材料、结构、动力等，以期达到比赛要求，如图 8-7 所示。

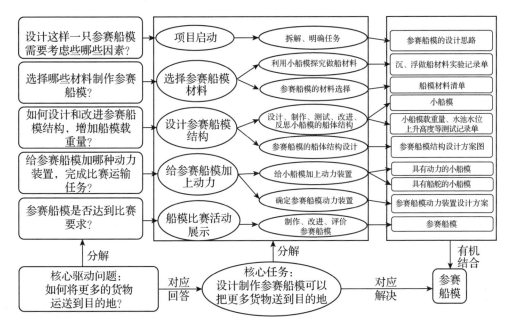

图 8-7　"校园船模载重比赛"项目任务、核心问题与产品之间的对应关系

(1)项目启动

学生了解项目背景，分析限定条件和任务要求；

头脑风暴拆解、明确设计制作参赛船模需要考虑的因素；

了解本项目工程设计的流程：问题—设计—制作—测试—完善小模型—参赛船模，如图 8-8 所示。

(2)任务一：选择参赛船模材料

感受限定船身材料在水中的沉与浮；

利用小船模为参赛船模选择做船材料。

(3)任务二：设计参赛船模的结构(3 课时)

小船模的设计与制作：学习设计图的绘制，按参赛船模将设计尺寸缩小 1/2，按照设计图制作小船模。

探究小船模载重的影响因素：测试小船模是否能浮起来，小船模载重量，小船模载重量最大时水池水位上升高度，小船模防水性能等；通过对比、分析小船模船身的长、宽、高与小船模载重量和满载时水槽水位上升高度的数据，推测船的载重量与船的体积大小有关。

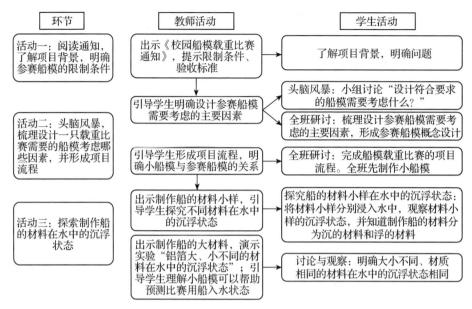

图 8-8   项目导引教学流程

探究小船模船首结构：船首与阻力关系的实验，知道船首尖有利于减小船在水中的阻力。

确定比赛用船材料与结构，初步设计方案，如图 8-9 所示。

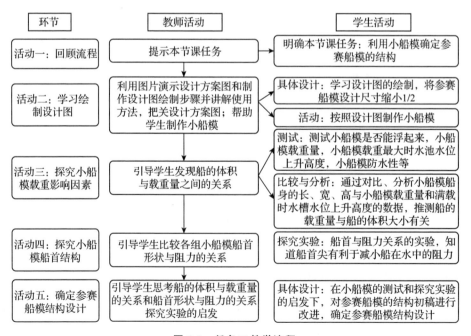

图 8-9   任务二教学流程

(4)任务三：给参赛船模加上动力

阅读真实船只动力系统发展历史，了解常用船的动力系统工作原理；

通过小船模测试蒸汽动力装置和电动马达装置情况，包括载重量、稳定性等；

通过给小船模加上船舵，测试船舵如何改变和调整船的方向；

初步确定参赛船模动力装置设计方案，如图8-10所示。

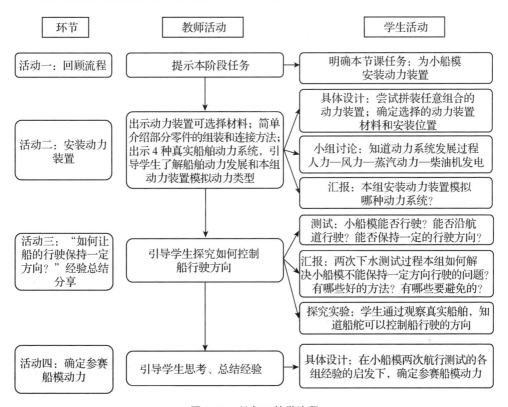

图8-10 任务三教学流程

(5)船模比赛活动展示

制作、测试、改进参赛船模；

参赛船模参加搬运比赛，从搬运成绩、视频介绍船模和外观制作等方面对参赛船模进行评价。

5. 项目学习成果评价量规

评价量规为本项目中关于学习成果的评价。针对每课时内容有更为具体的评价，在此不再赘述。在成果性评价中主要围绕参赛船模的相关结构、材料、动力装备，参赛船模的任务完成情况，船模介绍视频中核心知识的输出，以及视频的拍摄质量等进行评价(见表8-5)。

表 8-5 "校园船模载重比赛"项目学习成果评价量规

成果呈现		评价标准		
		水平一	水平二	水平三
参赛船模完成比赛任务情况	尺寸	参赛船模符合尺寸，可以放在航道上参赛		
	材料结构	运送途中参赛船模不能浮在水面上	参赛船模可以浮在水面，可以承载少量货物	参赛船模可以浮在水面，可以承载较多重物
	动力	有动力系统，但不足以将货物运输到目的地	有动力系统，运送货物时偏航	有动力系统，运送货物时不偏航，能顺利抵达目的地
设计图及文字说明		设计图缺少船模的尺寸及使用材料，不能说明船模的结构设计	设计图清晰标出船模的尺寸及使用材料，能较清晰地说明船模的结构设计，最终参赛船模成品与设计图纸一致	设计图可清晰标出船模的尺寸及使用材料，能清晰说明船模的结构设计，最终参赛船模成品与设计图纸一致，并且每次修改、改进的部分都有备注或有迭代设计图
介绍船模视频成绩	核心内容	知道参赛船模的设计、制作要考虑船的材料、结构和动力	知道本组参赛船模为什么选择某种材料，通过怎样的结构调整增加了船的载重量和稳定性，明确说出选择某种动力装置的原因	不仅知道本组参赛船模为什么选择某种材料，通过怎样的结构调整增加了船的载重量和稳定性，明确说出选择某种动力装置的原因，还能说明过程中遇到了什么问题，以及如何解决问题
	视频形式	视频录制不够清晰，有晃动，存在不聚焦的情况；语言表达清晰	视频录制符合规范，比较清晰，不模糊；语言表达流利，自然，准确	视频录制符合规范，画面清晰；语言表达流利，自然，会借助船模、设计图等手段展示
过程中表现特质		团队合作力不强，不关注改进方案实施过程中出现的问题	能够合理分工，解决改进方案实施过程中出现的问题	兴趣浓厚，能够有效合作，通过反思交流不断改进实施过程

（二）案例二：解读自来水缴费单， 合理规划家庭用水①

1. 项目背景分析

在本章第二节中我们详细说明了选择自来水缴费单的真实价值，在此补充对课标教材等相关的项目背景分析。

（1）分析课程标准

人类只有一个地球，人类的生存发展都仰赖于地球资源。然而，人类活动已经在一定程度上对地球资源造成了影响，合理利用自然资源成为人类可持续发展的必然选择，也是学生应当树立的基本的社会责任和价值观，是学生核心素养形成的重要一环。

水资源作为一种重要的自然资源，相较于其他资源更容易引起学生的关注。"解读自来水缴费单，合理规划家庭用水"活动将《义务教育科学课程标准(2022年版)》中"人类活动与环境"模块对3～4年级的内容要求"说出人类生活离不开水的例子，树立节约用水的意识"确定为本单元主要学习内容，隶属于学科核心概念——人类的活动与环境，主要涉及的跨学科概念为稳定与变化，如图8-11所示。

2022年版课程标准针对人类活动与对环境学科核心概念的学习可以开展观察、调查、项目研究和科普。本项目将观察、调查、展示等融合为完整的项目式学习课程，在学习过程中充分发展学生的分析与综合、比较与分类、抽象与概括、联想与想象、发散思维等思维方法，最终使学生形成水资源是一种重要的自然资源的科学观念，树立保护环境、节约资源的态度与责任，符合学生发展需求和课标要求，立足国家立德树人的根本任务。

（2）分析教材

在整套教材中，关于"水"的相关概念出现在小学不同学年段。"水"的学习内容由于其物质性和资源性的双重属性，呈现两条主线。

其一，水具有物质性。水的学习是学生物质观建立的重要环节。其二，水具有资源性。水作为一种重要的自然资源，对我们的生产生活具有非常重要的意义。水的资源性体现在众多方面，一是体现在以宇宙中的地球、地球系统、人类活动与环境核心概念为代表的自然环境层面；二是体现在以生命系统的层次结构、生命体的

---

① 案例为北京师范大学科学教育研究院与科协青少年中心协同设计，北京市海淀区五一小学科学团队和北京航空航天大学实验学校小学部的科学团队实施，设计与实施团队主要成员：张银霞、王思锦、郭晓丽、陈颖、张畅、王佳敏、李敏。实施教师：王佳敏、李敏。

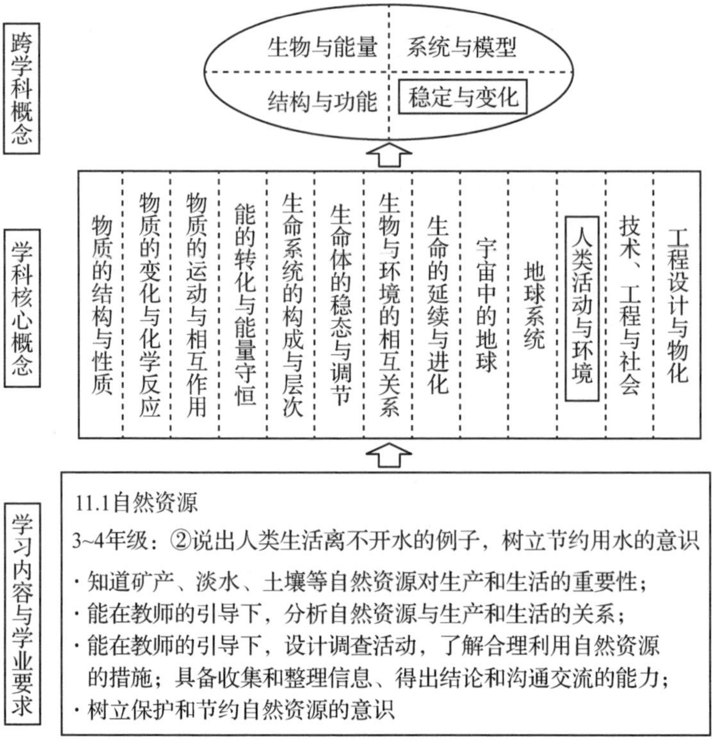

图 8-11 "解读自来水缴费单，合理规划家庭用水"项目课标要求与学习内容

稳态与调节、生命与环境的相互作用、生命的延续与进化的生命层面；三是体现在人们利用水资源进行科技发明的技术工程与社会层面，上述内容螺旋上升，由浅入深地丰富学生对水和水资源的认识。

本项目的学习内容主要是地球系统核心概念下自然资源中水的资源属性。学生在二年级和三年级学习天气的过程中学习了包括降水在内的各种天气现象，并了解了天气现象背后的原因，以自身经验出发初识了水的资源属性。学生随着对地球表面水域、生命体的繁殖与生长等学习的深入，逐步认识到水对人类和其他生物的重要作用，需要进一步建构水是一种珍贵的自然资源的概念。

2. 项目学习目标

认识到水是一种很重要的自然资源，人类生活离不开水；调查生活用水，了解国家层面对水资源保护的相关政策；关注水资源，通过交流，熟悉生活中节约用水的措施；增强爱护环境的责任意识。

分析驱动问题，通过头脑风暴形成共识，梳理核心要求，对问题进行拆解；通过对解决问题的过程进行反思，总结头脑风暴等方法，形成拆解问题的能力。

经历调查内容的确定、调查数据的收集、调查数据的处理与分析、调查结论的获得等调查过程，熟悉调查的基本技能；会利用信息技术手段，如利用表格等整理数据，将表格数据转化为图形(折线图、柱状图等)；利用共享手段实现数据的收集；利用计算、估算等数学方法辅助获得调查结论。

通过对家庭成员的访谈活动，了解访谈提纲的制订、访谈内容的整理等基本技能；同时增进和家庭成员的情感。通过与小组同学的合作，加强合作意识。

通过对节水方案的展示，习得基本的展示技巧，形成乐于与别人分享的意识。

3. 驱动问题的设计及任务的拆解[①]

在本项目中，驱动问题为：解读自来水缴费单以了解自家的用水情况，制订合理的家庭节约用水方案。为了达成这一目标，在项目学习活动中，学生需要从自来水缴费单入手调查自家用水的情况，以班级为单位，通过自来水缴费单数据进行家庭中各项用水情况的纵横向对比，以此发现自家用水的不合理之处，有理有据地规划家庭用水，制订各自家庭节约用水合理方案，并通过方案实施前后家庭用水数据的变化来检验方案的有效性，最终形成具有推广价值的家庭节约用水方案。

除了凸显"合理规划家庭用水"的主题外，此驱动问题的选择主要考虑以下几方面。

第一，驱动问题的选择及项目成果的设计都紧密地联系学生的生活实际，以解读"自来水缴费单"为切入点，以生活用水的数据来感受家庭自来水的使用情况。对自家自来水使用的溯源与情况调查，使学生参与到家庭生活中来，体会家庭责任。以"制订家庭节水方案"为项目成果，梳理家庭生活用水的情况，形成每个家庭的特色用水方案。

第二，将"调查与探究"技能纳入目标体系，让学生经历调查内容的确定、调查数据的收集、调查数据的处理与分析、调查结论的获得等调查过程；在解读家庭自来水缴费单的过程中，让学生调查与探究自来水缴费单上的阶梯水价的背景及其社会意义；汇聚班级学生各自家庭自来水缴费单上的各项数据，通过纵横向对比，让学生调查与探究自家使用自来水是否存在浪费现象及如何节约用水；在制订家庭用水方案时，让学生探究合理和节约的关系，探究家庭节约用水合理规划的原则，以便制订出适合自家的节约用水合理方案。

第三，以"数据视角"研究"社会问题"。汇总收集到的班级学生家庭自来水缴费

---

① 张银霞、郭晓丽、魏锐等：《调查用水数据，形成家庭节水方案》，载《中国科技教育》，2023(6)。

单上的各项数据，引导学生通过数学计算的方法获得班级人均每月的自来水使用量，再结合查阅资料获取到的城市人均用水量、城市居住人口等数据进行数学估算，使学生通过数字对比感受家庭节约用水对淡水资源消耗的影响，从而激发其节约和保护水资源的责任意识。方案实施前后的对比，也是通过数学计算的方式，把数字作为方案有效的例证。

因此，其问题解决逻辑可以分为三条主线，分别是调查与探究的主线、数据与分析主线、方案设计与呈现主线，前两条是"调查与分析"的逻辑，后一条则是"达成目标"的主线，相互关系如图 8-12 所示。

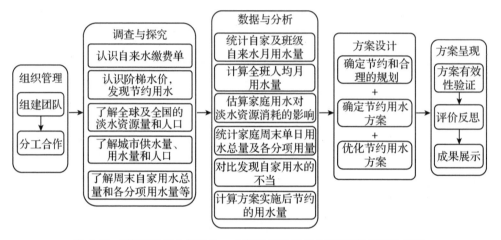

图 8-12 "解读自来水缴费单，合理规划家庭用水"项目问题解决框架

4. 项目核心活动的设计

基于上述三条问题解决的逻辑主线和项目式学习活动设计的核心思想，围绕"合理规划家庭用水"这一核心驱动问题，继续将任务拆解为子任务与子活动，并将子任务与项目成果之间建立联系，如图 8-13 所示。

(1)项目导引：开启合理规划家庭用水行动

引导学生认识和读取自家的自来水缴费单，并自己动手制作一个家庭月用水信息统计的电子表格作为该活动的产品输出，有意识地引导学生了解自家每个月的自来水消耗情况。

根据自来水缴费单上的信息，结合项目任务"制订家庭用水方案"，引导学生提出感兴趣的问题及如何解决这个问题，如阶梯水价是什么？为什么实施阶梯水价？水资源费改税是什么？为什么要缴纳这项税费？自来水缴费单上显示的用水量都用在了哪里？

通过对问题进行梳理形成解读水费单的子任务，引导学生关注自来水缴费单上

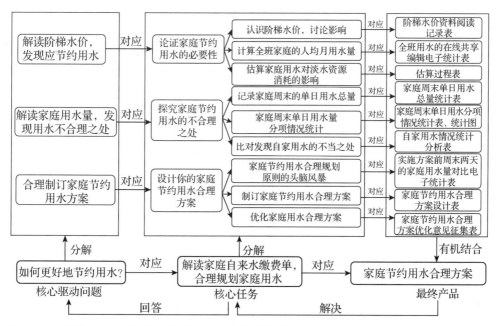

图 8-13 "解读自来水缴费单，合理规划家庭用水"项目任务、核心问题与产品之间的对应关系

不同的数据分类，辅助以交流讨论和自主思考环节，启发学生思考来自自来水缴费单上不同数据类型的原因，从而引出本项目的活动主题。

（2）任务一：解读阶梯水价，发现应节约用水

检索信息，了解阶梯水价及其背后的意义。学生在进行资料查阅的过程中，可以通过"方法导引"栏目获得阅读提示，可以在问题引领下将阅读材料作为问题素材进行学习和分析。最后，学生会完成一个阶梯水价资料阅读记录表，记录阅读的内容、对内容的思考及感悟，作为本次活动的产品输出。

通过"自主思考"栏目，学生思考如何有序地开展这项活动、应该关注哪些信息、选用何种信息技术处理工具能够更加简便地汇总全班家庭的用水数据。

通过"方法导引"栏目，学生利用网络查阅最具权威的资料，获取最新公布的全球、全国的淡水资源情况和人口，各省的城镇居民的用水情况等信息，完成家庭用水对淡水资源消耗影响的估算，并动手制作估算过程表，将表格作为此次活动的输出产品。完成的过程就是学生通过数字来感受家庭用水及合理规划家庭用水对淡水资源使用影响的过程。该活动是通过有形的数字来让学生感受淡水资源的珍贵、感受家庭节约用水的重要性、增强节约用水从我做起的责任感。任务一的学习活动设计如图 8-14 所示。

解读阶梯水价，发现应节约用水

活动一：认识阶梯水价，讨论影响
- 科学阅读：阶梯水价的百科知识、各地阶梯水价执行情况等
- 分析整理：阶梯水价的原因及特点、所在地情况、感悟和思考

活动二：计算全班家庭的人均月用水量
- 自主思考：应统计家庭自来水缴费单上的哪些信息？如何简便汇总全班的家庭用水数据？
- 交流研讨：全班的家庭月用水量的电子统计表应该如何设计？
- 动手制作：全班可以在线共享编辑的电子统计表
- 数学计算：班级人均用水量

活动三：估算家庭用水对淡水资源消耗的影响
- 方法引导：需要调查收集的用于估算的信息有哪些？
- 科学阅读：收集整理估算所学的各类淡水资源信息、人口情况、生活用水去向及比例等
- 数学计/估算：比较班级、自家人均用水量超标情况 计算所在省份生活用水在总用水量中的占比 估算所在省份淡水资源可供人们使用的时间
- 分析整理：通过计算或估算的数据，分析班级或家庭的用水是否浪费、生活用水对淡水资源消耗的影响、淡水资源的宝贵等问题

图 8-14　任务一的学习活动设计

(3)任务二：解读家庭用水量，发现用水不合理之处

利用"交流研讨"来引导学生认识和学会读取水表，建议以周末两日为观察周期，让学生去记录家庭周末单日用水总量，并动手制作电子统计表，将其作为该活动的产品输出。

通过"方法导引"栏目来引导学生思考如何确定家庭周末单日用水情况的详细统计项、如何计量那些无法通过刻度计量的统计项等问题。引导学生设计统计表，并动手制作电子统计表和统计图，将其作为该活动的产品输出。

通过"活动探究"的方式，引导学生将自家的人均用水量和班级家庭的人均用水量及所在省份的人均用水量进行对比，以发现自家的人均用水量处在什么样的消耗等级上。引导学生在班级的不同家庭间对比相同项的用水量、不同项的用水量及其存在的合理性，以启发学生发现自家用水的不当之处。分析整理并动手制作自家用水情况分析表，将其作为此次活动的产品输出，任务二的学习活动设计如图 8-15 所示。

(4)任务三：合理制订家庭节约用水方案

通过"活动探究"栏目引导学生讨论合理和节约之间的关系，以及如何在它们之间寻求平衡，找出进行家庭节约用水合理规划的原则。和家人共同观察并记录自家当前的各项用水量，分析自家节约和浪费用水的原因，规划自家的合理用水量，并由学生动手制作记录表，将其作为本次活动的产品输出，为自家合理规划家庭用水找方向。

活动一：记录家庭周末的单日用水总量
- 交流研讨：如何正确读取水表
- 活动探究：水表哪些项能反映家庭一天的用水总量？如何设计记录表？
- 动手制作：家庭周末单日用水总量的电子统计表

活动二：家庭周末单日用水量分项情况统计
- 方法引导：如何确定家庭周末单日用水量的详细统计项 如何计量那些无法通过刻度计量的统计项
- 交流研讨：如何设计家庭周末单日用水量分项情况统计表
- 动手制作：家庭周末单日用水量分项情况统计表、统计图

活动三：比对发现自家用水的不当之处
- 活动探究：对比自家、班级和所在省份的人均月用水量 依据周末统计数据，找出相同项的用水量，对比并分析合理性 依据周末统计数据，找出不同的用水项，分析合理性
- 动手制作：自家用水情况统计分析表

解读家庭用水量，发现用水不合理之处

图 8-15　任务二的学习活动设计

　　通过"活动探究"栏目引导学生了解制订方案时的注意事项，并指导学生动手制作家庭节约用水方案设计表，将其作为此次活动的产品输出。

　　通过"活动探究"栏目引导学生采访家人、朋友、老师，对方案的可行性进行优化，并指导学生动手制作家庭节约用水方案优化意见征集表，将其作为此次活动的产品输出，任务三的学习活动设计见图 8-16。

合理制订家庭节约用水方案

活动一："家庭节约用水合理规划原则"的头脑风暴
- 交流研讨：合理和节约间的关系、原则
- 活动探究：分析自家节约和浪费原因
- 动手制作：周末两天的家庭用水量对比电子统计表（未实施规划方案前）

活动二：制订家庭节约用水合理方案
- 活动探究：制订方案时的注意事项
- 动手制作：家庭节约用水方案设计表

活动三：优化家庭节约用水合理方案
- 活动探究：采访家人、朋友、老师，对方案进行优化
- 动手制作：家庭节约用水方案优化意见征集表

图 8-16　任务三的学习活动设计

　　(5)项目总结：家庭节约用水方案交流展示

　　引导学生记录周末两天家庭用水量在实施方案前后的对比，分析反思实施方案的有效性。

　　引导学生先计算全班节约方案实施后人均的节约用水量，再以当前省份的人口为标准，估算出节约方案实施后对节约淡水资源的影响值，通过这个计算过程获得的数字来感受家庭用水合理规划后对淡水资源的影响力。

5. 项目学习成果评价量规

评价量规为本项目中关于项目成果的评价规则。针对每课时内容有更为具体的评价，在此不再赘述。成果评价主要围绕节水方案本身、本项目学习中强调的核心目标——调查技能、信息技术技能培养等开展，见表 8-6。

表 8-6 "解读自来水缴费单，合理规划家庭用水"项目成果评价量规

		水平一 （待发展）	水平二 （合格）	水平三 （优秀）
节约用水 方案	方案呈现	涵盖方案中的部分要点内容，如研究背景、研究方法、研究数据分析、研究结论等	基本包含方案中的要点内容，如研究背景、研究方法、研究数据分析、研究结论等	包含方案中的要点内容，如研究背景、研究方法、研究数据分析、研究结论等，能说明它们的相互关系
	文档	文档有基本排版，能比较清晰地表达研究内容	文档排版规范，体现不同层级标题体系	文档排版规范，体现不同层级标题体系，能图文结合且图文内容相符
节约用水措施		能结合自己的节水方案，举例说出常见的节约用水的基本措施	能基于比较分析家庭用水的不合理之处，提出家庭节约用水的基本措施，体会水是重要资源，要节约用水	能基于调查结果，说明自家用水的来龙去脉，进而提出家庭节约用水的基本措施；论证节水措施的有效性，并将这些措施应用于其他场所的用水中（知行合一）
技术使用情况		能在给定的表格中填写数据；在教师逐步提示下可完成在线共享文档的编制，将表格转化为图	会设计简单的表格整理数据，基本可以完成在线共享文档的编制、将表格转化为图等操作	会根据自己需求设计表格，挑选数据；熟练操作各种形式的在线共享文档；独立完成表格数据的图形化等
调查技能		能在给定的调查内容下，利用一些调查方法，基本经历调查的过程，记录调查结果。如只能借用已有的访谈提纲进行访谈，记录结果	能在给定的调查内容下，设计多种调查方法，经历完整的调查过程，记录调查结果	能根据需求，自主设计调查内容，依据多种调查方法，经历完整的调查过程，真实详细记录调查结果
科学观念		能说出水是一种重要资源	能说出水是一种重要资源，能分析其与生产生活之间的关系	能说出水是一种重要资源，能建构其与生产生活之间的关系

第九章
STEM 与实践育人

STEM 教育作为一种重要的科学教育理念，打破了传统分科教育中多门学科知识与实践的壁垒，强调采用跨学科学习、整合式学习的方式培养学生的创新能力和解决复杂问题的能力，从而促进学生核心素养的发展。随着 STEM 教育在中国的本土化，其逐渐显现出一定的优势，同时也暴露出一定的问题。越来越多的人开始寻找和重构适应我国国情和教育特点的本土化跨学科融合范式，并试图探索 STEM 教育与我国五育并举教育政策的内在联系。本章聚焦五育并举方针下的 STEM 实践育人新课题，揭示了 STEM 实践育人与五育并举的关系、五育并举方针下开展 STEM 实践育人的意义及实施方式，并呈现五育并举方针下开展 STEM 实践育人的案例。考虑到劳动教育是五育并举中的重要一环，也是近年来党和政府特别强调的一项重要能力，本章还将立足劳动教育与 STEM 教育的紧密关联，阐述开展基于劳动教育的 STEM 活动的意义和实施策略，并从贯通培养、终身发展的视角分别呈现幼儿园、小学、中学开展"STEM＋劳动教育"的典型案例，以给读者提供借鉴。

一、 五育并举方针下的 STEM 实践育人新课题

（一）STEM 实践育人与五育并举的关系

20 世纪以来，美国开始大力培养 STEM 人才，并逐渐将 STEM 教育作为一项国家战略予以推动。事实证明，这种将科学、技术、工程、数学各学科领域的零碎知识整合成一个统一整体的教育模式有效地培养了学生的实践创新、问题解决等能力。近年来，STEM 教育迅速成为世界各国教育政策和教育研究的热点，并逐渐被引入中国，产生了广泛的影响。中国教育科学研究院发布的"中国 STEM 教育 2029 创新行动计划"指出，STEM 教育的本质是运用交叉学科的知识和方法解决现实问题。不断发展每一个学生的学科理解力和生活理解力，学生的核心素养也可以在融合多学科课程的统整性学习中得到浸润式的培养。[①]

然而相较于早先提出 STEM 教育的国家，我国在教育体制、教育文化等方面存在显著差异，简单迁移未必能取得预期效果，实践过程中更是暴露了各种各样的问题。因此，一些学者试图去寻找和重构适应我国国情和教育特点的本土化跨学科融合教育范式。其中，"五育并举""五育融合"等概念的提出在一定程度上回应了这

---

① 李毓嘉：《融合"五育"的 STEM 教育活动设计与实践——以机器人教学活动为例》，载《齐鲁师范学院学报》，2023(1)。

些问题。甚至有学者建议将 STEM 教育与五育并举的教育相融合，认为这是我国素质教育背景下创新与推广教育新模式的必然要求，也是发展学生综合能力的需要。

作为新时代中国教育变革的基本要求和发展的基本方向，近年"五育并举""融合育人"逐渐成为人们讨论的重点。2018 年全国教育大会从国家经济社会发展的战略高度和未来人才培养的长远需求出发，总体确立了"五育并举"的全面发展教育体系。2019 年，《中共中央 国务院关于深化教育教学改革全面提高义务教育质量的意见》，明确提出"坚持'五育'并举，全面发展素质教育"。同年，《中国教育现代化2035》也提出要"更加注重全面发展"。2022 年新课标颁布，其核心概念之一就是"跨学科主题学习"，也蕴含着五育并举、全面育人的精神。考虑到"五育并举"在从政策文本走向教育教学实践的过程中，逐渐趋向于融合育人，众多研究者开始强调和使用"五育融合"的概念，即"五育并举，融合育人"，这是对传统"五育并举"政策话语的理论提升，也是对"五育并举"的推进、深化和发展。因此在下文阐述 STEM 教育与"五育"关系的过程中，兼用了"五育并举"和"五育融合"两种表述。

那么，STEM 实践育人与五育并举究竟是什么关系？五育并举要求全面、融合育人。STEM 教育是一种注重学科融合的教育模式，是在教育实践中落实五育并举教育方针的重要路径之一。具体来说，首先，从人才培养目标上看，STEM 教育与五育并举的教育目标存在内在关联、相互映衬。五育并举与中国学生发展核心素养的培养目标和主要内容存在逻辑上的内在一致性，强调了学生发展的全面性，以及那些应对未来挑战的必备品格和关键能力。STEM 教育通过学科课程整合，为学生提供真实的学习情境，使学生在解决复杂问题的过程中，全面提升综合能力和核心素养。由此看来，STEM 教育与五育并举的人才培养目标均指向学生的全面、综合发展。其次，从本质上看，五育融合教育与 STEM 教育均体现了跨领域融合教育思想。五育融合教育强调将"德智体美劳"五种领域的教育目标、教育内容、教育过程和教育评价高度融合，形成有机整体，让学生在跨领域学习的过程中逐渐发展为完整的人，因此跨领域性是它的核心特征。STEM 教育主张将"科学、技术、工程、数学"四门学科内容整合，并形成有机整体，在引导学生跨学科解决问题的同时培养学生创新思维与实践能力。由此看来，STEM 教育同样强调跨学科性和融合性。再次，从特点上看，劳动教育作为"五育"中的一项重要内容，鼓励学生在实践中检验真理，培养学生的动手能力、实践能力和创造能力，对于学生的发展具有重要而特殊的意义。STEM 教育中所包含的工程教育和技术教育强调"做中学"，鼓励学生利用所学多学科知识进行创造、设计并解决现实问题，以提升实践技能与创新能力。由此可见，STEM 教育和五育并举的教育均强调实践性，具备注重培养学生动手能力、实践能力、创新能力、问题解决能力的特点。最后，作为五育之一的美育，其主要目的在于培养学生的审美思维和艺术情趣。作为 STEM 教育扩展版的 STEAM 教育，其中的"A"在广义上包括美术、音乐、社会、语言等人文艺术，其功能在于提升学习者对人文科学和社会科学的关注与重视，因此，两者在艺术性方面也存在相似之处。

尽管 STEM 教育与"五育"存在密切的关联，但它们之间也存在一些差异。首先，自党的十八大以来，党中央将劳动教育正式纳入全面培养教育体系，五育并举成为我国一项重要的教育方针，而后相继颁布的《中共中央 国务院关于深化教育教学改革全面提高义务教育质量的意见》《中国教育现代化 2035》等纲领性文件也强调了培养"德智体美劳"全面发展的社会主义建设者和接班人，将五育并举置于突出位置。可见，五育并举是我国教育改革的发展方向，也是落实党的教育方针的重要抓手，在我国的教育环境中是一个较 STEM 教育更加上位的概念。其次，从覆盖的学科领域来看，"五育"包含德育、智育、体育、美育、劳育五个相对完整、独立的教育体系。这五个教育体系自成领域，每一个领域又包含了诸多学科知识。例如，德育包含了道德与法治教育、思想政治教育、心理健康教育等；智育包含了数学教育、科学教育、信息技术教育等。当各领域组合或有机融合起来，又会产生新的教育内容，创造出更广泛的育人价值。STEM 教育则主要关注科学、技术、工程、数学四个学科的学习，强调这些学科的融合。因此，从范围上看，"五育"比 STEM 教育的覆盖范围更广。再次，在我国的五育并举教育中，德育、体育、美育、劳育被赋予了和智育同等的身份地位，且被给予了充分的课时、师资保障以促进"五育"均衡发展，同时，强调以综合化的评价方式评定学生的素养发展，即我国的五育并举没有学科倾向性，真正重视和强调学生的全面发展。然而，西方主流观点重视的 STEM 教育类似于中国话语里的"理工科融合教育"，明显偏向于一些学科，而忽视另一些学科，其教育内容在综合性和均衡性上不及"五育并举"的教育。最后，STEM 教育最先由美国提出，其初衷是提高美国劳动力的素质，以进一步提高美国的科技能力和国际竞争力。STEM 教育被强调应为国家科技发展和制造业复兴战略服务，因此其发展脉络深受国家经济、政治和文化等多重因素的影响。在社会各界的支持下，美国已建立了一体化、全方位、立体式的 STEM 教育发展模式，带动了美国课程与评价、教师教育、高等教育等变革。而我国五育并举的教育则是基于中国国情和时代背景提出的一项重要教育政策，其培养目标的定位和我国各项教育政策、方针中所追求的育人目标相一致，其教育内容——德育、智育、体育、美育、劳育也是中国本土根深蒂固的五大教育体系。因此，五育并举的教育与 STEM 教育所扎根的国情性质存在较大的差异。①

（二）五育并举方针下 STEM 实践育人的意义及重点措施

随着科技的迅猛进步和社会的不断变迁，我们在培养人才方面面临着新的挑战和机遇。如何培养具备创新思维和实践能力的高素质人才，已成为教育改革和发展的重要议题。我国教育事业的指导方针是五育并举，即教育必须为社会主义现代化建设服务、为人民服务，必须与生产劳动和社会实践相结合，培养"德智体美劳"全面发展的社会主义建设者和接班人。STEM 教育作为一种注重实践和跨学科的教育理念，旨在提升学生在科学、技术、工程和数学等领域的综合素养，培养学生解决复杂问题的能力。STEM 教育与五育并举方针是相契合的，因为它们都强调人的全面发展，都注重培养学生的创新精神和实践能力。

那么为什么要将二者有机结合，在五育并举方针下开展 STEM 育人活动？具体来说，五育并举方针下的 STEM 实践育人工作对于培养学生的创新精神和创新能力、综合素质和综合能力、社会责任感和公民意识等方面有着重要的意义。

首先，有利于培养学生的创新精神和创新能力。五育并举方针强调培养学生开拓进取、勇于探索、善于创造、乐于奉献的精神。STEM 教育也强调以一种创造性的方式和创新的形式来实现育人目标。开展 STEM 实践活动，可以激发学生对科学技术的兴趣和好奇心，培养学生对问题的发现和解决能力，锻炼学生运用科学方法进行探究和创新的能力，促进学生形成创新思维和创新意识。

其次，有利于培养学生的综合素质和综合能力。五育并举方针强调培养学生具有健康体魄、扎实知识、良好品德、广阔视野、优美情操等综合素质。STEM 教育也强调培养学生在科学、技术、工程和数学等领域的综合素养，提高学生解决复杂问题的能力。开展 STEM 实践活动，可以促进学生在不同学科之间建立联系，培养学生的跨学科思维和协作能力，提高学生的逻辑思维和批判思维能力，拓展学生的知识面和视野。

最后，有利于培养学生的社会责任感和公民意识。五育并举方针强调培养学生的爱国主义情怀、社会责任感、法治意识、国际视野等公民素养。STEM 教育也强调培养学生关注社会问题、参与社会实践、服务社会发展的能力。开展 STEM 实践活动，可以让学生了解科技对社会的影响和作用，培养学生的科技伦理和科技文化素养，引导学生关注社会需求，运用科技创新解决社会问题，为国家和社会作出贡献。

---

① 钟柏昌、刘晓凡：《论"五育融合教育"》，载《中国电化教育》，2022(1)。

既然在五育并举方针下开展 STEM 育人活动具有重要的意义，我们就有必要思考五育并举方针下 STEM 实践育人工作的重点。只有把握重点，才能更有的放矢地开展教育实践。基于此，下文梳理了五育并举方针下 STEM 实践育人工作的重点措施和建议。

第一，构建五育融合的创新教学模式。创新教学模式，实现五育融合，强调实践教学在人才培养中的重要性，同时应有效结合理论教学、思政教育和专业教育。根据不同阶段、不同层次和不同学科的需求，设计多样化、个性化和差异化的 STEM 实践课程和项目，以激发学生的主动性和创造性。要注重培养学生的探究能力和创新能力，引导学生从问题出发，通过观察、提问、假设、实验、分析、总结等科学方法，进行探索式、项目式、问题式的 STEM 实践活动。要注重培养学生的协作能力和沟通能力，鼓励学生在小组或团队中进行 STEM 实践活动，促进不同特长、不同背景学生的交流和融合。

第二，建立五育协同的资源协同生态。要加强校内外资源整合和共享，打造多元化、开放式、网络化的 STEM 实践资源平台。要充分利用校内资源，建设完善的 STEM 实践基地、实验室、工作坊等场所，配备先进的 STEM 实践设备、工具、材料等器材，提供丰富的 STEM 实践课程、项目、案例等内容。要积极开拓校外资源，建立稳定的 STEM 实践合作机制，如与企业、政府部门、社会组织等建立长期有效的合作关系，为学生提供更多、更广、更深入的 STEM 实践机会和平台。要充分运用信息技术，建设便捷高效的 STEM 实践信息平台，利用移动端、云端、虚拟仿真的 STEM 实践教学平台、人工智能等技术，为学生提供更多、更真实、更丰富的 STEM 实践场景和体验。

第三，培养五育共进的专业师资队伍。要建立一支专业师资队伍，致力于培养五育共进的教师。重点加强对 STEM 教师的培训和支持，提升他们的专业素养和教学能力。着重培养教师的科学素养和科学精神，使教师具备科学信念和科学态度，提升教师的科学知识和科学方法。要注重培养 STEM 教师的创新素养和创新能力，鼓励 STEM 教师进行教育创新和教育研究，提高 STEM 教师的创新思维和创新意识。要注重培养 STEM 教师的协作素养和协作能力，促进 STEM 教师之间的交流和合作，提高 STEM 教师的协作思维和协作意识。要注重培养 STEM 教师的公民素养和公民责任，引导 STEM 教师关注社会问题，参与社会服务，加强 STEM 教师的公民意识。

第四，健全五育统筹的评价与反馈机制。要建立科学合理的 STEM 实践教学评价体系，突出评价的过程性、多元性、发展性，注重评价的有效性、公正性、可持续性。要以五育并举为评价标准，综合考查学生在 STEM 实践活动中的知识掌握、能力发展、品德修养、创新行为、社会贡献等方面的表现，充分体现学生的个性差异和成长进步。要采用多种评价方式和方法，如自我评价、同伴评价、教师评价、专家评价、社会评价等，形成多维度、多角度、多层次的评价结果。要及时给予学生有效的反馈和指导，帮助学生分析自身优势和不足，制订改进计划和目标，促进学生持续进步和自我完善。

在五育并举方针下开展 STEM 实践育人工作是一项具有重要意义和价值的工作，它有利于培养学生的创新精神和创新能力、综合素质和综合能力、社会责任感和公民意识。为了有效推进五育并举方针下 STEM 实践育人工作，需要构建五育融合的创新教学模式，建立五育协同的资源协同生态，培养五育共进的专业师资队伍，加强五育统筹的评价与反馈机制。这些措施和建议的落地需要各级各类教育机构和部门共同努力，形成合力，特别是要不断探索和完善五育并举方针下 STEM 实践育人工作的模式、方法、机制等，为我国人才培养贡献力量。

总之，五育并举方针下 STEM 实践育人工作是一项符合时代要求和教育规律的工作，有利于培养学生终身学习的能力、促进学生全面发展，为我国科技创新和社会发展提供人才支撑和智力保障。

（三）如何在"五育并举"方针指导下开展 STEM 育人活动

STEM 教育强调科学、技术、工程和数学的综合学习，在当前科技迅猛发展的时代，STEM 教育被广泛认为是培养具有创新能力和解决问题能力的未来人才的重要途径。五育并举教育方针则强调德、智、体、美、劳各个方面的全面发展，为 STEM 育人活动提供了全面的指导。如前文所述，五育并举方针与 STEM 教育之间存在密切的关系，那么如何更好地在五育并举方针指导下开展 STEM 育人活动？以下一些策略可供参考。

进一步推进 STEM 教育的课程化。课程的构建与实施是教育理念落地的载体与平台，STEM 教育的核心要素和关键环节是课程建设。为更好地在五育并举方针指导下开展 STEM 育人活动，关键工作是要进一步加强五育并举视域下 STEM 课程资源的建设，开发、丰富 STEM 课程内容和教学资源。现代课程理论的基本观点强调课程的科学性和系统性，以泰勒为代表的现代课程理论学者提出从课程目标、课程要素、课程实施和课程评价四个环节或维度来实现这种科学性和系统性。据此，有必要紧紧围绕五育并举的教育方针规划 STEM 课程的目标、要素、实施方式和评价各部分内容。比如，在目标层面上，STEM 课程在原有的"培养学生理工科技思维和能力"的同时，更加关注学生的"全面发展"。在内容层面上，近年提出和流行的 STEAM 教育，在原有的学科基础上增设了"A"（arts），使得 STEM 教育更具欣赏性、人文性和艺术性，更契合五育并举"全面育人"的要求。在实施层面上，学校可以通过设置选修课、开设科技创新和社会实践类社团，或与校外科技场馆等合作，共同开展 STEM 育人活动。

多种途径培养学生的创新思维能力。教师要尽可能地为学生提供具有挑战性的问题，鼓励学生思考多样的、独特的解决方案，这样可以激发学生的创造力和想象力，并培养学生寻求不同角度和创新解决问题的能力。创新往往离不开团队的协作，在 STEM 育人活动中，教师可以组织学生进行小组项目合作，鼓励学生共同解决问题。通过团队合作，学生可以学会倾听他人观点、协商决策，并有效地与他人合作，提高沟通技巧和团队合作能力。同时，教师还可以有意地引入创客教育和设计思维。创客教育强调学生通过实践和制造来表达和实现自己的创意。通过引入创客教育和设计思维，学生可以亲身参与项目制作和解决实际问题的过程，在此过程中其创造力、创新能力和实践能力均得到提升。

注重实践和项目导向。通过设计和组织实践性项目，学生能够亲身参与解决实际问题的过程，通过项目的实施，学生得以充分运用所学的科学、技术、工程和数学知识。在整个过程中，学生的问题解决能力、实践能力、动手能力等重要技能均可以得到提升。通过实验，学生可以观察、记录和分析实验现象，提升观察能力、推理能力和实验设计能力。通过实地考察，学生得以走出教室，了解真实的科学和技术应用场景，增强实践经验和应用能力。设计以项目为导向的学习活动，可以让学生在解决具体问题的过程中学习相关的知识和技能。通过项目导向的学习，学生在丰富实践经验的同时，获得了自主学习和问题解决能力，同时加深了对所学知识的理解和应用，这些为促进学生的全面发展打下了坚实的基础。

注重跨学科学习。五育并举的优势在于指向全面育人，而 STEM 教育只涵盖了科学、技术、工程和数学等领域。为了实现全面育人的目标，可以采取一些措施，如将艺术纳入 STEM 教育，形成 STEAM 教育，强调在科学、技术、工程、艺术和数学之间的综合学习与交叉应用。艺术能够培养学生的创造力、审美能力和想象力，使 STEM 教育更具创意和趣味性。除了 STEM 领域，还可以引入其他学科领域，如人文社科、历史、地理、经济等。这样可以帮助学生更好地理解科技与社会、文化、环境等方面的关系，培养学生的综合思维能力和社会责任感。STEM教育强调跨学科的整合，培养学生的综合素养。在开展 STEM 育人活动时，我们应鼓励学生在科学、技术、工程和数学等学科之间建立联系，培养跨学科思维能力。这可以通过组织跨学科的课程设计、项目合作和交叉学科的研究等方式实现。鼓励学生思考如何改进现有方案，提高效率、降低成本或解决现有问题。这些有利于培养学生的创新意识和实践能力。

倡导终身学习。时代的变迁使终身学习成为人们的共识，为了适应这种变化，受教育者要力求持续的、多方面的发展，五育并举不是提倡暂时的全面发展，而是强调持久的竞争力。具体来说，这种持久的竞争力可以通过以下途径获得。第一，培养学生的自主学习能力和探究精神。这两方面是主动学习的前提，只有具备较强的自主学习能力和探究精神，才能更好地发挥主观能动性，拥有持久学习的力量。第二，培养学生的信息获取和评估能力，使他们能够主动获取和筛选有用的知识资源。第三，培养学生的元认知能力及有效的学习策略，使学生能够自我监控和调整学习方法，帮助他们学会高效地学习和思考，从而提升其学习效果和持久力。第四，为学生提供丰富多样的学习机会，鼓励学生积极参与其中，包括课外活动、学术竞赛、实习和社区服务等，同时为学生提供必要的支持和指导。第五，提供有趣、有挑战性的学习内容及丰富的学习体验，激发学生的学习动力和探索欲望。一系列方法扩展了学生的知识和技能，激发了其学习兴趣和热情，培养了其自主学习的动机，同时向学生传递了学习对个人发展和社会进步的重要性，强调学习是一种持续的过程，而不仅仅是为了应付考试或取得好成绩，鼓励了学生养成终身学习的态度和习惯，以应对未来不断变化的挑战。

在五育并举方针的指导下，开展 STEM 育人活动可以有效地培养学生的科学思维能力、实践能力、创新能力和综合素养。通过推进 STEM 教育课程化、培养学生的创新思维能力、注重实践和项目导向、注重跨学科学习及倡导终身学习，我们可以为学生提供更丰富、更全面的 STEM 教育体验，培养出具备更强综合素质的未来人才。

（四）五育并举方针下开展 STEM 实践育人的案例

前已述及，五育并举方针与 STEM 教育有着内在的联系和契合点。在五育并举方针下开展 STEM 教育，不仅可以提高学生的科学素养和创新能力，而且有利于促进学生的德智体美劳全面发展。下面呈现一篇五育并举方针下开展 STEM 实践育人的案例，给广大教育工作者提供参考。

1. 案例介绍

本案例以中国教育科学研究院荔湾实验学校七年级"智能物流"跨学科主题学习为实施内容。① 该案例旨在探索基于机器人教学的 STEM 教育模式，培养学生的综

---

① 李毓嘉：《融合"五育"的 STEM 教育活动设计与实践——以机器人教学活动为例》，载《齐鲁师范学院学报》，2023(1)。

合素质和创新能力。活动结合学生的年龄特点和认知水平，设计了多个基于问题场景的实践探究活动，涉及材料科学、机械构造、传动系统、数据测量、算法优化、自动化控制等交叉学科技术融合的知识和技能。活动采用WeDo机器人套装和WeDo 2.0编程软件作为教学资源，利用图形化编程模块，降低编程难度，提高学生的编程兴趣。

在教学组织方面，活动以小组合作的方式开展，强调学生的主体性和协同性，通过知识竞赛、导入情境、知识科普、过程探究、成果分享等环节，实现教师引导、学生探索、互动交流、反馈评价等教学过程。具体来说，教师先通过知识竞赛激发学生对智能物流的兴趣和好奇心，再通过导入情境、设置问题任务，引导学生思考如何利用机器人解决物流中的运输、分拣、装卸等问题。接着，教师科普相关的机器人原理和编程方法，让学生了解机器人的构成和功能。在过程探究环节，教师分配不同的任务给不同的小组，让每个小组根据任务要求设计制作自己的机器人模型，并用WeDo 2.0编程软件对其进行编程控制。在成果分享环节，每个小组向全班展示自己的机器人作品，并说明设计思路和编程过程。最后，教师对每个小组的作品进行评价和反馈，总结本次活动的收获和意义。

2. 案例分析

该案例将五育并举全面发展素质教育与机器人STEM教育有机融合，在机器人教学过程中以跨学科主题学习的形式，将机器人知识与各学科知识联结起来，有利于学生树立正确的价值取向，提升学生的逻辑思考、文化内涵、健全人格、劳动精神等综合素质，进而实现五育并举、全面育人的目标。例如，通过机器人教学活动，学生在积累科学知识的同时，其信息意识、计算思维等数字素养与技能得到了整体的训练和提升，探究能力、问题解决能力也得到了提升，这是智育；学生在亲自动手设计和制作的过程中，获得了审美体验，劳动能力和实践能力得到了提升，这体现了美育和劳动教育的价值；该课程潜在地激发了学生的学习兴趣，培养了学生健全人格，促进学生形成团结、合作等品质，这渗透了德育和体育的价值。

该案例的教学实践，为教师提供了一个五育并举方针下开展STEM实践育人的范例，具备一些可借鉴之处。

第一，充分利用机器人教学的跨学科优势，激发学生的创新思维和实践能力。机器人教学是一种集科学、技术、工程和数学于一体的教育模式，能够让学生在动手制作和编程控制机器人的过程中，掌握多种基础知识和技能，培养学生的逻辑思维、空间想象、数据分析、算法设计等能力，同时也能激发学生的创新思维和实践能力，让学生在解决实际问题中体验到科技创新的乐趣和挑战。

　　第二，注重培养学生的协同合作和沟通表达能力，促进学生不同方面的发展。案例采用小组合作的方式开展教学活动，强调学生的主体性和协同性，通过知识竞赛、导入情境、知识科普、过程探究、成果分享等环节，实现教师引导、学生探索、互动交流、反馈评价等教学过程。这样不仅可以培养学生的团队合作精神和责任意识，而且可以提高学生的沟通表达能力、自信心和艺术创造力。

　　第三，采用过程性评价，以全面观察学生的学习状况为目标，关注学生的成长和进步。评价过程中涵盖学生自评、组间互评和教师评价等多个方面，通过这些方式综合评估学生是否达到学习目标。评价模型则以问题本位为出发点，从基础知识、基本技能、代码设计、问题解决和团队合作等多个维度全面评价学生的表现。这种多维度的评价，有效避免了单一的考试成绩评价方式，能更准确地反映学生的实际水平和能力。同时，及时地反馈和支持，鼓励学生不断改进不足，获得新的进步。

　　在课堂中开展五育并举方针下的 STEM 实践育人，是一种新的育人方式和教学模式，能够有效地实现五育并举，培养学生的综合素质。为了实现这一目标，结合当前案例，我们可以从以下几个方面进行努力。

　　一是案例明确了 STEM 教育与五育并举之间的内在联系，将 STEM 教育作为一种有效途径来促进德智体美劳各方面的发展。本案例通过智能物流这一真实的问题场景，让学生在探究创新的过程中，不仅学习了跨学科的知识和技能，而且获得了责任感、合作精神、自信心、乐观态度、审美情趣、健康意识、劳动习惯等，从而实现五育并举的目标。

　　二是案例设计了具有挑战性和趣味性的 STEM 项目或任务，激发了学生主动参与和探究创新。案例以智能物流为主题，要求学生运用机器人技术解决物流中的运输、分拣、装卸等问题。这样的项目或任务可以提高学生的学习兴趣和动机，激发他们的好奇心和求知欲，促进他们的创造力和创新力。

　　三是案例采用了多元化和灵活化的教学方法和评价方式，以引导和支持学生进行跨学科、跨领域和跨文化的整合与应用。本案例采用了探究式、项目式、问题式和情境式等多种教学策略，让学生主动参与问题的发现、提出、解决和评价过程，而非被动地接受知识灌输。同时，案例也采用了多样化和灵活化的评价方式，如自我评价、同伴评价和展示评价等。这些评价方式不仅关注学生对知识和技能的掌握程度，而且关注他们的态度、情感、价值观和习惯等方面的发展。通过这种综合评价，教师能够更好地了解学生的全面发展情况。通过多元化和灵活化的教学方法和评价方式，案例引导和支持了学生在实际情境中进行跨学科、跨领域和跨文化的整合与应用，使学生能够将所学知识应用于不同的情境中，并展示他们的成果和能力。

四是案例营造了开放性和协作性的教学环境和氛围，鼓励并尊重了学生个性化和多样化的表达和交流。案例为学生提供了充分的时间、空间、资源和工具，让他们自由地选择和安排自己的学习活动，发挥他们的主动性和创造性。此外，案例还为学生提供了合作的机会和平台，以促进他们与同伴、教师、专家和社区等进行有效的沟通和交流。这样的合作让学生得以分享他们的想法、经验、感受和反馈。通过创造开放性和协作性的教学环境和氛围，案例鼓励并尊重了学生个性化和多样化的表达和交流方式。这样的做法不仅能够培养学生的社会情感技能和文化意识，还能提升他们的团队合作能力和沟通技巧。

五是案例加强了与社会资源和专家团队的对接和合作，拓展和丰富了 STEM 教育的内容和场景。案例利用了 WeDo 机器人套装和 WeDo 2.0 编程软件，为学生提供了更多元、更真实、更有意义的学习内容和场景。案例还邀请了相关领域的专家或从业者来校举办讲座、进行指导或合作，让学生了解最新的科技发展动态和前沿问题，加强与社会资源和专家团队的对接与合作，拓展和丰富了 STEM 教育的内容和场景，增强了学生的社会责任感和公民意识。

二、 基于劳动教育的 STEM 育人活动

（一）开展基于劳动教育的 STEM 活动的意义

基于劳动教育的 STEM 活动在《义务教育劳动课程标准(2022 年版)》背景下具有重要意义。新课标强调立德树人、实践操作、创新思维和学科融合等方面，旨在培养具备全面发展素质的学生。根据新课标，开展基于劳动教育的 STEM 活动显得尤为重要，具有丰富的育人价值，主要体现在以下几个方面。第一，实践操作能力方面。新课标强调学生的实践操作能力，通过参与劳动教育与 STEM 教育相结合的活动，学生可以在实际操作过程中学习科学、技术、工程和数学知识，提高动手能力和实践操作能力。第二，创新思维培养方面。新课标鼓励学生发挥创造力，培养创新意识和创新能力。基于劳动教育的 STEM 活动能够激发学生的创新思维，鼓励他们在解决实际问题中发挥创造力。第三，学科融合与跨学科能力方面。新课标强调学科融合，将劳动教育与其他学科相结合。在基于劳动教育的 STEM 活动中，学生可以学到跨学科的知识体系，提高分析问题和解决问题的综合能力。第四，团队协作与社会责任感方面。新课标关注培养学生的社会责任感和团队精神。

参与基于劳动教育的 STEM 活动，学生可以学会与他人合作、分工协作，培养团队精神，同时增强对社会和环境的责任感。综上所述，开展基于劳动教育的 STEM 活动有助于实现新课标的目标，培养具备实践操作能力、创新精神、团队协作能力和社会责任感的全面发展的人才，为社会发展提供有力的人力支持。

基于劳动教育的 STEM 活动，旨在引导学生在劳动过程中发挥自己的想象力和创造力，以寻求解决现实问题的创新方式。在参与这些活动的过程中，学生可以亲身感受到科技创新带来的乐趣，从而进一步增加对科学、技术、工程和数学等领域的兴趣。这类劳动教育模式的 STEM 活动往往涉及多种跨学科的知识，需要学生在实践中学习和应用这些知识，以提高综合运用所学知识的能力。基于劳动教育的 STEM 活动注重培养学生面对挑战时，勇于尝试、敢于创新的精神。当遇到困难和挑战时，学生需要学会积极思考、主动探索，逐步形成自己的解决方案。这种敢于挑战自我的品质，对于学生今后的学习和工作生涯具有极大的推动作用，可以帮助他们在不断变革的社会中取得成功。总之，基于劳动教育的 STEM 活动不仅能够帮助学生提高科学素养，激发他们对科学、技术、工程和数学的热情，而且能够培养他们勇于尝试、敢于创新的精神。这种教育模式将为学生在未来的学习和工作中打下坚实的基础，有利于他们在日后的人生道路上取得更好的成就。

基于劳动教育的 STEM 活动，往往强调学生的分工合作，以培养他们的团队协作意识。在这些活动中，学生需要在小组内担任不同的角色，共同完成任务，从而学会彼此间协作与配合。在团队合作的过程中，学生可以学会倾听他人的意见，充分尊重和理解他人的观点。这有助于他们形成更加开放和包容的心态，提高沟通交流能力。同时，学生还需要学会在团队中扮演积极的角色，与队友相互支持、鼓励，共同解决问题。这种相互依赖、共同进退的团队精神，有助于培养他们在面对困难时的韧性和解决问题的能力。此外，基于劳动教育的 STEM 活动还能帮助学生提高社会适应性和人际关系处理能力。在团队合作中，他们需要学会处理好与不同性格、不同背景的同伴之间的关系，寻求共同点，化解矛盾，形成和谐的团队氛围。这种在实践中培养的人际关系处理能力，对于他们今后更好地适应社会、融入各种各样的团队具有重要意义。综上所述，基于劳动教育的 STEM 活动通过分工合作的方式，培养学生的团队协作意识。在这个过程中，学生可以学会倾听他人意见、沟通交流、相互支持，形成良好的团队合作精神，并提高自身的社会适应性和人际关系处理能力。

在基于劳动教育的 STEM 活动中，学生需要负责自己的任务并完成相应的分工。这种教育模式能够使学生充分认识到自己的责任，增强他们的责任意识，从而培养他们的自主性和自律性。在完成分工任务的过程中，学生会逐渐体会到劳动的辛苦，同时也能品味到通过努力实现目标的喜悦。这种实践经历能够让学生更加珍惜自己和他人的劳动成果，培养学生尊重和欣赏他人劳动成果的道德品质。在团队合作中，这种尊重他人劳动成果的品质有助于增进团队成员之间的信任和理解，提升整个团队的凝聚力和执行力。此外，基于劳动教育的 STEM 活动还有助于培养学生的实践能力和创新精神。在面对实际问题时，学生需要动手操作、探索新方法，这锻炼了他们的动手能力和解决问题的能力。这种实践性的教育方式有助于培养他们的创新精神，让他们敢于尝试、勇于创新，在解决问题的过程中不断突破自己的局限。

综上所述，开展基于劳动教育的 STEM 活动具有重要的教育意义。这种教育模式有助于培养学生的实践能力、创新意识、团队协作精神、责任意识等多方面素质。通过实践活动，学生可以将理论知识与实际操作相结合，提高解决问题的能力。同时，这种教育方式还有助于激发学生对科学、技术、工程和数学的兴趣，培养他们的创新精神。在团队协作中，学生可以学会沟通交流、相互支持，为今后的学习和工作奠定基础。此外，基于劳动教育的 STEM 活动还可以培养学生尊重他人劳动和珍惜他人劳动成果的道德品质。因此，教育部门和学校应努力推广和实施基于劳动教育的 STEM 活动，为培养全面发展的人才作出积极的贡献。

（二）开展基于劳动教育的 STEM 活动的实施策略

既然开展基于劳动教育的 STEM 育人活动具有如此重要的意义，那么应该如何开展相应的活动？下述实施策略有助于更好地将 STEM 教育活动融入劳动教育中，满足学生的发展需求，提升学生的实践能力和综合素质。

1. 将 STEM 活动融入劳动教育课程体系

将 STEM 活动融入劳动教育课程体系是实现教育目标的重要路径。首先，学校应尽可能地将劳动教育与 STEM 教育相关内容融入各学科，设置必修或选修课程。《义务教育劳动课程标准（2022 年版）》中明确劳动教育课程六方面的理念，其中构建以实践为主线的课程结构、加强与学生生活和社会实际的联系、倡导丰富多样的实践方式等充分体现了劳动教育要有实践性且与生活密切联系的特点。社会生活的组成是多元的，任何一个问题都很难由单一学科独立解决，因此将 STEM 育人活动融入劳动教育，有助于劳动教育的高效实施。例如，在服务性劳动活动的设计中可以加入项目设计环节，让学生根据服务对象的特点和需要，在真实情境中融合多学科知识，参与劳动活动；其次，学校宜积极开发跨学科的项目式课程，让学生在实际操作中学习并应用 STEM 知识，培养其创新精神和实践能力。项目式课程以解决实际问题为目标，要求学生运用所学知识、技能和创新思维。在这个过程中，教师宜更多地使用探究式教学法和合作式教学法，培养学生的自主学习能力和实际运用知识的能力。最后，为保证活动的质量和效果，学校还需要关注教师教学能力。学校应对教师进行必要的培训和指导，使其深刻把握劳动教育和 STEM 教育的理念、方法和技能，以更好地引导学生参与活动并从活动中实际获益。

2. 发挥学生主体作用，激发学生学习兴趣

在基于劳动教育的 STEM 活动实施策略中，发挥学生主体作用至关重要。首先，教师需关注学生的兴趣和需求，以学生为中心进行教学设计，通过项目式学习和探究式学习等方法激发学生的好奇心和求知欲。其次，教师要确保学生有足够的时间和空间参与劳动教育和 STEM 育人活动，更多地给予他们亲手操作、动手实践的机会，以将理论知识与实际操作相结合，提高学生的实践能力。再次，教师还应鼓励学生发挥想象力和创造力，尝试用不同的方法解决问题，引导学生运用头脑风暴、设计思维等创新方法，以培养学生的创新能力。此外，为更好地发挥学生的主观能动性，在开展劳动教育和 STEM 活动的过程中可以鼓励学生之间相互合作和交流，通过分工合作、讨论沟通共同解决问题，这样不仅能更好地激发学生的主体作用，还能培养学生的沟通技巧和团队协作能力。最后，教师要遵循循序渐进原则，根据学生的认知发展水平和个体差异，设置合适的任务难度，避免让学生感到挫败，要鼓励学生按照自己的节奏进行学习和实践，逐步提高技能水平。

3. 加强教师队伍建设和培训，提升教师教学能力

加强教师队伍建设对于提高教育质量至关重要，在开展劳动教育和 STEM 教育方面更是如此。选拔、培训、评价和激励等环节可在一定程度上确保教师具备良好的教育教学能力和专业素养。劳动教育和 STEM 教育要求教师具备较强的实践操作能力、创新思维和跨学科整合能力，在选拔教师的过程中需要重视这些方面。在培训环节中，教育主管部门和学校应制订全面、科学的培训计划，涵盖劳动教育和 STEM 教育的理论知识、实践技能和教育技术应用，强调实践性和针对性，并且鼓励教师积极参加国内外研讨会、讲座、短期进修班等培训或活动，不断提升教师相关学科的育人意识和育人能力。在教师评价环节，应建立公正、客观的评价机制，综合评估教师在开展劳动教育和 STEM 教育方面的表现，并鼓励学生和家长参与评价，使评价主体多元化。在激励机制方面，学校要建立科学、合理的薪酬制度，可以设立优秀教师奖、劳动教育与 STEM 教育改革奖等奖项，以激发教师的工作积极性和创新精神。完善教师队伍建设和培训体系，可以提高教师在劳动教育和 STEM 教育方面的专业素养和教育教学能力，并进一步提升相关学科的教育质

量，培养更多具备实践能力和创新精神的优秀人才。实现这一目标需要教育主管部门、学校、教师及社会各方共同努力，共同推动教师队伍建设和培训工作的深入开展。

4. 注重校内外资源整合，提供多样化学习资源

充分利用校内外资源，为开展基于劳动教育的 STEM 活动提供支持，可以通过多种途径实现。学校可以与企业、行业领域的专家建立合作关系，共同设计和实施劳动教育与 STEM 活动项目，让学生在实际工作环境中学习和实践，获得相应的经验和感悟。同时，拓展其他社会资源，如与社区组织、社会非营利机构、场馆、志愿者团体等合作，开展劳动教育和 STEM 育人活动，丰富学生的学习资源。此外，学校可以充分运用网络平台，如在线课程、虚拟实验室和远程教育等资源，为学生提供丰富的在线学习材料和实践机会，拓宽学生的视野和知识面。在校内资源方面，首先，学校宜鼓励教师之间的交流与合作，使教师共享教学资源和经验。其次，学校要努力实现课程整合，将劳动教育与 STEM 教育的理念与内容融入各个学科的课程中，通过开展跨学科的劳动教育和 STEM 育人活动，培养学生的创新思维和问题解决能力。最后，学校还可以通过组织学生参加各类竞赛、科技展览、实地考察和社会实践等方式，提高学生的动手能力、合作精神和创新意识。通过整合校内外资源，学校能够为学生提供更加丰富和多样化的劳动教育和 STEM 教育体验。

5. 注重家庭教育，形成育人合力

苏霍姆林斯基曾说："若只有学校而没有家庭，或只有家庭而没有学校，都不能单独承担起塑造人的细致、复杂的任务。"要想开展好劳动教育和 STEM 教育，同样离不开多方主体的配合，家庭要发挥好教育作用，与学校教育形成合力，这是提高学生劳动素养和 STEM 素养的关键。家长要认识到 STEM 教育和劳动教育的重要性，为此，教育部门和学校可以定期举办家长培训讲座、亲子科技活动等，帮助家长了解 STEM 教育和劳动教育的理念和方法，提高家长的教育认识和科学素养。此外，作为家长，平日要努力为孩子创设劳动的机会，鼓励孩子"自己的事情自己做""别人的事情帮助做"，使孩子掌握基本的劳动技能，形成积极的劳动态度和价值观。为更好地培养孩子的 STEM 思维，家长可以经常与孩子谈论 STEM 话题、鼓励孩子有好奇心和提问、鼓励孩子深度思考、带领孩子参加一些与 STEM 相关的活动、鼓励孩子与同伴之间协作和共同解决问题，等等。比如，当孩子往空中扔球时，家长可以和孩子一起聊聊重力问题；烹饪时可以和孩子一起讨论沸腾和蒸发的概念；购物时，可以引导孩子进行数字、计算、估算等方面的练习。家庭发

挥教育作用，可以与学校教育形成优势互补，多主体共同关注学生的成长，会对学生产生更全面、更持久的积极影响，为学生的人生奠定更好的基础。

6. 注重评估和持续改进，优化和提升活动质量

定期对基于劳动教育的 STEM 活动进行评估，是确保教育质量和持续改进的重要环节。制定明确的评估目标和标准，明确劳动教育与 STEM 活动的预期成果和学生应达到的能力水平，同时将评估与教学目标相结合。采用多元化的评估方法，包括定性和定量评估，以全面地了解学生在劳动教育和 STEM 活动中的表现。可以运用观察法、调查问卷法等多种方法，从学生自我评价、同伴评价、作品评价等多维评价角度，获取更全面、客观的数据。获得评估结果后，需要对结果进行分析，找出存在的问题和不足，有针对性地制定改进措施，包括及时调整教学策略、优化课程设计、加强教师培训等。另外，可以鼓励学生、家长和教师共同参与评估和改进过程，形成良好的互动与反馈机制。定期进行评估和总结有利于持续改进劳动教育与 STEM 育人活动。对评估结果进行跟踪和分析，能够及时发现新的问题和挑战，不断调整和完善教育实践，优化基于劳动教育的 STEM 育人活动，从而提高教育质量，更好地满足学生的发展需求。

三、 基于劳动教育的 STEM 教学案例

（一）幼儿园开展"STEM＋劳动教育"的典型案例

1. 案例介绍

北京市东城区光明幼儿园针对中班幼儿开展了以"奇妙的南瓜"为主题的劳动教育活动。"奇妙的南瓜"主题活动由三个主要的部分组成，包括"小小南瓜子""育苗小能手""南瓜快快长"。

在第一部分中，幼儿逐渐对种植南瓜活动产生了兴趣，了解了惊蛰、气温上升和古代的育苗习俗。通过投票，幼儿选择了蜜本、贝贝、磨盘、红栗南瓜作为他们想要种植的品种，并收集了不同品种南瓜的种子。在观察比较的过程中，幼儿发现南瓜种子虽然都是白色的，但存在细小的差异，有的种子扁平且表皮较厚、有的种子圆润光滑……为了进一步了解种子，幼儿学习了相关资料《南瓜种植小百科》，并进行了调查活动，通过观察、触摸和嗅闻等方法深入了解种子并挑选出健康的种子。

在第二部分中，幼儿学习了种植南瓜的经验和技巧，收集并学会了使用种植南瓜所需的工具。活动的第一步是在低温时进行育苗，幼儿可以选择独自工作或与他

人合作，他们使用手指和木棍标记种子的深度，并尝试在废旧器皿和花盆中播种土培种子。在此过程中，幼儿观察到一些种子发芽了、一些种子发霉或腐烂了、一些则刚长出细根，他们在观察的同时进行记录，并分享记录内容。通过比较种植盒和浇水量，幼儿得出自己的结论。为了解决排水孔问题，幼儿努力寻找合适的材料，改造种植盆，并向有经验的人请教。

在第三部分中，幼儿面临周末无人浇水的问题，开展了科学活动"浇水神器的设计与制作"，以探索解决问题的方法。幼儿通过观察环境、查找资料和绘画设计了浇水装置，并利用废旧材料和工具进行制作，通过反复测试和调整自制的浇水神器，成功制作了自动浇水装置。此外，在该部分中，幼儿还通过写生绘画的方式记录南瓜成长的过程，体验了近距离观察作物生长的乐趣。当果实成熟后，幼儿将亲自采摘自己的劳动果实，与同伴或弟弟妹妹分享，或拿到社区进行义卖以换取书籍或善款来帮助他人。

2. 案例分析

幼儿园的 STEM 教育与其他年龄段的 STEM 教育略有不同，内容和方法都存在适当的调整，以适应幼儿的发展需求。案例为幼儿营造了一个有趣和探索的环境，整合了多个学科，强调基础技能和概念，并利用非正式的方法进行评估。在本阶段实施 STEM 教育，主要目标是为幼儿以后的 STEM 学习打下坚实的基础，培养幼儿的好奇心、解决问题的能力和对探索的热爱。当前的案例"奇妙的南瓜"主题劳动教育活动充分体现了幼儿园阶段 STEM 教育与劳动教育的融合，在多个方面促进了幼儿的全面发展。

首先是动手能力。在幼儿园阶段培养动手能力对幼儿的发展具备重要的作用，可以促进幼儿的认知发展，培养他们的探索能力、实践能力和创造力。幼儿园通过提供丰富的动手体验的机会或活动，可以为幼儿未来的学习和发展奠定良好的基础。STEM 教育强调实践性学习，使学生积极参与真实世界的实践活动。在案例中，幼儿学习了种植南瓜的经验和技巧，并亲自参与了育苗的过程，他们使用工具，如利用手指和木棍来标记种子的深度，并尝试在适当的容器中播种土培种子。这些活动培养了幼儿的手眼协调能力、精细动作控制能力和工具使用技能。

其次是自理能力。在幼儿园阶段培养幼儿的自理能力对其独立性发展和整体健康至关重要，能够使幼儿具备基本的生活技能，促进幼儿自主性发展，提升幼儿的自尊心和自信心，并为他们未来的学术发展和个人成功做好准备。通过在幼儿园开展 STEM 教育，教师为幼儿提供了一种全新的学习体验，这种体验有利于提高幼儿的参与度，唤醒幼儿对当前教育内容的积极态度，并培养其自理能力。在案例中，幼儿通过投票选择他们想要种植的南瓜品种，这需要幼儿根据自己的兴趣做出选择，并具备表达自己偏好的能力，这个过程锻炼了幼儿的决策能力。幼儿进行调查并学习资料，如《南瓜种植小百科》，以了解南瓜种子并解决他们在种植过程中遇到的问题。他们通过观察、触摸和闻来比较种子的健康状况，这培养了幼儿独立获取知识并应用知识解决问题的能力。

再次是团队合作能力。幼儿园是幼儿早期教育和社会化的一个重要场域，幼儿在这里学习基本的社会、情感和认知技能，为未来的发展奠定基础。团队合作能力在创造积极的学习环境和支持幼儿在这一关键阶段的全面成长方面发挥着重要的作用。将团队合作融入 STEM 教育不仅能提高幼儿的知识和技能，还能培养其重要的人际交往和协作能力。案例在某些方面体现了对幼儿团队合作能力的培养。例如，在种植的过程中，幼儿需要根据个人的兴趣和能力进行分工，有的独自工作，有的与他人合作。他们共同使用工具、标记种子的深度、播种土培种子等，通过合作完成任务。幼儿采摘南瓜后会将收获的果实与同伴或弟弟妹妹分享。这一系列行为展示了团队合作的价值。

最后是价值观和社会意识的培养。幼儿园阶段是幼儿自我意识快速发展的时期。在这一阶段，幼儿更加理解与他人的关系，以及开始考虑自身在更大的社区中的位置。将良好价值观和社会意识的培养融入 STEM 教育，有利于幼儿发展道德框架、同理心和社会意识，这些都是成为负责任、积极参与、为社区和世界作出积极贡献的公民所必需的。为解决周末没有人给植物浇水的问题，幼儿利用废旧材料设计并制造了一种浇水装置，这项活动在鼓励幼儿创造性思维的同时，培养了其环保意识。此外，幼儿将采摘的南瓜拿到社区进行义卖，以换取书籍或善款来帮助他人，通过社区参与回馈社会活动，这体现了幼儿对需要帮助的人持有的同理心及社会责任感。

"奇妙的南瓜"主题教育活动为幼儿提供了超越单纯知识获取的整体学习体验，将 STEM 教育和劳动教育相结合，有效培养了幼儿的动手实践能力、自理能力、团队合作能力、良好的价值观和社会意识。这些素养是全面发展个体必备的，有利于幼儿全面成长，在未来成为社会中负责任的积极参与者，更好地驾驭生活的各个方面。

（二）小学开展"STEM＋劳动教育"的典型案例

1. 案例介绍

基于需求做好劳动教育课程化规划设计，嘉兴市实验小学科技城校区开发了"土壤改良"STEM 劳动教育课程，并确立了自己的劳动教育策略：以需求为中心，统一标准，综合利用各方优势资源，根据各科的教材内容、教法特点的共性与个性，挖掘、找准结合点，寻找适合学生的、有价值的劳动教育资源。

首先，学校组建了 STEM 劳动教育教师团队。在教育实施过程中，以热爱劳动教育、动手能力强的年轻教师和学习能力强的骨干教师为"先头部队"，团队核心教师由 13 人组成。通过公开课、讲座、咖啡论坛等形式，起到示范引领作用，吸引更多兼职教师参与，并逐渐引导教师全员参与，共同开发课程、教材，形成强有力的师资队伍。团队以"立基点于本土、求视野于世界"的开发原则，编写了适合四年级学生使用的《土壤改良 STEM 劳动教育》校本教材、教师学导手册和材料包。此外，团队陆续开发了适应不同学段的智慧有机种植 STEM 系列教材，以供学生自主选择劳动教育课程，满足不同年级学生的学习需求。其次，在场地方面，学校在校园内开辟了面积近 1 亩(约 666 平方米)的劳动教育户外智慧有机农场，加上一间综合实践与 STEM 教室，为课程提供了开放式的教学环境，把课堂搬到了大自然和田园中，在劳动教育和 STEM 教育融合上积累了一定的经验。在课程实施方面，课程设计共 9 课时，每周实施 1 课时。学校不断探索，利用走班选修课、拓展课时间和午间开展 STEM 劳动教育课程。目前，该课程已在全国范围内起到了一定的辐射作用。

2. 案例分析

第一，案例在实践中培养学生的劳动观念与劳动能力，有效落实课程目标。在劳动教育小学学段目标中对生产劳动学习目标进行了递进设计，从中低年级照顾身边常见植物到初步体验简单的种植、养殖、手工制作等生产劳动，再到高年级进一步体验种植、养殖、手工制作等生产劳动，能根据劳动任务选择合适的材料和工具、技术与方法，安全、规范、有效地开展劳动。在案例中，学校开辟了劳动教育实践场地，有助于学生在参与生产劳动的实践中体会劳动的价值与意义，懂得"一分耕耘，一分收获"的道理，掌握生产劳动的基本方法。

第二，案例注重培养学生的批判性思维和解决问题技能。STEM 教育强调批判性思维、逻辑推理和解决问题的能力。将劳动教育融入 STEM，让学生接触真实世界的挑战和实际解决问题的场景，进一步增强劳动技能。在劳动实践中，引导学生根据劳动目标确定劳动任务，制订劳动计划，并根据劳动过程的进展情况适时优化调整，初步形成劳动效率意识和劳动质量意识。

嘉兴市实验小学科技城校区确立的"土壤改良"STEM 劳动教育课程可以体现批判性思维和解决问题技能的培养。批判性思维是评估土壤现状的关键。学生需要分析土壤样本、测量营养水平、评估 pH 平衡情况及其他相关数据。他们必须对已有的信息进行解释，以确定土壤不足，并了解根本原因，寻找适当的干预措施以改善现有土壤。批判性思维包括识别问题和设定改进目标。通过参与土壤改良劳动，学生积极参与真实环境中的实践，学习、分析复杂的土壤问题，开发创新的解决方案，并根据证据和观察调整策略，发展了批判性思维，提升了解决问题的技能。

第三，案例中跨学科方法助力学生全面发展。STEM 教育整合了各种学科，鼓励对复杂问题的整体理解。STEM 教育与劳动教育相结合，有利于培养学生的全面发展，使其能够掌握不同学科的相互联系，并有效地应用所学知识。

在嘉兴市实验小学科技城校区确立的"土壤改良"STEM 劳动教育课程中，学生的学习就运用到了这种跨学科方法。其中，涉及生物学和生态学的内容包括学生探索土壤生态系统中的生态关系，考虑不同的生物如何相互作用并对土壤健康作出贡献，了解有益细菌、菌根真菌和蚯蚓在养分循环和土壤结构中的作用；涉及化学的内容包括理解与土壤成分和养分有效性相关的基本化学概念，学习土壤酸碱值、营养缺乏时的土壤性质，以及改良剂和肥料的化学性质等，分析土壤样本，进行测试，并解释化学数据，以针对土壤改良做出适当的干预措施；涉及农学和农业的内容包括学习有助于土壤健康的作物轮作、覆盖作物和可持续的农业技术，并应用这些知识来设计和实施可持续的土壤改良策略。整个过程有助于学生理解土壤改良的社会和经济价值，以及可持续土壤管理实践的重要性。

案例通过整合这些不同学科的知识和方法，使学生对土壤健康及其在各个领域的重要性有了全面的了解。这种跨学科的方法鼓励学生思考不同学科的相互联系，并在土壤改良工作中应用多维视角来解决问题和进行决策。

第四，案例促进学生职业意识和职业技能的发展。"STEM＋劳动教育"这一模式通过教授学生相关的课程和知识，给予学生动手实践的机会，使学生初步形成了职业意识，并掌握了简单的职业技能，甚至为部分学生奠定了生涯基础。

嘉兴市实验小学科技城校区确立的"土壤改良"STEM 劳动教育课程对小学生起到了职业启蒙的作用。首先，通过积极参与相关活动，学生获得了土壤改良所需的实用技能，了解了从事相关行业所需具备的知识、技能和相关素养；其次，土壤改良劳动使学生接触到工业相关的知识和实践，通过沉浸在真实世界的土壤改良任务中，学生熟悉了行业中使用的最新技术、工艺和最佳实践方法。这些知识无形中为学生将来从事与农业、环境科学和土地管理相关的职业做着准备。

通过积极参与土壤改良劳动，学生获得了实践技能、行业相关知识和解决问题的能力，这些收获使学生提前具备了从事相关职业所需的专业知识，对于小学生来说，起到了很好的职业启蒙作用。

第五，案例促进学生的终身学习和适应性。当今技术的飞快进步与迭代要求个人不断更新自己的知识和技能。STEM＋劳动教育使学生在探索、研究和不断的自我完善中体验到快乐，收获了热情，并获得终身学习的意识与能力。这种能力帮助学生时刻做好准备，以适应不断变化的环境。

嘉兴市实验小学科技城校区确立的"土壤改良"STEM 劳动教育课程主要从两方面促进了学生的终身学习和适应性。在持续学习方面鼓励学生采取持续学习的心态。学生需要在实践中探索各种土壤管理技术，明白土壤改良方面的知识是动态的和不断发展的，要想取得成功需要不断地去探索和学习，更新自身的知识储备。在实践反思方面鼓励学生进行实践反思。学生需要评估土壤改良工作的成果，总结成功和失败的经验，并思考需要改进的地方。这个反思的过程鼓励学生从经验中学习、持续思考，推动学生持续地成长和发展。上述经历在促进学生终身学习的同时，也有利于学生更好地适应快速变化的世界。

总之，STEM＋劳动教育结合了 STEM 教育和劳动教育的优势。在小学阶段开展相关的教育，有利于培养学生的批判性思维能力、问题解决能力、动手实践能力等核心素养，最终促进学生的全面发展。

（三）中学开展"STEM＋劳动教育"的典型案例

1. 案例介绍

北京市第八中学大兴分校组织九年级学生开展了基于 STEM 教育理念的劳动实践活动，活动分为三个阶段。第一阶段是看台花园的设计，由数学老师带领学生进行场地调研，用实地测量法明确看台面积、花圃数量，然后由生物老师和地理老师辅导学生选种，选择适合的农作物或花卉，并制定任务单。学生根据调研结果和选种情况进行看台花园的设计，做好各项准备工作。第二阶段是种植阶段，由生物老师和班主任老师组织学生动手实践操作，包括拔草、翻土、施肥、种植、铺地膜等，并总结播种注意事项，记录观察结果。第三阶段是设计实施收获总结，由各小组的解说员负责解说和展示本组的成果，包括本组前期调研的结果和设计图、选取的种子，以及观察记录和种子的生长情况、在实践过程中的收获、遇到的问题和解决的方法，并提出下一步的计划。

2. 案例分析

中学阶段，STEM 教育相较于其他阶段可能会转向科学、技术、工程和数学中更专业和更深入的主题，课程可能涵盖更高级的概念，并向学生介绍感兴趣的特定领域，如上述案例中北京市第八中学大兴分校的看台花园相关劳动实践活动。此外，在内容深度上，学生可能开始对科学原理、工程过程和数学应用有更深入的理解，并有机会进行更高级的问题解决和批判性分析。

看台花园相关的劳动实践活动在现实生活应用方面给学生带来益处。这些活动为中学生提供了在实际和有意义的环境中应用 STEM 知识和技能的宝贵机会。现实生活应用的一个关键方面是 STEM 概念的实际应用。劳动实践活动要求学生参与测量花园空间、计算面积和确定适当的种植密度等任务。通过应用数学概念和技能，学生获得了如何在现实生活中利用这些原则的理解，他们学习进行精确的测量、分析数据，并根据计算结果做出明智的决定。此外，看台花园中作物或花卉的选择和栽培涉及应用生物学和环境科学的相关知识。在活动过程中，学生学习植物生命周期、营养需求和影响生长的环境因素，并深入了解生物和生态系统之间的相互作用，通过观察和与生物互动，学生对自然的复杂平衡和可持续实践的重要性有了更深刻的理解。

看台花园相关的劳动实践活动增强了学生对劳动和可持续实践的认识。理解劳动和可持续实践对中学生十分重要，有利于中学生践行可持续的生活方式。通过学习可持续实践相关知识，如看台花园的实践活动，学生了解了保护资源和爱护环境的重要性，这些知识使他们能够对自己的日常习惯做出有意识的反省，最大限度地减少自己的生态不良行为，为可持续发展作出贡献。看台花园项目中的劳动实践活动促进了环境管理。通过参与可持续实践，如堆肥、水资源保护和有机园艺种植，学生学会了将环境影响降至最低，并为更健康的生态系统作出贡献。看台花园项目鼓励学生有效利用资源。通过规划灌溉系统、优化种植密度和管理土壤质量等任务，学生学习最大限度地利用资源，这有助于学生在日后的学习和生活中减少浪费行为，并减少相关资源的消耗。

看台花园相关的劳动实践活动对中学生的情感和社交成长有积极的影响。首先，活动培养了学生的归属感和责任感。当学生积极参与诸如种植、除草和培育植物等任务时，会发展出一种主人翁意识并与花园项目建立联系，这增强了学生的归属感及对共同目标的责任感。其次，活动为协作和团队合作提供了机会。学生在活动中需要与小组成员一起工作、分担责任和协调任务，以实现共同的目标，这促进了学生基本社交技能的发展，如有效地沟通、倾听、表达、合作，以及在团队环境中和谐工作的能力。

看台花园相关的劳动实践活动还有助于学生的职业探索。中学时期是自我认知和身份形成的关键阶段，此时学生开始逐渐思考和探索他们的兴趣、激情和优势。通过接触不同的职业选择，学生可以更好地了解自己的兴趣爱好、价值观和理想，能够对未来的学业和职业道路提前做出明智的规划。看台花园项目涉及多个学科，包括数学、地理、生物学、环境科学、农学、工程学等。通过活动，学生接触到不同的学科和领域，了解了各学科的应用和潜在职业道路，并初步选择与自己兴趣和特长相符的领域。参与看台花园的实践活动使学生获得了相关技能，并积累了实践经验。比如，学生学会了种植、养护植物、土壤管理、园艺技术等实际操作技能。这些技能不仅在农业和园艺领域有重要作用，还培养了学生的团队合作、问题解决和创新思维等通用技能，为他们日后的职业发展奠定了基础。通过看台花园项目，学生还有机会与不同学科教师、专业领域人士互动，寻求更加专业的指导，进一步为未来职业探索做好准备。

《义务教育劳动课程标准(2022 年版)》指出要"牢固树立劳动最光荣、劳动最崇高、劳动最伟大、劳动最美丽的观念"。北京市第八中学大兴分校的看台花园实践活动紧跟社会主题，组织学生积极参与劳动，有利于学生树立正确的劳动观。同时，也将 STEM 教育完美融入看台花园实践活动的劳动中，对北京市第八中学大兴分校的九年级学生来说具有重大意义。活动的设计与实施丰富了学校的实践活动，发展了学生的基本技能，培养了学生的责任意识、生态意识、环境意识、职业意识、合作能力、动手实践能力等多方面素养，最终促进了学生的全面发展。

第十章
STEM 与科技创新
人才培养

　　党的二十大报告指出，"教育、科技、人才是全面建设社会主义现代化国家的基础性、战略性支撑""必须坚持科技是第一生产力、人才是第一资源、创新是第一动力"。习近平总书记在 2020 年科学家座谈会上深刻指出，"好奇心是人的天性，对科学兴趣的引导和培养要从娃娃抓起"。青少年是国家的未来与创新人才培养的希望。引导青少年更多了解科学知识，掌握科学方法，形成一大批具备创新人才潜质的青少年群体，是实现高水平科技自立自强的应有之义。

　　STEM 作为多学科融合及交叉领域的"元学科"，对科技创新人才培养具有独特的价值。本章聚焦 STEM 与科技创新人才培养，讲述 STEM 教育对科技创新人才培养的功能与价值。

一、 创新人才的培养规律概述

　　创新人才是创新思维与创新人格有机结合体，是创新动机与知识和能力的重构，并能在形象思维和抽象思维的基础上，发挥批判思维和系统思维的方法，解决实际遇到的问题，表现出良好的创新才能①。通过对近现代不同领域的成功人士的了解，我们发现创新型人才的人格品质、成长历程与教育环境对其有着重大的影响。

（一）创新人才的特征

　　近些年来的研究表明，科技创新人才的心理特征主要有思维、知识、动机和人格四个维度。此外，创新人才要有专业知识和扎实的技能，具有开放性，且敢于质疑和冒险，能够容忍不确定性并善于合作，其创新动机主要源于内驱力、拥有兴趣和爱好。

1. 思维

　　良好的思维品质对创新人才而言是必要条件。除了基本的抽象思维和形象思维外，创新人才必须具备高阶思维能力，包括批判性思维和创造性思维。批判性思维是基于证据和逻辑而做出决策或解决问题的思维能力和思维倾向。批判性思维能力包括论点分析、观点主张，用归纳推理或演绎推理进行推论、判断、评价、决策或解决问题等。创造性思维还包括求异思维，这就是针对已有解决方案的再观察与再思考，提出不同于以往的新的解决方案。求异思维可以从身边的任何一个事或物做

---

① 赵勇：《国际拔尖创新人才培养的新理念与新趋势》，载《华东师范大学学报（教育科学版）》，2023(5)。

起，通过分析他人的所思所为，换一个角度和思路进行再思考。这样事事思变，假以时日，就会形成求异思维，进而提高创新思维能力水平。通常创造性思维包括发散思维和聚合思维。发散思维是创造性思维的核心，以要解决的问题为中心，是充分发挥想象力，突破原有的认知范围，从问题中心朝多个方向推测、想象、假设的试探性思维过程，通过知识、观念、方法的重新组合，找出更多、更新的可能答案、设想和解决问题的办法。聚合思维是指从问题的不同方位来思考问题，将思维指向待解决的问题，以达到解决问题的目的。这种思维具有聚合性，是寻求问题解决途径的常用的思维方式。

事实上，遇到一个问题首先要激活头脑中全部相关知识信息，然后从不同方向和角度与待解决问题进行有效重组，从而找出问题的解决方案。任何创造性活动的全过程都要经历从发散思维到聚合思维、再从聚合思维到发散思维的多重循环，才可能实现从思想到问题解决，而是否能够有效解决问题还取决于时代的生产力水平和实践的环境。

2. 知识

知识是创新的基础，创新是对知识最高层次的理解与应用。显然，创新是对科学知识理解的深度和广度及跨学科综合运用能力的全面考验。科技创新包含了提出新的科学问题、设计新的科学实验、发明新的技术产品、形成新的科学概念、创建新的科学理论、启用新的科学方法、做出新的科学解释等内容，这些都需要创新人才从不同角度去突破。其间还可能经历各种成功和失败，需要个体不断对创新所要求的心理品质和知识结构、能力储备进行有意识的自我调整，形成自己的创新个性，通过创新实践来认识创新活动规律，在创新活动中不断积累解决各种问题的知识、经验与教训，不断校正自己的思维方式和增添新的科学方法，因而能够提出新的创意，表现出超常的创新特质。

知识的积累需要一个过程，创新同样需要长期积淀。知识是阶梯也是创新的方法来源，必要时我们需要创造新的知识来为后续的创新奠定基础，并保持问题意识的灵感，长此以往，创新成果的产出将会是经过内化的自我教育与高阶思维结合后自然而然的结果。例如，牛顿撰写的《自然哲学的数学原理》，门捷列夫总结出的元素周期表，都是他们依靠创新实践长期积累的知识与创新思维的结晶。

随着智能时代的到来，知识的产出速度远远超出了我们学习和内化的速度，教师也不再是知识拥有者和传承者角色。生成式人工智能的横空出世为冷冰冰的机器注入了人类的灵魂，其有条件地通过了图灵测试的结果，更是标志着人类的创新进入了新的高度。事实上，生成式人工智能绝不是一个聊天机器人，也不仅仅是拥有强大计算力和优秀算法模型的机器，它是一个不断进化的数字生命体，接入网络的生成式人工智能甚至是拥有了人类大部分知识的总和。①如果说生成式人工智能是人类知识创造出的发明成果，那么创新人才更需要的是如何使用所获得的知识与创新思维来创造出更伟大的发明。

3. 动机

动机具有激活个体产生某种行为，并使该行为维持一定时间的功能。就个体而言，外在动机是对活动的结果或者活动所带来的表扬、奖金、荣誉等外在因素的动机，内在动机是对学习、科研活动本身的动机。通常而言内在动机是科技创新人才所具备的重要动机特征，其主要由好奇心和探究兴趣驱动。好奇心是人类的本能，而对新事物探索，找到不确定性问题的答案是人类探索未知世界的渴望，也是进行创造性活动需要具有的重要心理特征。

科学探究活动是科学探究兴趣产生的源泉。学生最初学习科学时，对丰富多样的现象会感到好奇，在进一步接触抽象晦涩的科学原理后，兴趣往往会减弱，但随着对科学探究活动的逐步熟悉和深入，就很有可能体验到科学中所蕴含的理性美，从而产生稳定而持久的兴趣。持续稳定的好奇心与强烈的兴趣爱好，是科技创新人才的优良品质，也是科研活动得以继续的最佳动力源泉，如果没有兴趣则会造成科研半途而废或产生负担感。对科技的爱好，往往会带来成就感，这也是科技创新人才所具有的另一个重要动机。成就动机高的人具有远大的理想，能正视遭遇的挫折和失败，表现出极大的韧性和毅力，拥有长期克服困难的坚强意志，在学习和研究中更加勤奋、积极进取，具有强烈的社会责任感。例如，电话的发明、木星及其卫星系统的发现、黎曼几何的创建等，无一不是科学家们在其兴趣与成就动机的驱使下克服重重困难对问题给出新的解决方案。可见创新人才如若具备了社会责任感和浓厚的兴趣就会对其感兴趣的领域产生强烈的成就动机，在一定的外部环境条件下，则很有可能产出超出前人的新发现和新发明。

4. 人格

人格是指个体在对人、对事、对己等方面的社会适应中行为上的内部倾向性和心理特征，表现为能力、气质、性格、需要、动机、兴趣、理想、价值观和体质等方面的整合，是具有动力一致性和连续性的自我，是个体在社会化过程中形成的独特的身心组织。人格心理学把人的性格归为五大类，有内向、外向、好奇开放、尽

---

① 倪闻景：《面对 ChatGPT，传统教育何去何从——人工智能时代的慎思》，载《教育研究与评论》，2023(3)。

责自律、相对自我封闭。人在个性方面没有绝对的好坏之分，甚至在某些外在的环境下不同人格表现出完全不同的结果。整体性、稳定性、独特性和社会性是人格的基本特征。而创新人才则还需要具有想象丰富、思维开放、容忍失败、独立自信、冒险精神、意志坚强、勤奋努力等人格品质。

（二）创新人才成长的影响机制

纵观历史上具有革命性创新人才的成长历程，其个人秉性各有不同，环境与时代背景亦有迥异，但其成长过程无疑都受到学校、家庭、社会及机遇等因素的制约和影响。

1. 学校

学校环境对培养科技创新人才非常重要。一个良好的学校环境可以为学生提供丰富的资源和机会，以便他们能够更好地学习科技知识和技能。此外，一个鼓励创新和实践的学校环境可以激发学生的创造力和创新精神，培养他们成为未来的科技领袖。比如，提供丰富的资源和设施，如实验室、计算机和图书馆等，以便学生能够更好地学习和研究科技知识；鼓励学生参与科技竞赛和创新项目，提供支持和指导，以便他们能够将所学知识应用到实践中，并培养其创新能力；提供机会让学生与科技领域的专家或企业家交流与合作，以便他们能够了解最新的科技趋势和市场需求，从而更好地为未来做准备；培养学生的团队合作能力和领导能力，以便他们能够在未来的科技领域中发挥更大的作用。事实上，学生在得到必要且及时的帮助的环境下，借助榜样的力量，可以激活科技创新的能力。学校还应努力创设友好合作的氛围，突出知行合一及学思创结合的因材施教环境，提供积极正向发展的驱动力。

2. 家庭

家庭作为学生生活的最初场所，是影响科技创新人才成长的长期环境。家庭环境的影响因素包括家庭教育、家庭支持及家庭氛围等。家长的教育观念和方式会影响学生的学习态度和方法，对学生的创新能力和科技兴趣产生重要影响；家庭的支持和鼓励可以增强学生的自信心和创新能力，帮助他们更好地发挥自己的潜力；家庭中是否有鼓励创新的氛围，是否有科技兴趣的传承和交流，会影响学生的科技兴趣和创新能力的培养；家庭提供的教育资源、科技设备和知识传承等，会影响学生的科技兴趣和创新能力的培养；家长是否重视创新和科技发展，是否鼓励学生为社会作出贡献，会影响学生的创新动力和社会责任感。[①]

[①]　胡卫平、辛兵：《科技创新后备人才成长规律研究》，100页，上海，上海科技教育出版社，2023。

3. 社会

社会环境对科技创新人才的成长同样具有重要的影响。一个良好的社会环境可以为科技创新人才提供更广阔的发展空间和更多的机会，以便他们能够更好地发挥才能和创造力。例如，提供良好的创新生态系统，包括政策支持、场所支持、人才招募、资金支持、知识产权保护等，以便科技创新人才能够更好地实现其创新理念；培养创新文化和创新精神，鼓励人们勇于尝试、敢于创新，以便更多的人能够参与到科技创新中来；提供机会让科技创新人才与企业家、专家学者等交流和合作，以便他们能够了解市场需求和最新的科技趋势，从而更好地实现其创新理念；建立科技创新人才的评价和认可机制，以便科技创新人才能够获得应有的荣誉和奖励，激励更多的人投身到科技创新中来。

4. 机遇

机遇往往是随机的、偶然的，且其出现也是多样性的。机遇也许是与他人的一次对话，偶尔看到的一本书，或接触到一件事情触发的新想法，也许是一次实验失败带来的灵感。当然不是每一个机遇都会带来成功。善于把握机遇的人往往会产生超越现有的思想和行动，从而跨入一种新的境界，这是创新人才必须把握的要素。

首先，对机遇的敏感来自对现实的不满，看到了需要改变和改进的地方，以及可以解决此问题的方法。这就要求创新人才对自己的研究领域很熟悉，能看出需要解决的问题。其次，解决问题需要一种追求改进提高的思维和动机，以及可以行动的信心。并不是每个看到机会的人都能够最终解决问题，有可能会遇到条件不合适，能力不够，或者社会并不欢迎他的改进和提高等问题。最后，对机遇保持敏感，应该是一种思维习惯。一个长期关注某领域发展的人或团队往往更容易看到机遇。

（三）学校教育对创新人才的培养

党的二十大报告对教育在全局中的战略地位的一个基本定位是教育的"国计"属性，其焦点之一在拔尖创新人才的培养上，要"全面提高人才自主培养质量，着力造就拔尖创新人才"，说明了发展素质教育的重要性，更表明了教育需要为创新人才培养打下良好的基础并提供成长的沃土。

1. 学校教育对创新人才培养的不足

多年来，我国学校教育教学已形成了较为固定的"教—学—评"模式，而随着教育改革进程的推进，教育需向着"上好学"的方向发展，并且需要进行必要的改革才能更好地适应创新人才的培养，这样才能使得教育更好地面向世界、面向未来。

（1）应试教育与创新人才培养的差异

应试教育是一般学校教学的重点，考试答案是统一的，这对于基础较弱的学生而言，容易得到较大的提升，但无法就拔尖和创新人才的培养进行有效的落实。而今创新和科技进步对经济增长的贡献率已经远超过去，世界各国对知识创新的渴望程度前所未有，其本质仍然是拔尖人才的竞争。

此外，在应试教育规则下，学生所有的能力与才华，只要无法体现在中考高考的成绩中，就很难被社会认可。而创新人才的培养往往具有不确定性，需要有质疑的精神，且富有挑战性甚至是经常失败的。此时，创新人才能脱颖而出的往往是脱离了应试教育体系，进入了对人才培养与创新更加包容的大环境中继续发挥其创新品质的佼佼者。

(2)急需创新人才培养的土壤环境

教育是当今培养创新型人才的主要渠道，但创新教育不是以传授现成知识或者劳动技能为主要目的的教育思想和体系。创新教育以培养创新型人才为一切教育活动的宗旨，针对创新型人才的培养目标分解为相应教学环节，使学生不仅掌握有关创新活动的理论知识，得到创新思维和个性品质的训练，还要结合专业课程进行创新实践。

创造力的一个核心特征就是敢于质疑。一个有创造力的人不仅仅要能对抗其他人的挑战，还要可以挑战其自身的信仰与价值甚至时代思潮。如果一个人无法对抗上述两项中的任何一项，那么这个人就不会有创造力[1]。创新人才尤其是拔尖的创新人才往往是偏才或怪才，与目前的选拔制度不完全相融，这并不利于人才的选拔和创新人才的培养。在创新决定未来发展的当下，我们需要给这些具有创新能力的人留有足够的空间和时间，以便帮助他们成长乃至成才。

(3)应试教育功利化影响内在动机

教育功利化扰乱教育节奏，在功利化的导向之下，"教"简化为告知和传递，"学"简化为刷题和记忆，实验被演示实验代替，教材被知识点代替。学生的个性被忽视，好奇心被消耗殆尽，创造力被人为地消磨。上海第一次参加 PISA 测试的结果表明：中国学生低阶思维(理解、记忆)题目分数高于平均分，而高阶思维(评价、判断、创新等)题目分值低于平均分值。可见，应试教育偏重智育，夸大了分数的重要性，阻碍了教育全面育人功能的有效发挥，架空了人的"全面发展"教育宗旨。

相较于应试教育，近年来，有理论模型把创新的内在动机作为创造力培养的核心要素，认为一个人投入他所喜爱的活动时会很享受此过程，其本身就是一种奖

---

[1]　柯政、梁灿：《论应试教育与学生创造力培养之间的关系》，载《华东师范大学学报(教育科学版)》，2023(4)。

励。应试教育对外在功利目标的强化显然会弱化内在动机的发展。最后学生会因为外部的奖励而依赖外在动机，反而部分丧失内在动机，从而使得创新发展变得非常功利性，更极端的情况是使得创新能力无法得到内在驱动的激励而丧失功能性，进而无法培养出高质量的创新人才。

2. STEM 教育对创新人才培养的意义

《基础教育课程教学改革深化行动方案》中明确指出深化课程教学改革，加强机制创新，指导、发动各地和学校深化育人关键环节和重点领域改革，更新教育理念，转变育人方式，坚决扭转片面应试教育倾向，切实提高育人水平，促进学生德智体美劳全面发展。

(1)培养创新思维和解决问题的能力

现实生活中的问题答案往往是多样性与不确定性的叠加，这就要求我们动用高阶思维能力，将日常在课堂中学习的知识与能力迁移到解决真实问题的情境中，通过实践和探究的方式，以相关科学理论和正确方法为指导，在项目式学习及基于设计的学习过程中，结合数学计算与工程思维将所学所思所做应用到挑战性任务中，通过学习支架、建模、协作、沟通、有效反馈、真实的评价、反复迭代所得的解决方案，以及在不同层次的交流展示活动，集中呈现出多方面能力的学习成效。整个STEM 教育的学习过程，从不同侧面激活了学生的创新思维，培养了学生的问题意识、思维水平、责任担当，让学生具备运用所学知识解决问题的能力，也为学生学习能力的迁移、自主学习的驱动、质疑精神的培养，以及学习目标的达成添砖加瓦，同时也为未来创新社会发展奠定基础。

(2)培养实践能力和团队合作精神

真实的问题情境，有利于暴露待解决问题的矛盾点，让团队中的各成员找到解决问题的切入点，经过头脑风暴和群策群力后，制定出团队能力范围内可以解决的问题列表及可实施的进度安排，充分发挥团队中每个成员的能力，凸显合力解决问题的水平。学生通过实践动手环节来掌握知识和技能，在实践学习的过程中，产生问题流、知识流、学习流、技能流，并通过团队协作与有效交流来形成自己学习的高效途径，使学习知识、运用知识、动手尝试成为学生自主学习过程中一个自然产出的方式。经过长期此类方式的培育后，学生会形成自己的学习模型与自适应解决问题的思考模式。在合作的学习氛围和充分实践的环境下，会在更高层面上，提升学生学习的能力和未来的竞争力，从而形成在学校学习环境下培养创新人才的良性循环，也为未来社会培养高素质创新人才夯实基础。

(3)培养科学精神和批判思维能力

杜威说，所谓教育，就是要在学校知识的获得与社会的各种活动和职业之间建立有效联系。布鲁纳认为，学习理论要求学生在教师引导下亲自去发现问题的结论和规律，成为一个"发现者"。STEM 教育正是要让学生在学习的过程中，成为问题的发现者、知识的探求者、理论的实践者，甚至是知识的质疑者。在 STEM 教育中，学生通过实验来探究自然现象，通过观察来发现问题，并通过批判思维来分析和解决问题。批判思维则是在解决问题的过程中，质疑自己的学识、质疑问题本身、质疑将产生的结论，是对权威甚至是当时社会价值观与伦理道德的一种挑战，是科学精神所必需的一种思维品质。具有批判思维能力的人经过长期反复的自我怀疑与自我肯定后，最终得出与众不同的创新结论和解决问题的全新方式，从而也间接拥有了良好的科学精神。

(4)培养综合能力和面向未来的技能

创造力培养的重要一环是跨学科学习，是学生综合能力培养的集中体现，也是考验学生解决难题的能力。2022 年版义务教育新课标中明确提出了不同学段的跨学科主题学习内容，以及人工智能与智慧社会的学习内容，也提供了相应的学习案例，目的就是为我们跨学科学习和面向未来而学习指明方向。

为此广大教育工作者需要为创新人才的培养提供更加丰富的综合培养计划、方案和实施策略。在联合国教科文组织人工智能与教育的未来国际论坛中发表的《人工智能时代的能力培养综合报告》指出，世界公民需了解人工智能的潜在影响、功能和局限性，何时该用人工智能，何时又该质疑人工智能，以及如何使用人工智能服务于公众利益。可见综合能力与面向未来的技能是 STEM 教育对创新人才培养的重要内容之一。

综上所述，STEM 教育的独特价值在于培养学生的创新思维、解决问题的能力、实践能力、团队合作精神、科学精神、批判思维能力，提高学生的综合素质，使他们能够适应未来的科技社会发展，为国家的科技创新和发展作出贡献。

二、 基于 STEM 教育加强科技创新人才培养的策略

STEM 教育是一种综合性的教育模式，旨在通过科学、技术、工程和数学的学习和应用，培养学生的创新思维和解决问题的能力。加强 STEM 教育的发展和实践，是提高科技创新人才培养质量的手段和提升创新人才培养水平的重要途径。

（一）激发科技创新的兴趣和内部动机

科技创新需要具备创造性思维和解决问题的能力，这些能力需要源于对科技的兴趣和内部动机的驱动。兴趣可以激发人们对科技领域的学习和探索。当一个人对科技领域充满兴趣时，他会自发地投入更多的时间和精力去学习和探索，从而增强自己的科技创新能力。内部动机是一个人内心的驱动力，可以激发个体的自我实现和成长。当一个人内心有强烈的动机去追求科技创新时，就会更加努力地去解决问题和探索新的领域，从而不断提高自己的科技创新能力。

1. 在最近发展区设置挑战性任务

创新人才的培养总是在不断地了解自身发展的情况后，不断地突破自我，尤其是明确认识到最近发展区的边界后，往往需要有新的挑战性任务来驱动和刺激其自身发展，使之能够进一步深入探究问题并提出解决问题的有效方案。

（1）明确最近发展区的边界

心理学上的最近发展区是指个体当前已经掌握和正在发展的能力和技能的范围，是个体的"成长边界"，也是个体的"学习区域"。在这个区域内，个体可以通过尝试新的事物和挑战自己的能力来促进自己的成长和发展。心理学家瓦尔多·爱德华兹认为，最近发展区是学生的发展潜力的最佳指标，可以帮助教育工作者和家长了解学生的发展水平和需要，为学生提供适当的学习和发展环境。同时，教育工作者也可以通过给学生一些适当的挑战和支持，来帮助学生扩展自己的最近发展区，提高自己的能力和技能。

创新人才的培养需要在实践中不断地挑战自己的能力，不断地提高学生的最近发展区指标上限来激励他们不断进步，从而培养其人格品质向着积极的方向发展。

（2）转化挑战任务的劣构性

劣构性问题往往来自日常生活中的真实问题。这些问题一般缺乏明确的界定，其构成存在许多不可知的部分且没有明确的规则和原理与之相对应。解决这些问题的方法和步骤往往难以确定，需要融合多学科、多种技术，将实际问题细分成若干个小问题并选择合适工具。创新就是将上述过程迁移到其他学科或者跨学科的问题应用中，逐步将实际的劣构性问题转化为可以解决的问题。

在 STEM 学习过程中，学生面临的问题通常是劣构的、复杂的。为方便学生理解和解决此类问题，教师需依据课程标准再设计学习内容，把问题重新提炼和转化为可操作的研究任务，充分体现出问题解决过程中需呈现的学科方法、认识方式，激发学生深度参与问题解决的热情，凸显 STEM 教育的意义和价值。

(3)深入问题提供解决方案

劣构性问题层次的界定过程，也是引导学生使用思维工具、激发学生的发散思维和知识重构、进一步明确待解决问题的方法和途径的过程。

界定劣构性问题可以采用 KWH 表，即 Know-What-How 表（见表 10-1）。K：关于这个话题已知的内容。W：关于这个话题想要知道的内容。H：我想运用这些知识解决怎样的问题。

表 10-1　KWH 表

我(们)已经知道了什么？ （Know）	我(们)还想知道什么？ （What）	我(们)想运用这些知识解决 怎样的问题？（How）

界定劣构性问题也可以借用 CDIO 工程建模思维和实施体系（见表 10-2）。CDIO 分别代表着构思（conceive）、设计（design）、实施（implement）和运行（operate）。CDIO 工程教育模式倡导在项目中边做边学的教学理念，以产品研发到运行的生命周期为载体，让学生以主动、实践并在多学科间建立有机联系的方式，学习工程理论、技术与科学知识。基于 CDIO 理念的层次性、多视角、全方位、动态化的教学模式，能有效促进学生综合能力的发展。

表 10-2　CDIO 表

	核心任务	学习要点
构思	情境问题	
设计	知识拓展	
实施	设计实践	
运行	挑战汇报	
反思评价	多元评价	

借助上述 KWH 表和 CDIO 表，教师可以不断地提出问题解决的新境界，在最近发展区设置挑战性任务。通过参与挑战性任务，学生可以提高自己的实践能力、创新思维和团队合作能力，同时发展团队综合能力。因此，教师要积极推动最近发

展区挑战性任务的开展，为培养更多的科技创新人才提供更多的机会。

2. 兴趣驱动，深度完成作品并分享

在兴趣驱动下，完成并分享作品是 STEM 教育中非常重要的一环，因为这不仅可以让学生将所学知识应用于实际问题中，而且可以提高学生的自信心和表达能力，为后续进一步改进问题解决的方案提供更加接地气的做法。下面从几个方面探讨如何推动学生深度完成作品并进行分享。

(1)提供足够的时间和资源

有了兴趣的驱动，教师还需要为学生提供足够的资源来支持项目的实施，包括充足的学习时间、适当的学习环境、必要的工具和设备。

STEM 学习环境要求课程与工程技术整合，当学生有机会运用技术支持链接、搜集、整合学习资源时，更有可能进行创新与创造。例如，提供支持学生构建物理模型的数字化工具、模拟仿真系统，能促使学生主动构建预想的模型，并运行和调试，与专家模型对比，反思自己模型的优缺点。同时，教师能够快速获取学生建模过程的信息、分析学生构建的模型，对学生的学习效果做出判断，并从模型中准确看到学生的思维和学习困难，整理出针对学生学习的经验性学习资料，有利于教师开展实时的有效反馈。

可见，STEM 学习资源创设的关键在于给学生提供解决问题的多种可能性，促使学生自己进行分析、对比、权衡、决策，主动合作与开展有计划的行动，并支持学生进行及时的反思。

学习资源包括可以提供帮助的人、材料或耗材、创客工具、实验室的设备和活动资料。其中，有些是环境中本来具有的、可利用的资源系统，有些是为达成学习目标特地设计出来的资源系统，如教材、情境素材等，还有可以交互的网络动态资源、项目实施的空间资源、学术指导的专家资源等，更有体现 STEM 学习特征的各类主控板、传感器、执行器等电子电路器件，焊接技术与常用电子电路工具等硬件资源，以及项目推进过程使用的各种软件工具和表格，包括项目实施时间表、甘特图、计划表等。

(2)激发学生的兴趣和热情

学生的兴趣和热情是完成作品的重要驱动力。在 STEM 教育中，教师只有充分激活了学生的兴趣和热情，才能在更为融洽的学习环境中，有序地推进问题解决的全过程。此外，教师需根据学生的认知水平，结合学生的兴趣点，营造学习情境，更加有效地激活不同层次学生的学习兴趣。例如，可以通过展示成功的案例、提供有趣的实验、组织有挑战性的活动等方式来吸引学生的注意力。此外，教师还需通过与学生交流，了解他们的兴趣和爱好，有针对性地设计学习任务和项目，以满足学生的需求和兴趣。在给定时间内进行头脑风暴并做记录，从中筛选可实施性强的想法加以具体落实。

(3)引入挑战和竞争的机制

在 STEM 教育中，教师需要根据学生的实际情况，在学习过程中增加适当的挑战和支持，这样可以帮助学生不断提高自己的能力和技能。例如，对于一些学习能力较强的学生，可以提供更加复杂和有挑战性的项目；对于一些学习能力较弱的学生，可以提供更加简单和易于理解的项目。同时，教师还需要为学生提供必要的指导和支持，如提供相关的知识和技能、解答学生的疑问、给予学生必要的鼓励等。也可以用下面的语言描述自己的作品方案：我能……我还可以……我打算……如何使得……更优/美/快等。在此基础上，形成一篇具有挑战性的日志，并将可以通过挑战并能得到实施的内容都罗列出来，经过小组内的所有成员协商同意后，建立一份实施时间表和任务分工列表，这样就可以进一步促进最近发展区任务的完成。

(4)鼓励学生分享创意作品

分享作品不仅可以让学生展示自己的成果，还可以让学生从中获得反馈和启示，提高自己的表达能力和交流能力。因此，在 STEM 教育中，教师需要为学生提供分享作品的机会，如组织学生进行展示、举办科技展览、参加竞赛等。同时，教师还需要为学生提供展示分享的技能与环境支持，如指导学生进行演讲、视频介绍、海报推广及设计展板等。

总之，推动学生深度完成作品并分享，需要提供足够的时间和资源，激发学生的兴趣和热情，提供适当的挑战任务和鼓励学生分享作品等多个方面的支持。在这些方面得到充分的支持和保障的情况下，学生才更可能在 STEM 教育中获得更好的学习体验和成果。

3. 搭建创新作品展示与推广平台

在 STEM 教育中，创新作品展示交流是产品设计生命周期中的一个重要环节。所有学生的作品都能得到公平的展示，可以帮助大家展示自己的天赋和才能。教师将小组的作品进行分类，根据类别进行主题宣讲和介绍。这里尤其要给那些平时努力制作作品却在比赛中名次一般的小组更多机会，希望他们能够通过自己的介绍了解更多相关的问题解决方案和知识技能，并通过与他人交流获得进步。

(1)在校内科技节期间展示

为了吸引更多的人来参观展览，我们可借助校内的宣传栏，自制海报、宣传册等方法，推介自己的作品设计。一方面是学生展示学习成果，另一方面是在小范围内得到一些反馈，方便后续产品的迭代与更新。

此外，学校根据需要为参展人员准备荣誉证书和成果的展示证明或学校周边设计作品等其他实物奖励，以表彰其创新精神，对于表现特别出色的人，也可以设置专项科技奖金。

(2)课后服务开展校际展示

随着双减政策的落实及各校开展课后服务活动的深入，我们也可以借此机会邀请同学参与展示。定期与区域内的学校进行展示交流是科创活动推广的常见形式。展示交流可以凸显 STEM 教育中的亮点，相互促进并提高设计水平，同时也为一些可以进一步深造的项目找到可供使用的资源提供机遇。

将每个学校优秀的科创作品放在一起交流，有利于区域内各学校进行 STEM 课程间的分享和促进。在展示的同时也能分享各自的学习和设计经历，为后续参与更高级别的比赛打下联盟的基础。

(3)参与创客嘉年华活动展

随着各学校科创氛围的增强，每年一次的全市科创嘉年华活动都在线上和线下以不同的方式进行着。教师要鼓励每届学生都能够利用自己业余的时间去积极参与此类活动，为自己的科创作品找到合适的市场定位，与更高层级的市场人士交流科创的内涵与意义，为自己后续改进作品提供指导和依据，也为自己解决困难找到更多的专业合作伙伴和相关支持。

随着不同情境展示活动的开展，STEM 课程的产品也在展示和应用中获得了很多的有效反馈，此时我们需要将产品的可行方案进一步迭代，以便满足市场的需求，解决更深层次的问题。

(4)互联网推介自己的作品

教师可以提供生成式人工智能等互联网工具，让学生在具有智能互联网助手的当下，借助人工智能获取更多的学习建议和帮助，为自己设计出更多更好的创意科创作品和展示方案提供支持。同样，学生需要借助多种渠道进行宣传，如学校网站、公众号、朋友圈和博客分享等，这样可以为今后进行线上分享提供良好的网络环境，并开通留言板等功能，为相互深入交流作品设计提供帮助。学生也可以将自己的设计图纸及程序源代码发布在开源社区，接受更多人的互助与共同开发，为将来开展更大规模的合作奠定良好的基础。

4. 引导树立科技创新的远大理想

教育的真正目的是培养有理想、有本领、有担当的人。这也是学习情境在教学中的重要意义。科技创新是时代赋予青少年的重大使命，学生必须肩负起重任。

(1)引发共情，激活责任驱动

如果兴趣相近的人会有共同的话题，那么类似待解决的问题就可归结为培养解决问题的能力，而责任驱动则可归结为使命担当领域。责任驱动，就是把问题解决的需求上升到个人责任和社会责任的高度，是在兴趣驱动与问题驱动基础上的升级和提高，从而将 STEM 教育中的科技创新能力培养上升到培养核心素养的高度。

(2)将共情转化为使命担当

共情可能很容易产生，也很容易因离学生的生活较远而消失，但是转化成责任与使命后就可以常驻学生心间。此类情感的转移也同时伴随着知识、技能及解决问题能力的迁移。

在"再现校园古建筑"活动课上，教师通过问题的创设，不断激励学生共情。课后，学生能很快积极行动起来。有的学生开始翻阅资料文献，用于宣传与保护；有的学生开始策划一次老校友的采访活动，更深入地理解校园古建筑的历史故事；有的学生打算给市长写建议信，呼吁大家一起行动，保护历史古建筑。

总之，STEM 教育是一种同时注重科学、技术、工程和数学的综合教育，而具有责任心与使命感的青少年则更加能够凸显 STEM 教育的效能与解决问题的能力。

（二）在真实问题解决中培养高阶思维

高阶思维能力，通常是指那些发生在较高认知层次上的认知能力。发展学生的高阶思维能力是对传统教学局限于低阶思维的平衡与超越，是智能时代对 STEM 教育发展的直接要求。高阶思维需要个体付出心智努力来处理和判断真实且复杂的任务，同时开展自我反思和调控。我们从诸多研究理论中分析得到，高阶思维能力的构成要素有：学习能力、思考能力、分析能力、设计能力、实践能力、创造能力、问题解决能力、批判性思维能力和系统思维能力等。结合 STEM 教育的特点，我们从批判思维能力、创新思维能力和系统思维能力方面加以讨论。

1. 问题解决中的批判思维

问题解决能力是指个人运用认知过程来面对并解决一个真实问题的能力，包括理解、辨别、表述、解决问题的能力和问题解决后的反思能力与交流能力。

批判思维可以帮助人们更好地理解和解决问题，对于学术研究、职业发展和日常生活都非常重要。在教育中，批判思维可以帮助学生培养独立思考和判断的能力，提高学生的学习成果和社会适应能力。

批判性思维也称审辩式思维，"审辩式"强调反思和内省过程的中立性和公平性，是一种能够评估和分析信息、观点和论证，从而能够判断其真实性、可靠性和合理性的思维方式。批判思维需要有批判性的态度和技能，包括质疑、分析、比较、评估、推理和判断等。批判性思维是各国公认的核心素养的重要部分。

批判思维的培育过程使学生经历质疑当前的解决方案、分析问题的本质、比较不同方案的优劣、评估当前的解决方案、推理和判断待改进的方案等环节。这都从不同的能力表现上体现出批判性思维在 STEM 教育中的重要作用。

在面对利用多学科的知识来综合考虑绿色电力的获取问题时，有的学生提出了水果和不同金属可以用来发电的思路，还测试了不同的水果与不同的金属发电的效果；有的学生提出使用微生物发电技术，使用一种可以产生发电蛋白质的微生物，利用空气中的湿度变化进行发电；有的学生提出心肌细胞就是一个永动的发电机，还提出了培养心肌细胞的发电厂方案；有的学生干脆提出细胞质中的线粒体发电厂探究方案。于是"种出来的电力""微生物纳米发电蛋白丝""心肌细胞发电厂""线粒体电站"等方案都涌现了出来，这些既是生物化学的综合解决方案，也是生物工程与现代绿色电力供给的挑战方案，更是学生跳出传统发电方式获取绿色能源的创新方案。

2. 探究学习中的创新思维

探究学习通常是基于问题或任务展开的，学生需要通过自主探究和发现来解决问题、完成探究主题。在这个过程中，教师的角色是引导和支持学生的学习，而不是简单地传授知识。同时，探究学习也强调学生的反思和自我评价，在反馈中激活创新思维，帮助学生更好地参与学习过程和理解学习成果。

探究学习是一种基于学生自主探究和发现的学习方式，强调学生在学习过程中的主动性和参与性。学生通过自己的探究和发现来构建知识、理解概念和解决问题。探究学习的过程中，学生需要运用批判性思维、创造性思维和协作学习等多种能力，从而能够更好地理解和应用知识。

创新思维是一种具有开创意义的思维能力，需要有开放性和灵活性的思维态度，往往表现为发明新技术、形成新观念、提出新方案、做出新决策、创建新理论，并能够产生新的、独特的、有价值的想法和观点，包括想象、联想、变换等多种思维技能。创新思维的开放性指不受限于传统思维模式和固有观念，能够积极探索和发现新想法。创新思维可以帮助人们在面对复杂问题和挑战时，从不同的角度出发，寻找新的解决方案和突破点。创新思维能力是创造力的源泉，高度重视学生创造性思维能力的培养是培养学生核心素养的重中之重。

STEM 培养的重点是促进学生主动学习、合作、实践，不断地提高最近发展区上限，激活学生创新思维能力。因此，整个学习过程是靠好奇与不断探究的精神驱动的，是良好教学环境下学生间相互合作与主动探究促成的自我学习过程，是在不断突破过去知识边界之后重新构建起新的知识体系，是提出新的解决方案的创新实践活动。同时，活动全程需要鼓励学生多关注周围环境中重要的社会、环境、经济、道德与伦理问题，以便正确地应用和把握创新产品的发展规律，将创新创造能力迁移到其他应用场景，促成学生解决更多、更大的问题。

3. 团队合作中的系统思维

团队合作是生产生活中不可或缺的环节，而系统思维则是团队合作中必不可少的能力之一。系统思维是将一个整体系统看作由各个部分组成且这些部分之间相互作用与影响，从而对整个系统的运作和发展产生作用。系统思维可以帮助团队成员更好地理解整个系统的运作机制，从而更好地协调和推进项目顺利发展。

(1)学习内容的选择和重组

随着社会分工的完善，人们发现掌握一门学科就可以在社会上立足，也能提高社会运行效率。但不断地将注意力集中于同一个学科，人的思维就会被禁锢在一个狭窄的领域之内。当单学科学习对于解决现实中的问题开始出现局限、形成障碍时，我们还会发现，所学的知识和技能会限制人们的思维和行为。这就需要我们突破学科的边界，突破边界后的未知往往是解决问题的途径，也独具吸引力。

近 20 年来，在自然科学和社会科学的各个领域，全球的跨学科研究发展都非常迅猛。"单一学科几乎难以按部就班地解决当前世界面临的大问题"的观念，已经获得世界各国学者的普遍认同。这就需要我们从全局的角度出发，以系统思维的方式，借助团队合作的力量来解决新的问题。深陷于碎片化知识的课时教学，不利于学生对学科的整体认知，更不利于培养可迁移的问题解决能力。因此，在学科教学中融入 STEM 教育，在系统思维下重组学习内容，是符合认知规律、支持学生主动学习、实现学习进阶的有效方式。

选择与重组学习内容，是从整体与部分来再认识和把握大情境下大问题解决的系统思维过程，是外显问题解决思路的过程，是深刻理解学科核心概念、构建跨学科概念的过程，是重构知识结构和促进高阶思维发展的过程。

教师应以真实问题和挑战性任务为依托，梳理待解决的大问题中的各学科新课标中的学业要求，找到各知识点之间的关联部分，促进认知水平升华，跨越学科边界，提升能力迁移水平。

根据大问题解决的步骤，将问题分解为具体的小问题，用拆解出来的问题线索对学习内容从顺序上、逻辑上进行重组，把小问题的解决与每一个具体知识的学习、探究及思维活动相关联，对重组后的知识技能、思想方法等重新进行跨学科学习与再设计，以系统思维的方式再次进行综合全局的大设计，从而为解决问题提供有力的支撑。

(2)团队合作再造学习流程

再造学习流程与传统的以学科知识为核心的学习过程不同，是对一个整体任务或大问题进行有序探究与实践的过程。在再造学习流程中，学生要定义问题、分解任务、共同梳理、规划指向学习目标的学习活动，要持续探究并经过合作学习得到相应的产品原型，同时学会用模型表达对问题的理解，要运用学科知识、概念、原理等学术语言来展示分享、论证解释问题解决方案，还要在较长时间的学习中不断进行同伴间共同反思，梳理并建构自己的知识经验与新知识之间的关系。

再造学习流程按照真实问题解决过程层层递进、环环相扣，遵循不同学科学习活动的规律，符合科学与工程实践活动的特征，始终以学习目标为指引，整体规划各项学习活动。再造学习流程的实施需要学习环境、学习资源、学习工具、评价工具等的支持，需要教师适时恰当的指引。通过资源、工具、教师支持等的有效协同，学生利用信息科技等从多渠道获得各类学习资源，整合信息，调用多学科知识和思想方法，设计制作产品原型，系统地解决复杂问题，主动建构概念、原理、规律，实现对概念的深度理解，并促进认知发展，提升批判性思维和创新思维能力，提炼解决问题的一般思路。这些都为学生自主探究学习内容提供了真实应用场景，让学生在解决问题的同时获取学习知识的快乐。

（三）优化评价、营造环境，培育创新人格

《义务教育科学课程标准（2022 年版）》中指出："以课程目标和学业质量标准为依据，构建素养导向的综合评价体系，发挥评价与考试的导向功能、诊断功能和教学改进功能。"结合文件精神，STEM 教育应倡导跨学科融合、校内外结合，体现评价的增值性、过程性及综合性，以评价促进学生核心素养发展，以评价改进教学环节，注重评价主体多重感受和评价内容及方法的多样化，营造良好的培育环境，为创新人格的培养奠定基础。

1. 优化评价内容，培育创新人格

优化关于创新的评价可以让学生在完成项目的过程中，更加注重创新思维培养、自主学习的效能评估和创新能力的发展。良好的学习评价内容与反馈是培养创新人格的土壤和氛围。

(1)对学习支架的评价

根据学生的复杂问题解决技能水平，设计不同类型的教学支架。在 STEM 教

学中，教师一般不会告诉学生如何做，而是在恰当的时候向学生提问或暗示。比如，你们小组目前的解决方案是什么？为什么排除了那些方案？目前打算用什么方法解决问题？你是怎么想出这个主意的？为什么失败了？如何改进才能成功？

教师需要具备问题解决的相关知识，包括问题解决的思路和策略，各种认知和非认知能力的发展规律等。教师要为学生提供指导和学习支架，包括观察学生、建模、给予反馈等。教师通过查阅学生的学习日志和学习过程，及时地了解学生对于学习支架的使用情况，进一步了解学生在问题解决过程中可能遇到的问题，以及利用支架资源的能力水平，从而准确地理解和判断学生在问题解决任务中的表现。对学习支架使用的评价直接反映出学生解决问题的能力层次，方便教师根据具体的问题提供有效的反馈和指导。

(2)对工具方法的评价

在 STEM 教学中，需要考虑选择合适的工具，帮助学生聚焦问题。如用 KWH 表，搜集有待解决问题的信息、学习日志记录进度、解决问题的困惑与突破、项目计划、项目调研和项目作品的简报，帮助学生把注意力集中到待解决的问题上。但这一切都离不开解决问题的方法和工具。

学生使用的各类软件也是常用的解决问题的工具。工具体现了学生的水平和能力，通常，复杂的软件功能会更强大，掌握它也需较多的时间，而简单的软件往往能带来较大的学习成就感。教师需要根据不同学生的具体情况，提供最近发展区能够掌握的软件来不断地提出新的要求，促使学生能力不断地发展，并逐渐向着更加专业的方向前进。尤其是高阶思维解决问题的能力所需的工具方面，不论这些工具是用于解决问题的过程模拟还是计算验证，都为我们提出了工具的使用与评价的重要指标。

(3)对回顾反思的评价

为了使学生在反思时随时可以复盘解决问题各个阶段的关键节点，教师可以设置让学生自己回顾反思的环节，提醒每个参与项目的同学及时记录日志和完成实施进度与任务分工表中的内容，以便将来在对整个项目的汇报过程中，及时发现问题，以及对照前期解决方案时可以改进后续的项目实施过程。

另外，教师需提醒学生进行计划和反省等元认知调节行为。此部分内容对于需要长期积淀才能解决的问题尤为重要，对学生的坚毅人格培养具有一定的指导意义，尤其是为做进一步的研究提供了相关的依据，为在此基础上找到新的解决问题的方法提供了重要参考。

（4）对学习证据的评价

教师在学习过程中应使用多种可靠的评价形式，通过学生自评、互评，把学习过程中的表现和阶段性成果作为学习证据进行分析与评价，以便及时调整学习进度、教学策略，通过动态、持续的过程性评价与及时反馈学生的高阶思维、问题解决能力和认识进阶的发展情况来改进和优化教学。

在STEM学习中，因为真实问题解决过程与以往传统的学科知识学习过程差异较大，知识之间的关系和认识方式的建立都不同，学科核心概念和跨学科概念都是在任务完成过程中逐步形成的，所需学习时间较长，因此，教师需要精心设计指向学习目标的整体学习评价方案，保证学习过程具有证据性。

"基于证据的学习"是为解决特定学习问题而运用一些证据验证假设，发现并得出问题解决方案的一种学习范式。该范式强调基于证据来呈现学习结果并由此评价学习活动的成效。一切可以佐证学习活动已经发生的过程数据、事实性材料和学生的表述都可以作为学习评价的证据。学习的证据可以是作品实物、海报、书面报告、过程照片或视频、表演、项目设计概念图或思维导图、制作发明和研究报告、评价报告等，还可以是学习过程中采集到的数据，以及数字化学习系统中产生的各种交互数据和日志数据。①

"基于证据的学习"需要为每个学习目标和阶段性学习成果设计评价任务，以可评、可测为原则设计评价标准，对学生的行为表现水平进行描述，并选择适切的评价方式和评价工具，把一些评价任务作为学习活动，在学习过程中收集各种证据来反映学习目标的达成情况。

（5）成果多样化的评价

指向真实问题解决能力的评价，一方面以真实世界中的标准评价作品，另一方面以运用与真实学习任务紧密相关的评价量规评价作品，使作品在学习过程及评价中都能体现价值。由于不同的专家和评价者的学术背景不完全相同，这也在客观上造成了每位评价者的评价标准不完全相同，从另外一个层面上反映出STEM教育评价的多样性问题。

总之，STEM评价是让学生体验目标导向与自主驱动的学习过程，体验像科学家和工程师等从业者一样思考实践，真正学会自我学习与自我教育，为创新人格的培养不断添砖加瓦，积极促成创新人才与核心素养的培育。

---

① 罗滨等：《STEM学科教学：链接与赋能》，34页，北京，教育科学出版社，2022。

2. 营造学习环境，培育创新人格

良好的学习环境无疑是学校教育必须营造的，无论是物理硬件环境还是人文科学知识环境，都对学习起到潜移默化的影响。教师进行 STEM 教育更加需要从真实问题环境出发，引导学生有效地思考和行动，促进交流与自主可持续性学习，从而促进学生创新人格的培育。

(1)再现实际问题产生的真情境

STEM 教学过程中应尽可能提供反映真实生活的环境。这种环境不仅指真实环境或问题解决所需的高度逼真的仿真环境，更指促进真实问题解决过程中的学习环境，这种环境可促进学生主动探究并沉浸其中。选择与学生生活经验相关联和认识发展水平相符的问题情境或认知环境，更能引发学生兴趣，降低信息理解对问题解决难度的影响，更能准确地评价学生的能力表现，进一步激发其好奇心向兴趣转变，甚至在合适的环境下，可以使得这种创新人格进一步升华为一种解决问题的责任心与使命。

(2)效仿专业人士的思考和行动

在实践活动中，学生要扮演各种角色，从各个视角来分析探索问题，从而得出不同的观点，最终提高在以后的实践中做出全面决策的能力。教师要为学生创设模仿专家开展学习的情境，提供尽可能多的学习支架，并提供接触各类专家的机会，让学生感受专家思维和解决问题的途径与方法。同时，还要鼓励学生参与社会交流，进行社会调查、观察现实生活中专家的日常工作，将自己的学习进程与专家的学习进行比较，从而消除学习知识与解决问题之间的鸿沟，同时能够更好地运用所学知识来提出更加有意义的问题，激活批判性思维和创造性思维的能力。

(3)加强团队合作，促成问题解决

智能物联网的出现，使得生成式人工智能可以作为我们的合作伙伴及解决问题时的灵感来源。利用各种不同的提示词来询问并得到不同的解决方案，为我们的学习提供了部分可供参考的资料，也将进一步促使学生在个体思考和团队合作的过程中主动建构隐藏于问题背后的新知识。

即便是在互联网访问有限的环境中，学生也可以在小组讨论、协商中不断完善自己的认知。在合作学习中，学生之间可以互相帮助、取长补短，发挥群策群力解决问题的作用。

(4)明确高阶思维的持续性探究

持续性探究是创新人格所具备的优良品质之一。为在 STEM 教学活动中获得长期有效且稳定的成效，教师必须在学习情境中融入持续性探究环节。学生必须经过持续一段时间的研究，主动参与，自己界定需要完成的活动任务和子任务，根据自己的猜想与推理，在科学理论的指导下，运用科学的方法对问题进行研究，在研究过程中获得创新实践能力、思维发展和主动构建知识体系的能力，从而在不断解决问题的过程中产生持续性探究心理。该过程在基于证据的学习中能够得到充分的体现，从而也间接培养学生的创新思维、创造能力和坚毅的人格品质。

总之，现实的问题、效仿专家的思考与行动、团队的合作、运用高阶思维的持续性探究、基于证据的学习评价，都为我们培养创新人格创设了优良的学习环境。开展了STEM教育大情境下大问题解决学习活动后，我们从学生的人格特质入手，提出学生最近发展区挑战性任务，促使学生深度完成作品并分享，引导学生树立科技创新的远大理想，优化评价内容并创设STEM学习环境，唤醒责任心，明确高阶思维持续性探究的重要性，期待为创新人才培养作出贡献。

三、 加强科技创新人才培养的 STEM 案例

（一）项目说明

根据《义务教育信息科技课程标准（2022年版）》中跨学科学习的要求，我们设计了"小型化喷水池"的STEM学习项目。

学校有百余年历史，学生只能通过老照片来认识过去的建筑。为激活学生的创新精神和保护古建筑的责任心，我们选定了复原老照片中的喷水池。由于是缩微模型，在符合建筑比例和给定相关硬件的情况下，我们提出了挑战性任务——小型化喷水池。此项目适合五年级以上的学生。

（二）驱动性问题与核心概念

如何建立给定条件下尽可能小的可喷水的喷水池模型？

在这个问题之下涉及几个核心概念：工程设计与调试、建模思想、函数思想、问题解决、沟通与交流。

（三）项目开发过程

1. 依托标准

为了让每个学生成为课堂的中心，构建独特且完整的知识系统是STEM教学不可缺少的。我们梳理了"小型化喷水池"项目涉及的2022年版义务教育课程标准中相关学科的能力要求，见表10-3。

表 10-3 "小型化喷水池"项目涉及的相关知识能力要求

类别	要求
科学	物质的运动与相互作用：力是改变物体运动状态的原因；知道液体内部存在压强，了解影响液体压强大小的因素；了解流体压强与流速的定性关系。 技术工程与社会：知道工程以科学和技术为基础，知道工程通常由多个系统组成。 认识现代技术与工程的系统性和复杂性，知道跨学科(科学、技术、工程、数学等)解决实际问题的方法，并尝试解决实际问题。 技术与工程改变了人们的生产和生活：知道技术对提高生产效率或工作效率的影响，尝试制作把科学原理转化为技术的简单展示模型。 科学、技术、工程相互影响与促进：知道科学对技术与工程具有指导意义；初步认识现代科学、技术与工程越来越密不可分，高度融合
信息科技	信息意识：根据需要，有意识地选用信息技术工具处理信息。 计算思维：对于给定的任务，能将其分解为一系列的实施步骤，使用顺序、分支、循环三种基本控制结构简单描述实施过程，通过编程验证该过程；能根据需求，设计和搭建简单的物联系统原型，体验其中数据和应用的方法与过程。 数字化学习与创新：能设计用计算机实现过程与控制的方案，并在试验系统中通过编程等手段加以验证；在学习过程中，选择恰当的数值设备支持学习，改变学习方式，具备利用信息科技进行自主学习和合作学习的能力；借助在线平台与合作伙伴协作设计和创作作品，在创新实践活动中，认识到原始创新对国家可持续发展的重要性。 信息社会责任：认识到算法对解决生活和学习中的问题的重要性；认识到自主可控技术对网络安全和数据安全的重要性
物理	力是改变物体运动状态的原因：知道液体内部存在压强，了解影响液体压强大小的因素；了解流体压强与流速的定性关系，并简单解释有关现象。 能的形式、转移与转化：知道日常生活中常见的力；结合实例了解能的多种形式(机械能、内能、电磁能等) 技术工程与社会：技术与工程创造了人造物，技术的核心是发明，工程的核心是建造；知道技术包括方法、程序和产品等；知道发明的常用方法；知道工程以科学和技术为基础，工程通常由多个系统组成。 认识现代技术与工程的系统性和复杂性：根据特定问题或需求，尝试分析并阐明发明方案；知道跨学科(科学、技术、工程、数学等)解决实际问题的方法，并尝试解决实际问题

类别	要求
数学	数与式、方程与不等式、函数：自然数的一些特征，理解小数和分数，能进行简单的小数和分数四则运算和混合运算；能认识常见的立体图形和平面图形，计算图形的周长、面积（或表面积）、体积，能描述图形的位置和运动，形成量感、空间观念和几何直观。 综合运用数学和其他学科知识与方法解决问题，积累数学活动经验，发展核心素养；能从具体的生活与科技情境中，抽象出函数、方程、不等式等数学表达式，用数学的眼光发现问题并提出（或转化为）数学问题，用数学的思维探索、分析和解决具体情境中的现实生活问题，给出数学描述和解释，运用数学的语言与思想方法，综合运用多个领域的知识，提出设计思路，制订解决方案

2. 课程设计

结合跨学科学习的要求，将课程设计分为四个方面。

（1）科学探究与设计

将工程设计与科学探究相结合，根据水的特点改进水管的结构从而达到所需的喷水高度；学习基本力学、工程结构和杨程等相关原理，选择合适的材料设计并制作项目所需的装置。

（2）跨学科知识技能

翻阅相关史料，勾勒学校喷水池的草图，再根据信息科技学科的建模工具，将设计好的 3D 模型打印出来。理解基本的科学、技术、工程和数学领域知识，以整体联系的观点看待 STEM 的学习内容。

（3）科技与现实生活

培养节水、节能意识，加强使整个小型化喷水池模型运行的系统思维，提升参与问题解决的意识。增强质疑、批判的意识，创新思维的培养，以及应用跨学科知识解决现实问题和应对未来挑战的能力。

（4）工程与数学计算

利用设计挑战性任务——小型化喷水池，激活学生学习数学与工程计算的热情，更好地将 STEM 学科的精髓融入现实的挑战性问题的解决过程中，从而更好地为跨学科项目的学习提供有力的案例支撑。

3. 课程内容

参考老照片与校友在回忆录中的描述，对喷水池进行了 3D 建模。该模型的单元设计与作业设计分别从不同的层次对核心概念和学情做了详细的描述，目的是让教师把握学生项目学习的过程和进度，方便做出有效的反馈和指导。

项目的要求是在给定的条件下，尽可能地减少模型系统喷水的体积，这就要求我们综合考虑蓄水、喷水及系统良好运行的整体效果。

项目内容需结合信息科技、环保、科学、劳技、电路实验课等一起学习，还需要与课后服务及科技节等活动一起展示。

以上所有内容都以学习日志的形式，记录在过程性学习资料中。

4. 实施步骤

按照课时安排，要求学生制定具体的项目分工实施进度表。教师必须及时给予指导并确保形成可实施的方案。项目的实施分为三个阶段。

第一个阶段：自主学习基础知识和案例研究，初步尝试与合作。（第一课时）

第二个阶段：将项目合作的成果与评价和预期进行比较，结合最近发展区相关理论，对不同小组提出新的任务。（第二课时起）

第三个阶段：完成设定的目标，进行同项目内容的小组交流活动；取长补短，再次修改自己的作品；将所有资料整理打包成项目资料文件，以便后续进一步交流和展望。（第五课时起）

5. 评价

课程评价既可以帮助教师更好地了解学生的学习情况，也可以帮助课程开发者获得有用的信息，进一步提高课程质量。

学生评价：课堂学习过程性评价、小组间互评、项目展示评价，主要用来考查学生的课堂学习情况。

课程评价：教师对课程的内容和可操作性给予评价，提出修改意见；学生以填写课程评价问卷的方式评价课程的知识性、趣味性、难易程度等。

教师评价：以研究课为依托，同项目组教师进行听课、评课，在课程实施策略上展开讨论，提升教师的课堂把握能力。

（四）学习活动安排

为了有效地推动项目的顺利实施，我们分别在科学、技术、工程与数学方面提供可实际操作的课时安排参考，切实将 STEM 的学习目标融入项目的学习中，让学生体验学、玩、用、思的全过程。

第一课时：搜集资料，绘制草图。

在《校友回忆录》等书籍中找到与建筑景观相关的内容和介绍，结合采访等活动最大限度地还原该建筑模型，配合目前所学习的相关数学和美术知识，将该模型的大致轮廓和外观进行还原，此部分内容有效地激活了课堂学习内容，调动了学生学习校史、爱校的热情，并将此热情上升到全体学生的共情层面，使学生明白爱校不仅仅是一句口号，而且是落实到行动。

第二课时：从平面草图到立体模型。

为了使学生能够更快更好地进入 3D 建模的学习，教师提供了各类不同学习层次的建模图书、建模工具。学生可以从教师提供的各类工具的分层学习资料中，根据自己的学习能力选择合适的学习顺序和进度。对于能力有限的学生，教师也推荐了学习路径，可通过作业设计快速定位学生需要帮助的层级，提供及时的反馈和帮助。

第三课时：3D 打印喷水池模型。

根据建模学习的情况对学生进行分组，争取能够充分地发挥出每个学生的创造能力，最大限度地激活学生的设计和创作热情。将典型模型以 3D 打印实物形式展示出来，将学习的过程以照片形式记录下来，如表 10-4 所示。

表 10-4　"小型化喷水池"项目环节：3D 模型设计与打印示例

建模方法	3D 模型设计	3D 模型打印成品图
基本几何体堆积法		
草图拉伸法		
草图旋转法		
草图放样法		

续表

建模方法	3D 模型设计	3D 模型打印成品图
草图扫掠环形 阵列复制法		

不同的学生会用不同的方法来设计喷水池模型，其设计各有长处和美感：草图放样法由于截面不容易绘制且 3D 建模难度大，容易出错；草图扫掠环形阵列复制法得到的模型更加富有艺术美感，适合作为艺术品展示；草图旋转法与真实日常见到的喷水池比较接近。

第四课时：模型小型化计算。

由于模型是按照比例来进行设计的，尤其是后期需要将模型放入水池中进行水循环的系统运行调试，所以通水的孔有最小尺寸的要求。学生通过计算来得出喷水池的极限数据。这个过程需要学生根据不同结构的体积公式来进行计算，涉及四则运算、体积实验测量、比例、高次幂运算等，非常考验学生的耐心与毅力（见表 10-5）。另外，从注水测试法到数学公式计算法，再到高等数学的微积分概念的引入，学生更加精确地了解到数学对工程实施的重要意义。

表 10-5 "小型化喷水池"项目环节：体积计算过程

为方便讲解数学相关的计算与公式，我们对喷水池的剖面进行了尺寸标注，每个小组根据自己设计的模型进行计算。这里使用剖面图和立体模型用于理解学习过程。

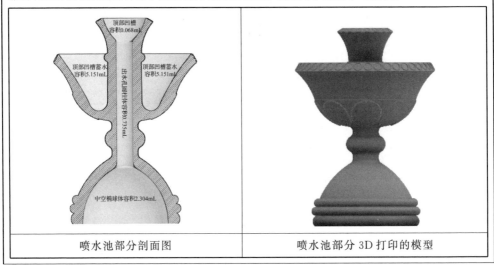

| 喷水池部分剖面图 | 喷水池部分 3D 打印的模型 |

续表

问题：如何能够建立尽可能小的喷水池模型？ 　约束条件： 　统一购买 5 伏迷你水泵，体积约 20.58 mL； 　水泵的出水口在水池的中央； 　根据实际使用情况测得该迷你水泵实际流量均值约为 26 mL/s，实际扬程只有约 60 mm。为了将整个喷水池的体积缩小，我们需精确计算。 计算过程概述　蓄水池的容积＝水泵工作的最低水位＋框架部分的动态流水＋喷水池空心部分的容积＋水泵的体积/排水量； 　每秒的水流量＝框架部分的动态流水量＋喷水池部分的容积； 　水池框架部分的容积： 　由于水池框架部分底面积为 4431.124 mm^2，考虑到 PLA 材料的疏水性，以及水从喷水池顶部自由下落可能会飞溅起水花，经过测试，水池的深度为 5 mm 可以满足要求，则水池框架部分最大容积即设计容积约为 22.15 mL。 　蓄水池部分容积： 　蓄水池的容积最少要满足水泵工作的最低水位，经过测试，蓄水池的有效容积＝蓄水池的底面积×高＝3 060×20.75＝63 495 mm^3，约为 63.495 mL。

　　第五课时：实验测试小型化喷水池方案。

　　现在，每个小组都有了自己项目的测算结果，根据各小组的计算结果，选择合适的注射器对喷水池进行注水后加电测试，根据实验环境提供的 5 V 2 000 mA 电源测试后，记录自己小组的喷水池设计成果。思考设计什么样的水管来调节喷水的高度，讨论后开始建模设计。填写项目实施计划和过程性学习资料。

　　第六课时：各小组讨论交流小型化喷水池方案。

　　由于每个小组的喷水池设计不同，计算结果也不同，喷水的效果各有差异。但是小型化的目标是一致的，对比各小组的小型化方案，小型化的目标达成度效果，提出各自小组的改进方案，并提出具体可实施的改进方法和步骤，进一步查找资料，为落实修改后的方案提供依据。最后，查阅项目文档，完成相关资料汇总，用于项目汇报。

　　第七课时：再实验测试各自的喷水池小型化方案。

　　物联网模块按照购买的说明书接入电路即可，其体积大小已经预留。对改造后的方案进一步实验，并记录实验结果后反思：是否可以进一步缩小喷水池的体积。再次查阅校史中关于喷水池的描述，激发建模和重建老校舍的兴趣，思考可否让小型化喷水池方案变得更加智能。查阅以前的分享方案和途径，再制作与分享相关的文档。将上述过程进行合理的分工并完成整个项目所需要的资料汇总，完成汇报展示材料。

第八课时：项目汇报与展示。

根据之前学习过程，提供与学习和制作相关的学习证据照片，完成过程性评价和互评，听取师评和反馈，根据反馈的内容，来制订可实施的修改方案。将所有汇报和展示材料展示在全体参与评价的人员面前，并准备在学校科技节和集团学校之间进行展示交流。将所有展示材料发布到学校网站或者学校公众号上用于分享和交流，并安排小组轮流查阅展示方案的反馈信息，进一步为后续的项目学习积累经验。

第九课时：持续性探究与展望。

前面我们重建了校史中的特色建筑，接下来我们打算用 3D 打印重现更多的老建筑，促进学生的爱校、爱国情怀，还计划为已建好的模型加上真实纹理，使其看上去有更强的质感。此外，我们还打算将更多与电子电路相关的内容融入 3D 建模中，将 STEM 活动拓展到更广的范围中。比如，在模型中应用 LED 彩灯为建筑增加灯光氛围；在喷水池的操控方面加入物联网功能；在实验大楼中增加烟雾报警器等传感器，通过模拟火灾现场，真实地再现实验室发生火灾的情形并加以营救。

此外，我们还提出了关于绿色能源的使用方案，如我们能用太阳能电池板为喷水池提供电力供给吗？能否设计一个不需要能源就能自己喷水的喷水池？这些问题都源于现实，我们希望更多的学生能够根据自己的所学，不断地打破传统的思维习惯，在自身责任心的驱动下，让自己的创造能力和创新才华得到不断的发挥和展现。

主要参考文献

1. 陈玲玲，王永奉．通用技术　技术与设计[M]．北京：地质出版社，2019．

2. 胡卫平，辛兵．科技创新后备人才成长规律研究[M]．上海：上海科技教育出版社，2023．

3. 罗滨，等．STEM 学科教学：链接与赋能[M]．北京：教育科学出版社，2022．

4. 夏雪梅．项目化学习的实施：学习素养视角下的中国建构[M]．北京：教育科学出版社，2020．

5. 杨明全．国际视野下的 STS 课程研究[M]．北京：教育科学出版社，2013．

6. 杨明全．课程论[M]．北京：中国人民大学出版社，2016．

7. 于晓雅．STEM 课例生成与进阶解析[M]．北京：北京师范大学出版社，2021．

8. 郑葳．中国 STEAM 教育发展报告[M]．北京：科学出版社，2017．

9. 中华人民共和国教育部．义务教育课程方案(2022 年版)[M]．北京：北京师范大学出版社，2022．

10. 中华人民共和国教育部．义务教育科学课程标准(2022 年版)[M]．北京：北京师范大学出版社，2022．

11. 中华人民共和国教育部．义务教育数学课程标准(2022 年版)[M]．北京：北京师范大学出版社，2022．

12. 中华人民共和国教育部．义务教育信息科技课程标准(2022 年版)[M]．北京：北京师范大学出版社，2022．

13. 周玉芝．STEM 教育视野下的课程开发与学科教学改进[M]．北京：北京师范大学出版社，2019．

14. 蔡亚萍．基于真实情境问题解决的教学设计[J]．电化教育研究，2011(6)．

15. 陈安琪．基于 STEAM 教育理念的小学综合实践活动课程实施[J]．西部素质教育，2023(3)．

16. 董瑞伶．初中地理生物跨学科单元教学的实践与思考——以"三江源地区"为例[J]．地理教学，2019(20)．

17. 范佳午，李正福．STEM 教育在中国的发展[J]．中国民族教育，2018(Z1)．

18. 高潇怡，孙慧芳．美国科学课程发展的新趋向——基于共通概念的科学课程构建[J]．比较教育研究，2019，41(1)．

19. 葛恩杰．STEAM 教育理念驱动下的小学综合实践活动课程探讨[J]．求知导刊，2023(2)．

20. 管光海．美国新一代《技术与工程素养标准》：加强 STEM 教育中的 T(技术)与 E(工程)[J]．上海教育，2022(24)．

21. 郭洪瑞，张紫红，崔允漷．试论核心素养导向的综合学习[J]．全球教育展望，2022，51(5)．

22. 贺凯强，王志强，刘平，等．表现性评价在 STEAM 课程中的设计与实施[J]．中小学数字化教学，2020(9)．

23. 何善亮．基础教育学校 STEM 教育的几个前提性认识[J]．教育理论与实践，2018，38(7)．

24. 柯政，梁灿．论应试教育与学生创造力培养之间的关系[J]．华东师范大学学报(教育科学版)，2023，41(4)．

25. 李俊堂，钱玮．跨学科主题学习的评价设计要点[J]．中小学管理，2023(5)．

26. 李明伟，黄莹，张晓蕾．2022 版数学课标背景下跨学科主题学习设计与操作范式[J]．教育评论，2022(10)．

27. 李广霄．新时代好青年"有理想"的科学内涵、鲜明特质与培育路径[J]．学校党建与思想教育，2023(14)．

28. 李学书．STEAM 跨学科课程：整合理念、模式构建及问题反思[J]．全球教育展望，2019，48(10)．

29. 李雁冰．"科学、技术、工程与数学"教育运动的本质反思与实践问题：对话加拿大英属哥伦比亚大学 Nashon 教授[J]．全球教育展望，2014，43(11)．

30. 李毓嘉．融合"五育"的 STEM 教育活动设计与实践——以机器人教学活动为例[J]．齐鲁师范学院学报，2023，38(1)．

31. 林雪梅．STEM 教育理念下有效开展综合实践活动的策略[J]．创新人才教育，2022(5)．

32. 孟璨．跨学科主题学习的何为与可为[J]．基础教育课程，2022(11)．

33. 倪闽景．面对 ChatGPT，传统教育何去何从——人工智能时代的慎思[J]．教育研究与评论，2023(3)．

34. 钱雨．项目课程的内涵、特征与生成[J]．全球教育展望，2022，51(8)．

35. 杨明全．核心素养时代的项目式学习：内涵重塑与价值重建[J]．课程·教材·教法，2021，41(2).

36. 杨彦军，饶菲菲，阿依努尔. 基于整体设计方法的整合型 STEM 教育项目设计研究[J]. 开放教育研究，2019，25(1).

37. 余丽. STEM 教育融入综合实践活动中的路径与方法探索[J]. 求知导刊，2020(15).

38. 余胜泉，胡翔. STEM 教育理念与跨学科整合模式[J]. 开放教育研究，2015，21(4).

39. 袁磊，赵玉婷. STEM 教育的冷思考：STEM 教育与 STS 教育的辨析[J]. 现代远距离教育，2017(5).

40. 赵勇. 国际拔尖创新人才培养的新理念与新趋势[J]. 华东师范大学学报(教育科学版)，2023，41(5).

41. 章成志，吴小兰. 跨学科研究综述[J]. 情报学报，2017，36(5).

42. 钟柏昌，刘晓凡. 论"五育融合教育"[J]. 中国电化教育，2022(1).

43. 钟启泉. 基于"跨学科素养"的教学设计——以 STEAM 与"综合学习"为例[J]. 全球教育展望，2022，51(1).

44. 朱幼文. 基于科学与工程实践的跨学科探究式学习——科技馆 STEM 教育相关重要概念的探讨[J]. 自然科学博物馆研究，2017，2(1).

45. 祝智庭，雷云鹤. STEM 教育的国策分析与实践模式[J]. 电化教育研究，2018，39(1).

46. 庄治新. 小学数学跨学科主题学习的内涵、意义及实践路径[J]. 江苏教育，2023(9).

47. Bybee R W. Advancing STEM education：A 2020 vision[J]. *Technology and Engineering Teacher*，2010，70(1).

48. Mclntyre L L & Barton E E. A common measurement system for K-12 STEM education：Adopting an educational evaluation methodology that elevates theoretical foundations and systems thinking[J]. *Studies in Educational Evaluation*，2014(4).

49. Manathunga C，Lant P & Mellick G. Imagining an interdisciplinary doctoral pedagogy[J]. *Teaching in Higher Education*，2006，11(3).

50. Zollman A. Learning for STEM literacy：STEM literacy for learning[J]. *School Science and Mathematics*，2012，112(1).